大国格局

大变局下的中国与世界

于洪君 ◎ 著

人民日报出版社
北京

图书在版编目（CIP）数据

大国格局 / 于洪君著．—北京：人民日报出版社，2020.1

ISBN 978-7-5115-6316-3

Ⅰ．①大… Ⅱ．①于… Ⅲ．①国际关系－研究②中外关系－研究 Ⅳ．① D81 ② D822

中国版本图书馆 CIP 数据核字（2020）第 013953 号

书　　名：	大国格局 DAGUO GEJU
作　　者：	于洪君
出 版 人：	刘华新
责任编辑：	周海燕　孙　祺
封面设计：	墨航工作室
出版发行：	人民日报出版社
社　　址：	北京金台西路 2 号
邮政编码：	100733
发行热线：	（010）65369509　65369527　65369846　65363528
邮购热线：	（010）65369530　65363527
编辑热线：	（010）65369518
网　　址：	www.peopledailypress.com
经　　销：	新华书店
印　　刷：	大厂回族自治县彩虹印刷有限公司
法律顾问：	北京科宇律师事务所 010-83622312
开　　本：	710mm×1000mm　　1/16
字　　数：	360 千字
印　　张：	21.75
版　　次：	2020 年 8 月第 1 版
印　　次：	2021 年 12 月第 4 次印刷
书　　号：	ISBN 978-7-5115-6316-3
定　　价：	58.00 元

代序

从自立于世界民族之林到走向国际舞台中心

2019年是中华人民共和国成立70周年。70年来，新中国外交事业的发展波澜壮阔，中国同外部世界的关系日益紧密。各国的专家学者，特别是西方国家的专家学者，对新中国的发展道路与制度设计，包括新中国的外交理论和实践，历来见仁见智，观点各异。

如今，国际力量对比已经发生重大变化，世界战略格局和亚太地区的地缘政治态势早已今非昔比，中国在国际和地区事务中的作用令全世界刮目相看。在这种形势下，由于人们观察问题的立场和利益不同，判断是非的视角与方法不同，对中国的发展进步和中国的外交进程，仍然众说纷纭，莫衷一是。

不过可以肯定，有这么几点共识已经被国际社会普遍认同和接受。这就是，中国离不开世界，世界也离不开中国；中国在全面融入外部世界的过程中深刻改变自己，同时也广泛地影响外部世界；中国与世界的良性互动是国际关系发展变化的重要引擎。

国际上之所以能够形成这样的广泛认知和共识，主要原因在于：新中国70年发展历程虽然错综复杂，跌宕不定，有时甚至出现曲折和反复，但总体上看，新中国遵循了一条从和平立国到和平共处，从和平发展再到和平崛起的健康发展之路。新中国正是沿着这样一条历史路径逐步成长起来，发展起来和壮大起来的。始终不渝地恪守并执行独立自主的和平外交方针，严格遵守普遍公认的国际法准则和联合国宪章精神，是新中国处理国际事务、发展对外关系始终不渝的基本立场和原则。

众所周知，早在中国抗日战争胜利前夕，毛泽东就已明确表示，中国共产党的对外政策就是在"保持世界和平，互相尊重国家的独立和平等地位，互相增进国家和人民的利益及友谊这些基础之上，同各国建立并巩固邦交，解决一切相互关系问题"。

1949年6月，新中国诞生在即，毛泽东在新政治协商会议上表示："中国的事情必须由中国人民自己做主张，自己来处理。"新中国愿意同外国政府"在平等、互利和互相尊重领土主权的原则的基础之上，谈判建立外交关系的问题。中国人民愿意同世界各国人民实行友好合作，恢复和发展国际间的通商事业，以利发展生产和繁荣经济"。10月1日举行开国大典时，毛泽东旗帜鲜明地向各国政府阐明了这一原则立场。

诚然，新中国成立之初，由于东西方冷战已经发生，以美国为首的西方国家对新中国采取孤立政策，新中国政府实行了向以苏联为首的社会主义阵营"一边倒"的政策，并且通过与苏联结盟，在发展与安全两大领域获得了实实在在的外部支持。但另一方面，新中国并没有把自立于世界民族之林的期望完全寄托在苏联身上。努力营造睦邻友好的周边小环境，积极争取和平友善的国际大环境，始终是新中国对外交往的核心任务和重要目标。

正是在这一思想指导下，新中国并未满足于同苏联和东欧各国共处同一阵营，而是很快同朝鲜、蒙古、印度、缅甸等国建立睦邻友好关系，同瑞典、瑞士、英国、荷兰等社会制度不同的国家建立不同形式和级别的外交关系。这一时期，中国联合印缅两国共同倡导的和平共处五项原则，与亚非国家共同创立的万隆会议十项原则，为维持地区稳定，争取世界和平，推动国际关系健康发展做出了重要贡献。1964年，随着中法两国建交，美国等西方国家孤立和封锁新中国的图谋破产，新中国通过独立自主的和平外交，在自立于世界民族之林的征程中取得了巨大成果。

当然，我们也不讳言，新中国成立不久即被迫参与了朝鲜战争，但这是外来侵略势力强加给新中国的战争，是中国人民保家卫国，维护地区与世界和平，反对新的战争威胁的正义战争。为了维护国家领土完整，捍卫国家主权与尊严。新中国也曾与个别国家发生过边界冲突，但这些冲突最终都得到了有效控制。

更重要的是，中国从来没有利用边界自卫反击战中的军事优势，以武力方式收回属于中国的争议领土，更没有利用武力去收复理应属于中国的海洋权益。历史遗留的中国同邻国的边界问题，绝大部分都已通过和平谈判得到了双方均感满意的合理解决。

20世纪70年代，中国与外部世界，特别是同西方国家的关系持续改善。随着中国在联合国的合法权利得以恢复，中国同日本实现邦交正常化，同美国相互尘封的大门逐步打开，新中国参与地区和国际事务的积极性、主动性不断加强。

改革开放以来，现代化建设取得令人瞩目的辉煌成就，中华民族与外部世界的双向互动不断加快，周边环境呈现历史上从未有过的良好状态。进入21世纪后，中国推动建设均衡稳定的大国关系和与邻为善、以邻为伴的睦邻友好合作关系，卓有成就。政治交往与经济合作密切配合，多边外交和双边交往相互补充，政府外交与民间外交齐头并进，中国的国际形象得到大幅度提升。中国需要世界与世界需要中国，成为国际社会的普遍共识。

党的十八大以来，中国以构建人类命运共同体为最高目标，以倡导并推进合作共赢为实践路径，全方位推进中国特色大国外交。中国在地区和全球事务中的影响力、感召力、动员力迅速提升。中国不仅GDP总量稳居世界第二，同时正在成长为科技强国和军事强国，成为参与全球治理、参与联合国事务、承担维和使命的主要力量。中华民族走向国际舞台中心的步伐大大加快！

　　需要特别指出的是，中国走向国际舞台中心，不是要当超级大国，不是要谋取世界霸权，不是要主导全球事务，而是要顺应时代发展潮流，推动全球治理体系变革，倡导新型国际合作范式，维护地区稳定和共同安全，为世界各国和平发展的崇高事业，为构建休戚相关、安危与共的人类命运共同体，承担更多的责任和义务，做出更大的努力和贡献！

目 录

第一篇　新中国外交重大事件：回眸与思考

新中国是如何"另起炉灶"搞外交的 …………………………………… 002
中苏建交并结盟是新中国第一大外交成果 ……………………………… 009
新中国决定抗美援朝的国际背景与战略考量 …………………………… 015
和平共处五项原则是新中国提供给国际社会的第一份公共产品 ……… 019
中缅两国是如何解决边界问题的 ………………………………………… 025
邓小平处理中美关系的战略思维与外交技巧 …………………………… 031
"结束过去 开辟未来"：中苏关系正常化始末 ………………………… 049
改革开放初期中朝关系的调整与发展 …………………………………… 055
中越两国圆满解决陆地边界和北部湾问题 ……………………………… 069
中古关系：从曲折生变到肝胆相照 ……………………………………… 075
党的对外工作：全面调整与持续创新 …………………………………… 083

第二篇　中国特色大国外交：理念与行动

中国特色大国外交的时代背景与历史意义 ……………………………… 092
应对国际关系新变化　打造大国外交新格局 …………………………… 099

沿着和平发展合作共赢的道路奋力前行 ·· 108
当前国际关系新变化与中国外交新举措 ·· 112
以全面扩大对外开放应对世界格局深刻变革 ··································· 125
观察国际关系要秉持理性思维和科学态度 ······································ 130
中国特色大国外交将为人类社会做出独特贡献 ································ 134

第三篇　应对周边环境嬗变，坚持睦邻友好外交

中国和平崛起要营造良好周边环境 ··· 140
中俄关系既是睦邻友好楷模又是大国协作典范 ································ 150
南亚外交应当更具进取性、开放性与合作性 ··································· 154
推动构建东北亚发展与安全共同体势在必行 ··································· 158

第四篇　美国霸权主义的演变与跌宕起伏的中美关系

中美矛盾根深蒂固　维持竞合势在必行 ·· 164
处理中美关系：既反强权政治又谋平等合作 ··································· 170
中美关系是当前世界大变局中的最大变数 ······································ 175
中美两国人文交流与合作仍然不可或缺 ·· 180
中美两国应在相互尊重平等相待的基础上寻求合作 ························· 185

第五篇　"一带一路"建设与文明互学互鉴

中国与东盟："一带一路"建设的愿景与路径 ································ 190
互联互通是融合发展与共同繁荣的现实路径 ··································· 199
产能合作："一带一路"行稳致远的重要引擎 ································ 208

推动"一带一路"高质量发展任重而道远 ·········· 215
"一带一路"国际合作的时代价值与历史意义 ·········· 223
为世界联动发展与文明互鉴开辟新境界 ·········· 227

第六篇　打造新型合作范式，推进多边主义外交

完善全球治理的中国方案与路径 ·········· 234
"上海精神"指引上合组织与世界同行 ·········· 241
中国与APEC的相互影响将持续增大 ·········· 244
中阿合作论坛：文明对话与互鉴的成功路径 ·········· 255
金砖合作——中国特色多边外交的重要成果 ·········· 258
高质量推进区域合作是中国与东盟的共同责任 ·········· 272

第七篇　把握世界变革大势，紧跟时代前进步伐

联合抗"疫"：从全球合作到携手共治 ·········· 280
世界大变局与中国和平发展 ·········· 289
中国将成百年变局中最大的良性变量 ·········· 294
崇高使命：既为民族谋复兴又为人类做贡献 ·········· 298
十月革命丰碑永存　历史警示常忆常新 ·········· 303
社会主义将在迂回曲折中走向新的发展阶段 ·········· 308
充分自信与高度自强是新时代中华民族的基本特征 ·········· 324

跋：中国成长为世界大国的历史路径与现实选择 ·········· 329

第一篇
新中国外交重大事件：回眸与思考

新中国是如何"另起炉灶"搞外交的

2019年是中华人民共和国成立70周年。70年来,新中国外交如同其他各项事业一样,创造出大量感人肺腑的光辉业绩,谱写出无数可歌可泣的壮丽篇章。而所有这一切,都源于毛泽东提出的独立自主的和平外交思想,源于他所制定的"另起炉灶""打扫干净屋子再请客""一边倒"三大原则,源于以周恩来为代表的新中国外交家们披肝沥胆、开拓创新、承前启后、继往开来的丰富实践。

一、毛泽东为新中国确立独立自主的和平外交方针

1945年抗日战争胜利前夕,中国即已面临内政外交何去何从的历史性选择。回首中华民族近代以来百余年弱国无外交的屈辱历史,作为中国共产党的杰出代表,毛泽东非常明确地表达了中国共产党建立新中国后,处理对外关系的基本原则和立场,即在"保持世界和平,互相尊重国家的独立和平等地位,互相增进国家和人民的利益及友谊这些基础之上,同各国建立并巩固邦交,解决一切相互关系问题"。

1949年6月,中国共产党领导的人民解放战争胜利在望,建立新中国的宏图伟业已经提上中国共产党人的议事日程。毛泽东为纪念中国共产党成立28周年发表《论人民民主专政》一文,他在文中明确指出,历史经验表明,未来的中国在外交方面只能实行向以苏联为首的社会主义国家"一边倒"的方针,新中国争取国际承认,争取国际支持,只能面向社会主义国家,其他道路是没有的。在谋划建立新中国的新政治协商会议上,毛泽东又进一步表示:"中国的事情必须由中国人民自己作主张,自己来处理。"未来的中国政府,愿意同外国政府"在平等、互利和互相尊重领土主权的原则的基础之上,谈判建立外交关系的问题""愿意同世界各国人民实行

友好合作,恢复和发展国际间的通商事业,以利发展生产和繁荣经济。"

1949年10月1日,毛泽东主席在中南海勤政殿主持召开了中央人民政府委员会第一次会议,任命周恩来为政务院总理兼外交部部长,揭开了新中国新外交的华美篇章。当天下午3时,新中国开国大典在北京天安门广场隆重举行,毛泽东以中央人民政府主席身份,向全世界庄严宣告:"凡愿遵守平等、互利及互相尊重领土主权等项原则的任何外国政府,本政府愿与之建立外交关系。"

开国大典之后,周恩来总理兼外长立即签发了第一份外交公函,送达各国原驻华机构外交代表,其中包括苏联原驻北平总领事齐赫文斯基。此公函要求他们将毛泽东主席的新中国成立公告转告本国政府。次日,苏联副外长葛罗米柯致函周恩来,告知苏联政府承认新中国并决定与中国建交。斯大林领导下的苏维埃社会主义共和国联盟即苏联,成为世界上第一个承认新中国并与新中国建交的国家。

10月3日,周恩来总理兼外长函告苏方,中方同意两国建交。苏联则通知中方,任命原驻华大使罗申为驻新中国大使。4日,已在莫斯科的戈宝权被任命为中国驻苏使馆临时代办。5日,中苏双方宣布驻对方大使人选。苏方再次确认罗申为驻新中国大使,中方确认王稼祥为新中国驻苏大使。

中方之所以"确认"王稼祥为新中国驻苏大使,是因为早在1949年年初,苏共中央政治局委员米高扬秘密访问中共中央所在地西柏坡时,中苏两党已经就此形成共识。10月20日,新中国成立后仅20天,王稼祥乘火车离开北京,赴莫斯科履新。周恩来等人亲自到车站送行。

当时,新中国还来不及为自己的外交官制作护照,王稼祥是带着刚刚组建的新中国外交部办公厅主任王炳南、副主任阎宝航联署的"证明信"上路的。"证明信"请苏联沿途关卡对王稼祥大使一行给予必要的外交礼遇。此外,王稼祥还随身携带了毛泽东致斯大林的介绍信,说明他同时也是中共中央驻苏联共产党的全权代表。因此,王稼祥到任后,除了按国际惯例向苏联最高苏维埃主席团主席递交毛泽东、周恩来联署的新中国第一号国书外，还向苏共中央总书记斯大林呈交了毛泽东的亲笔信。这在新中国的外交史上是绝无仅有的。

王稼祥不仅是新中国驻苏大使，同时也是新中国外交部主管东欧事务的副部长，并且还是中国共产党驻苏联共产党全权代表。中国驻东欧各国家大使，也都是以双重身份开展工作的。新中国外交这一特殊情况，过去鲜为人知，如同新中国成立之前刘少奇秘密访苏，就如何建立新政权等事与苏联领导人交换意见而鲜为人知一样。

二、遴选老革命家与军队将领出任新中国首批驻外大使

由于苏联是联合国常任理事国，是当时已经形成的社会主义阵营首领国，在地区和国际事务中拥有很大影响。苏中建交后，保加利亚、波兰、罗马尼亚、匈牙利、捷克斯洛伐克、民主德国（东德）、阿尔巴尼亚以及亚洲的朝鲜、蒙古等国迅速跟进。印度、缅甸等周边国家，北欧的瑞典、瑞士等非社会主义国家，也很快承认新中国并与新中国建交。就连英国与荷兰，也很快与新中国建立了大使级外交关系。铁托领导下的南斯拉夫也很快承认了新中国，但考虑苏联与南斯拉夫当时严重对立，中南两国未能立即建交。中国与阿尔巴尼亚因双方均有外交官不足的问题，直到1954年才正式互派大使。

毛泽东所制定的向以苏联为首的社会主义阵营"一边倒"的外交政策，初战告捷。新中国迅速突破了以美国为首的西方阵营的外交孤立和封锁，成功地迈出了自立于世界民族之林的第一步。这时，一项前所未有的特殊任务，即紧急遴选新中国驻外大使的工作，刻不容缓地摆在了中央人民政府面前。考虑到当时国际关系的复杂性，特别是旧政权驻外大使不可能服务于新政权这一实际情况，中央根据毛泽东关于新中国外交"另起炉灶"的指示精神，从部队中迅速调集一批高级将领，出任新中国首批驻外大使。他们是：彭明治，时任第四野战军第13兵团副司令员兼参谋长，同时兼南宁警备司令员，出任驻波兰大使；曹祥仁，时任第四野战军副参谋长，出任驻保加利亚大使；黄镇，时任军区政委、军委总政治部第一室主任，出任驻匈牙利大使；王幼平，曾任军区政治部主任、第二野战军第15军副政委、第五兵团政治部主任，出任驻罗马尼亚大使；姬鹏飞，曾任苏中军区政委、华东野战军苏北兵团副政委兼政治部主任，出任驻民主德国使团团长；谭希林，曾任32军军长、山东军区第一副司令员兼青岛警备司令，出任驻捷克斯洛伐克大使；倪志亮，曾任东北军政大学、中南军政大学副校长，武汉警备区司令员，出任驻朝鲜大使；罗贵波，曾任中央军委办公厅主任，出任中共中央驻越南共产党联络代表兼越南领导人胡志明顾问，后为新中国驻越南大使；袁仲贤，曾任第三野战军八兵团政委、三野参谋长兼华东军区代参谋长、南京警备区司令兼政委，出任驻印度大使，后兼任驻尼泊尔大使；韩念龙，时任第三野战军33军政委、上海警备区副政委，出任驻巴基斯坦大使；冯铉，曾任中央军委联络部天津局局长，出任驻瑞士大使。

时任解放军第十九兵团即著名的杨罗耿兵团副司令员兼参谋长的耿飚，最初被任命为中国驻联合国军事代表，后因无法赴任，改任驻瑞典王国公使兼任驻丹麦王国大使，而后又兼任驻芬兰大使；曾在苏联学习多年，人称"二十八个半布尔什维克"中的"半个布尔什维克"。同样具有军旅生涯的年轻的"老革命家"徐以新，先后任外交部苏欧司副司长和司长，后由周恩来总理兼外长亲点，出任驻阿尔巴尼亚大使。曾任东北军区司令部参谋长、东北民主联军第二参谋长等职的伍修权，先是出任外交部苏欧司司长和外交部副部长，后由周恩来亲定，出任驻南斯拉夫大使。

毛泽东主席高度重视新中国外交事业和外交官队伍建设。"将军大使"们到京后，毛泽东曾亲自赶到宾馆亲切看望，与他们促膝谈心。他说："我们新中国的外交是'另起炉灶'，需要新的外交干部。解放军历来是培养干部的地方，所以中央决定从部队挑选一批干部。""将军当大使，好！"他勉励"将军大使"，任何一个国家、民族都有自己的优点和长处，要重视调研，重视学习，要把学到的好东西运用到国内建设中来。

当然，新中国首批驻外大使并非全部来自部队。早年毕业于苏联东方大学，拥有丰富革命斗争经历的蒙古族干部吉雅泰，在内蒙古人民自治政府参议会副议长任上，直接调任驻蒙古大使。在党的历史上担任重要领导职务、被誉为"红色教授"的政治家、理论家张闻天，新中国成立后先是出任外交部副部长，1951年4月接替王稼祥成为新中国第二任驻苏联大使。1956年张闻天卸任回国，中共上海市委第二书记刘晓被任命为新中国第三任驻苏联大使。张闻天和刘晓同样是中共中央驻苏联党的代表。

三、周恩来、王稼祥分别领衔组建外交部和中联部

毛泽东领导新中国"另起炉灶"搞外交，不仅表现为确立并全面执行完全不同以往的独立自主的和平外交方针，表现为快速组建和科学配置党性强素质高的高级外交官队伍，同时还表现为建立并完善一系列符合中国特点与实际需要的外交外事机构。其中最主要的是建立新中国外交部。

1949年10月1日，即开国大典当天，毛泽东即在勤政殿召开中央人民政府委员会第一次会议，任命周恩来为政务院总理兼外交部长。此时，外交部工作班子和组织机构尚未搭建，迫在眉睫的外交事务只能由原中央外事组来完成。原中央外事组自然而然地成了新中国外交部的前身。

中央外事组成立于1939年4月，最初称中共中央南方局对外宣传小组，书记为周恩来，1940年12月改称外事组，仍由周恩来直接领导，其主要工作是宣传中国共产党抗日救国的立场和主张、争取国际社会的同情与支援。1947年5月，在国内战争已经打响的新形势下，周恩来在山西省临县召开会议，宣布成立以叶剑英为组长、王炳南为副组长的中共中央外事组，下设研究、翻译、新闻三个处。

1949年9月30日，开国大典举行之前，周恩来宣布中央外事组任务完成，指示王炳南等负责筹建外交部。10月5日，周恩来召开建部工作会议，李克农、王炳南、伍修权、宦乡、龚澎、乔冠华等人出席，会议确定了部内各单位排列次序为办公厅、苏联东欧司、亚洲司、西欧非洲司、美

洲澳洲司、国际司、情报司、条约委员会和政策委员会等。

会后，经周恩来现场查看，外交部办公地址定为东单外交部街清政府总理各国事务衙门旧址，即所谓老外交部。关于组织机构和干部调配，按中央要求和周恩来的指示，以军队和地方选调的文化水平较高、具有外事经验的干部为主，同时从高校毕业生中选拔优秀分子作为补充。另外还有57名国民党旧政府人员，诸如曾经担任远东军事法庭中国首席法官的梅汝璈等人，被吸收到新中国外交队伍中来。

11月8日，外交部成立大会正式举行。此时，新中国仅仅同苏联等9个社会主义国家完成建交工作。周恩来在会上做了重要讲话。面对当时的国际形势和新中国的外交任务，他语重心长地指出：中国的反动分子在外交上一贯是神经衰弱怕帝国主义的。清朝的西太后、北洋军阀的袁世凯、国民党的蒋介石，哪一个不是跪在地上办外交呢？中国一百年来的外交史是一部屈辱的外交史。我们不学他们，我们不要被动、怯懦，而要认清帝国主义的本质，要有独立的精神，要争取主动，没有畏惧，要有信心。

针对新中国外交当时实行的"一边倒"政策，周恩来指出，新中国外交任务分为两个方面："一方面，是同苏联和人民民主国家建立兄弟的友谊。我们在斗争营垒上属于一个体系，目标是一致的，都为持久和平、人民民主和社会主义的前途而奋斗。另一方面，是反对帝国主义。帝国主义是敌视我们的，我们同样也要敌视帝国主义，反对帝国主义。"他还就此解释说，外交工作"一面是联合，一面是斗争。我们同兄弟之邦并不是没有差别。换言之，对兄弟国家战略上是要联合，但战术上不能没有批评。对帝国主义国家战略上是反对的，但战术上有时在个别问题上是可以联合的"。这番讲话，极为精辟地诠释了新中国外交独立自主的思想精髓。

正是在这次大会上，周恩来强调，同帝国主义斗争，要留意、要仔细，不要怕。"要有独立的精神，要争取主动，没有畏惧，要有信心。"另一方面，搞外交还要谨慎行事，不能有"义和团式的盲目排外情绪""不能乱搞，不能冲动""不要冒昧，不要轻敌，不要趾高气扬，不要无纪律乱出马"。外交官是"文职解放军"的理念就是这时提出来的。

中国共产党的对外交往与联系，历来是中国革命事业的重要组成部分。新中国成立后，党的对外交往自然也就成为国家总体外交的重要组成部分。为适应这一新情况，1950年3月，时任党中央副主席的刘少奇在一份党内指示中提出："我们在革命胜利以后，用一切可能的方法去援助亚洲各被压迫民族中的共产党和人民，争取他们的解放，乃是中国共产党和中国人民义不容辞的国际责任，也是在国际范围内巩固中国革命胜利的最重要方法之一。"

根据这一指示，负责统一战线工作的李维汉等人建议将统战工作与党的对外联络工作分开，单独成立党的对外联络机构。毛泽东和党中央接受这一建议，同时借鉴苏联成立苏共中央国际部的相关经验，决定由王稼祥领衔，以原统战部二处为基础，组建中共中央对外联络部。1951年1月16日，刘少奇致信王稼祥，向他传达中央决定。当年4月，以王稼祥为部长，廖承志、李初梨、连贯、许立为副部长的中共中央对外联络部，在北京西城区京畿道18号院正式成立。

新中国外交，一开始就是多领域多部门共同参与、多种形式相互配合与补充的复合型外交。新中国成立前夕苏联专家帮助成立的外文局，在传播新中国声音、塑造新中国良好形象方面，发挥了无法估量的作用。新中国成立后在声势浩大的群众集会上成立的中苏友好协会，选举刘少奇、宋庆龄等诸多领导人为会长、副会长，体现了新中国对民间友好组织的重视和支持。周恩来大力倡导和亲自推动的民间外交，在新中国外交布局中也占有不可替代的重要位置。

中苏建交并结盟是新中国第一大外交成果

1949年10月1日,毛泽东主席在开国大典上宣布中华人民共和国成立。当天下午,政务院总理兼外长周恩来将毛泽东宣读的公告函送交苏联原驻北平总领事齐赫文斯基。翌日,苏联副外长葛罗米柯将苏联决定与中国建交一事告知周恩来。苏联是当时正在形成的社会主义阵营的首领国,又是联合国常任理事国,国际影响力超乎寻常。新中国刚一诞生便得到苏联承认,迈出了走向世界舞台的第一步,也是极为重要的一步。

一、志同道合奠定中苏建交的政治基础

新中国是中国共产党领导建立的社会主义国家,而中国共产党自成立时起,即与苏联共产党有着极为密切的同志式关系。毛泽东同志说过,十月革命一声炮响,给中国送来了马克思列宁主义。因此,在中国革命战争年代,数以千计的中共党员和革命者纷纷前往苏联学习进修或工作疗养。中共领导人如刘少奇、周恩来、朱德、邓小平、陈云、叶剑英、杨尚昆、李立三等,都曾在苏联学习或工作过。中国共产党在江西建立红色政权,最初也是以苏联为楷模的,称中华苏维埃共和国。虽然苏联党介入中国革命给中国党造成许多伤害,不少中共党员甚至在苏联遭到镇压,但中苏两党关系总体上还是相当密切的。

1948年中国革命胜利在即,苏联不断加大对中国共产党的支持力度。同年4月,苏联驻哈尔滨总领事马宁曾会见中共中央政治局委员、东北军区副司令员兼政委高岗,明确建议中共尽快建立全解放区政府。此后,斯大林派苏联交通部副部长科瓦廖夫带队到中国东北帮助修复解放区铁路。同年9月,中共中央东北局书记、东北军区司令员林彪致信斯大林,要求苏联派顾问和专家到东北帮助恢复国民经济。

毛泽东在抗日战争胜利后不久即开始考虑访问苏联，目的是要最大程度地争取苏联对中国革命的支持，并就某些重大问题征求苏方意见，进一步协调两党关系。虽然毛泽东的访问未能成行，但他与苏联最高领导人斯大林进行频繁的电报联系，使两党关系更加密切。1949年6月，毛泽东为纪念中国共产党成立28周年，发表重磅文章《论人民民主专政》，他在文中明确宣告：中国新政权建立后，外交上要向以苏联为首的社会主义阵营"一边倒"。中苏两党经纬万端的特殊关系，成为新中国成立后中苏两国立即建交的政治前提。

二、两党高层秘密互访打通建交之路

毛泽东拟于新中国成立前夕访问苏联的计划，因多种原因未能成行。双方最后商定，改由苏方秘密派人来华，商讨中国革命和未来两国关系问题。1949年1月30日至2月8日，苏共中央政治局委员米高扬秘密抵达中共中央所在地西柏坡，与毛泽东等中共五大书记秘密讨论了中共建立新政权、中苏关系未来、苏联对华经援等问题。会谈时毛泽东明确表示：新中国希望苏联早点同我们建立友好关系，如果你们肯伸手援助，那就更好。周恩来会谈时也表示，希望苏方日后能为中方提供4亿美元贷款，并派专家来华帮助经济建设。米高扬承诺，苏联可以提供3亿美元援助，也可派专家来华工作。米高扬此访实际上是为苏联与即将诞生的新中国进行建交谈判的。

1949年初夏，中共中央决定派党内二号领导人刘少奇秘密访苏，以便就筹建新政权、中苏关系未来发展等事与苏方进一步磋商。赴苏前，刘少奇为中央起草了一份党内指示，指示中说：中国转入经济建设时期以后，中苏两国人民的密切合作将要进入一个新历史阶段。6月下旬，已经秘密在华工作的苏联专家组负责人科瓦廖夫陪同刘少奇前往苏联。代表团成员包括邓力群和已经内定为新中国驻苏大使的王稼祥，另外还有戈宝权和翻译师哲。高岗作为东北人民政府主席，在沈阳与刘少奇会合，参加了此次

访问。

刘少奇一行与斯大林等苏联领导人进行了五次会谈。为了使会谈更有成效,经请示毛泽东批准,刘少奇向苏共领导层提交了书面报告,全面介绍了中国革命形势和中国共产党的治国方略,其中包括召开政治协商会议、成立中央人民政府、中共领导人在新政权中的人事安排等重大问题。同时也涉及新中国外交战略和策略、中苏两党关系的性质与定位、共同解决中苏条约问题、苏方为新中国提供财政援助、帮助中国组建海岸防御体系和空军、建立军事工业和海空军学校、合办航空公司、解决两国通车通邮通电通海运通航空、帮助中方开办干部大学,以及帮助解放新疆、实现东北币制统一、开展文化交流等。斯大林和苏联政府表示支持成立新中国,同时承诺实施一系列合作项目,譬如为新中国提供年利率只有1%的5年期3亿美元货款、派专家帮助中国建立外宣机构,以及苏联专家在华待遇、新中国在苏联建立大使馆等相关事宜。

8月14日,刘少奇与科瓦廖夫回到中国,随行人员包括220名苏联派来的专家,其中绝大部分留在东北解放区。王稼祥等人留在苏联,继续商谈双方合作事宜。

三、中苏两国迅速建交系水到渠成之举

1949年10月3日,毛泽东主持召开中央人民政府委员会第二次会议,听取周恩来关于中苏建交问题的报告,正式任命曾在苏联学习工作多年的王稼祥为首任驻苏大使。同日,周恩来致电葛罗米柯,对苏联承认新中国并互派大使表示无限欣慰。中方当天发表了毛泽东起草的关于中苏建交的新闻稿。

10月10日,周恩来偕中央人民政府委员、华北人民政府主席董必武等各方面负责人及各界群众3000余人前往车站,迎接苏联驻新中国大使罗申到京。他在欢迎仪式上表示:"中苏两国邦交进入了一个崭新的历史时代。"15日,中苏友好协会总会机关刊物《中苏友好》创刊并发表毛泽东题词："我希望中苏两国人民的伟大友谊极大地发展和巩固起来。"次日，毛泽东接受罗申大使递交国书，高度评价苏联首先与新中国建交，认为中苏友谊"将日趋密切，同时将有利于共同世界的持久和平"。

10月20日晚，毛泽东举行盛大宴会，偕刘少奇、朱德、周恩来等大批党政军负责人招待罗申。当日，中国首任驻苏大使王稼祥离京赴苏，周恩来亲到机场送别。王稼祥赴任时，除了携带毛泽东、周恩来联署的第一号国书外，同时还携带了毛泽东致斯大林亲笔信，说明王稼祥除担任中国驻苏大使外，同时还以外交部副部长资格兼管中国对东欧的外交事务，此外还是中共中央驻苏共代表，负责处理两党关系。

中苏建交后，两国关系呈现"同志""战友""兄弟""邻国"多种情感密切叠加的良好态势，彼此交往与合作几无障碍。譬如，张家口以北地区当时发生严重鼠疫，毛泽东10月28日致电斯大林，请他考虑空运抗菌疫苗400万人份，血清10万人份至北京。此时，苏联派到中国东北的防治鼠疫工作队已完成任务，正在返国途中，毛泽东请斯大林再派一支同样的防疫队到张家口帮助防治鼠疫。斯大林迅速地满足了中方请求。时隔一天，毛泽东即致电斯大林："承你派送专门医生、防疫队和大量药品到北京来，甚为感谢。"此时，中国军队现代化建设也在苏联帮助下全面展开。譬如，1949年10月，中方从苏联成功购买首批20架雅克-12型军用飞机。11月，又做出了从苏联进口高炮的决定。凡此种种，不胜枚举。

四、中苏结盟为新中国带来重大战略红利

1949年12月，毛泽东以新中国领袖身份出访苏联。双方高度重视此访，但由于双方考虑和处理问题的视角不同、方式不同，最初的沟通并不顺畅。后来，为解决中苏缔结新条约等重大问题，苏联同意周恩来总理率团到莫斯科参与谈判，双方最终缔结了为期30年的《中苏友好同盟互助条约》。此举意味着世界社会主义阵营正式形成。

毛泽东访苏期间，苏联再次承诺对华提供3亿美元低息贷款，同意将苏联在中国东北自日本人手中获得的财产全部无偿移交中国,将原由苏联经营的中长铁路改为中苏共管,1952年后全部无偿移交中方。另将苏联在中国大连的行政管理权以及苏方临时代管或租用的财产完全交给中方。双方决定共同创办石油、有色金属、航空、造船四个合资公司。关于苏联为中国提供一定范围的空军保护等事宜,也有条件地达成了协议。至于苏联在旅顺驻军以及大连港口、中长铁路归还问题,双方决定留待对日和约签署后再做处理。毛泽东成功访苏与中苏结成友好同盟,是新中国外交第一大成果。他本人当时对此评价甚高,认为中苏双方的"充分了解与深厚友谊,是难以用语言来形容的"。两国结盟"不但必然要影响到中苏两大国家繁荣,而且必然要影响到人类的将来,影响到全世界和平与正义的胜利"。

事实的确如此。1950年,苏联向中方提供了第一批大型项目50个。1952年中国编制第一个发展国民经济五年计划,斯大林不仅提出相关建议,同时还承诺提供长期的全面援助。1953—1954年间,双方签署新的合作协议,苏联承诺帮助中国新建改建106个大型项目。这些项目为新中国日后形成门类齐全的工业体系奠定了坚实基础。

中苏同盟建立后,中国军事现代化大大加快。依靠苏联装备,1950年下半年,中国成立第一支航空兵部队和第一个海军海岸炮兵营,同时建成10个坦克团。1951年7月至1954年10月,中方以贷款形式采购苏联装备,完成整编60个现代化师。这些装备有的用于朝鲜战争,有的还支援了朝鲜。虽然苏联提供的大都是苏军"二战"剩余装备,但对中方来说仍属先进装备,对中国军队现代化发展起了重要作用。这期间,大批苏联军事专家和顾问来华,双方军事合作全面展开。中国向苏联派出大批军事与国防科技留学生,建立国防工业体系的步伐大大加快。自1951年起,双方签订多份苏联向中国有偿转让武器技术协议。中方通过学习仿制,初步实现武器装备完整配套与现代化。中国核武器与导弹技术研发,最初也得到了苏联帮助。

1950—1953年朝鲜战争期间,中苏友好同盟的战略意义得到充分体现。1950年6月战争打响不久,斯大林即表示:苏联将尽全力为即将入朝作战的中国人民志愿军提供空中掩护。战争期间，苏联某些做法令中方不满，但总体看，苏联还是履行了互助条约规定的义务，其军事援助规模巨大，是中国军队不可或缺的。在外交层面，双方为朝鲜问题和平解决，为维护地区与世界和平，争取恢复中国在联合国的合法席位，一直保持密切联系，从未中断立场协调与相互配合。

当时，以美国为首的西方势力孤立并封锁新中国，中苏两国立即建立并形成友好同盟，不仅对中苏两国，同时对整个世界的力量对比和战略格局也有重大意义。1955年2月《中苏友好同盟互助条约》签订5周年时，毛泽东、刘少奇、周恩来联名致电苏联领导人，赞扬苏方"给了我们正在从事社会主义建设的中国人民以全面的、系统的和无微不至的援助"，强调"这种友好的合作和真诚的援助，极大地推进了我国建设事业的发展，并向全世界显示了这种新型国际关系的伟大生命力"。

新中国成立后中苏两国立即建交并结成友好同盟，无论对新中国自身还是对亚太局势乃至整个国际关系，都具有不可低估的战略意义，这是不容否定的。1953年斯大林逝世后，特别是1956年苏共二十大后，中苏关系出现问题，中苏同盟名存实亡。双方由激烈争吵转向全面对峙，几乎断绝全部联系。世界格局和战略态势由此发生重大改变，中苏两国也因此付出沉重代价。

第一篇
新中国外交重大事件：回眸与思考

新中国决定抗美援朝的国际背景与战略考量

1950年6月25日，正当中苏两国为恢复新中国在联合国的合法权利而进行艰苦的外交斗争时，朝鲜内战爆发。6月26日，朝鲜领导人金日成发表演说，号召全朝鲜人民和人民军官兵动员起来，为朝鲜的自由独立和统一而进行正义的祖国解放战争。6月28日，朝鲜人民军攻下汉城（今称首尔），8月中旬，夺取了南朝鲜近90%的地区。

朝鲜内战爆发后，美国立即表态支持南朝鲜政权。杜鲁门总统6月26日命令美国驻远东的海军和空军参战。27日，美军侵入朝鲜，海军第七舰队进入台湾海峡，帮助蒋介石政权协防。6月30日，美国驻日本地面部队投入朝鲜战争。7月7日，联合国在美国操纵下通过决议，授权美国组织"联合国军"入朝作战。朝鲜国内战争急剧升级为民族解放战争。9月中旬，朝鲜战局突变。以美军为首的"联合国军"乘朝鲜人民军后方空虚之际，登陆仁川，包抄了朝鲜人民军后路，同时组织大规模正面进攻，朝鲜人民军陷入战略困境。自8月下旬起，美国空军开始侵犯中国领空，频繁轰炸中国东北地区的军事目标和民用设施。9月28日，"联合国军"攻占汉城，29日，其先头部队推进到三八线一带。

10月1日，根据杜鲁门总统的命令，南朝鲜军队越过三八线向北推进。10月7日，美军大规模跟进，扑向朝中边境地区，同时发出了要求朝鲜放下武器、停止战斗的"最后通牒"。当日，联合国在美国操纵下通过提案，否决了苏联等国提出的和平解决朝鲜问题，在公正合理的基础上实现朝鲜统一的"五国提案"，以及印度提出的关于成立专门小组以便重新审查朝鲜问题的提案，怂恿和支持美国扩大对朝鲜的侵略战争。至此，美国把战火引向新中国边境，在远东地区建立霸权的战略意图昭然若揭。

中国政府坚决反对美国侵略朝鲜、派舰队进入台湾海峡。6月28日，毛泽东主席发表讲话，表达了坚决反对美国侵略的严正立场。他一方面指出，"亚洲的事务应由亚洲人民自己来管，而不应由美国来管"；另一方面号召，"全国和全世界的人民团结起来，进行充分的准备，打败美帝国主义的任何挑衅"。当日，周恩来总理兼外长代表中国政府发表声明，表示"我国全体人民必将万众一心，为从美国侵略者手中解放台湾而奋斗到底"。

面对朝鲜战局的严峻性和复杂性，毛泽东做出了"如美帝得胜，就会得意，就会威胁我""对朝不能不帮，必须帮"的正确判断，指示全党"我们不能不有所准备"。7月上旬，中央做出了成立东北边防军的重大决策。10月1日，《人民日报》发表了毛泽东审阅修改的周恩来国庆讲话。周恩来在讲话中表示："中国人民爱好和平，但是为了保卫和平，从不也永不害怕反抗侵略战争。中国人民决不能容忍外国的侵略，也不能听任帝国主义者对自己的邻人肆行侵略而置之不理。"10月3日，周恩来紧急会见印度驻华大使，请他转告美国：美军果真要扩大战争，"我们不能坐视不管，我们要管"；"我们要和平"，"朝鲜战争应该即刻停止，外国军队应该撤退"；"有关国家必须在联合国内会商和平解决的办法"。可以说，中国为维护地区和平，防止战争扩大尽了最大努力。

遗憾的是，美国低估了中国人民保家卫国的意志和决心，对中国的警告置若罔闻，肆无忌惮地扩大战火。在此情况下，毛泽东反复听取了各方面意见，毅然决定出兵朝鲜。10月8日，东北边防军改编为中国人民志愿军。1950年10月19日夜，中国人民志愿军进入朝鲜，"抗美援朝、保家卫国"的战争拉开序幕。入朝后，志愿军遵照毛泽东关于尊重朝鲜人民、朝鲜人民军、朝鲜民主政府、朝鲜劳动党、其他民主党派以及朝鲜人民的领袖金日成同志，爱护朝鲜的一山一水一草一木，不拿朝鲜人民的一针一线，为战胜共同的敌人而奋斗到底等重要指示，与朝鲜人民军并肩作战，很快扭转了战局。到1950年年底，所谓的"联合国军"被打回到三八线附近。此后，双方在三八线一带各有所得，互有进退，朝鲜战争进入胶着状态。

第一篇
新中国外交重大事件：回眸与思考

新中国是个爱好和平的国家。争取世界和平、维护地区安宁，既是新中国国家政权的先进属性使然，也是新中国修养生息、展开建国大业的现实要求。因此，朝鲜战争爆发后，中国为防止局势升级，恢复半岛和平进行了艰苦的外交努力，后来又为结束战争做出了重大贡献。1950 年 7 月 6 日，周恩来总理兼外长曾就联合国通过支持美国武装侵略朝鲜的决议致函联合国秘书长及安理会各成员国，严正指出该决议的非法性。8 月 27 日和 30 日，当美国飞机频繁侵犯中国东北地区、在中国沿海和公海不断挑衅时，周恩来分别致电美国国务卿、联合国秘书长和安理会主席，对此提出严正抗议，要求联合国采取行动，制止美国的侵略行径，防止事态进一步扩大。

在争取和平解决朝鲜问题的外交斗争中，中国得到了社会主义阵营各国的大力支持，特别是苏联，无论战争之前还是战争之中，中苏两国一直保持密切联系，信息沟通与立场协调始终未断。1950 年春，朝鲜战争尚未打响，两国领导人已经开始就朝鲜半岛局势及相关问题交换意见。5 月 14 日，斯大林曾电告毛泽东，苏联已经"同意朝鲜人关于实现统一的建议"，但同时表示，"这个问题最终应该由中国和朝鲜同志共同解决，如果中国同志不同意，则应重新讨论如何解决这个问题"。1950 年 7 月 2 日，朝鲜战争爆发一周后，周恩来总理会见苏联驻华大使罗申，通报中国对战争的看法和已经采取的措施，询问苏联能否在中国军队参战时提供空中掩护。斯大林通过罗申转告中方，中国拟由"志愿军进入北朝鲜作战是正确的"，同时承诺"苏联将尽力为这些部队提供空中掩护"。8 月 4 日，苏联驻联合国安理会代表呼吁各方立即停火，外国军队撤出朝鲜，同时建议联合国邀请新中国代表参与讨论。8 月 20 日，周恩来致函联合国秘书长，对苏联的建议表示完全赞同和支持。

1950 年 10 月 1 日，朝鲜人民军在战场上遭遇重大挫折后，苏联领导人斯大林致电毛泽东，建议中国立即派出至少五六个师到三八线，帮助朝鲜保卫三八线以北地区。当晚，朝鲜领导人金日成出面约见中国驻朝鲜大使，急切要求中国出兵援助。10 月 2 日，毛泽东答复斯大林：我们决定用志愿军名义派一部分军队至朝鲜境内,"援助朝鲜同志"。10月5日,中方最终决定出兵朝鲜,同时决定派周恩来、林彪到苏联,与苏方商讨苏联提供空军支援和武器装备等问题。鉴于斯大林当时仍心存疑虑,毛泽东10月13日再次告之:出兵朝鲜"对中国,对朝鲜,对东方,对世界都极为有利;而我们不出兵让敌人压至鸭绿江边,国内国际反动气焰增高,则对各方都不利"。"总之,我们认为应当参战,必须参战。参战利益极大,不参战损害极大。"

中国领导人的坚强意志感动了斯大林,苏联迅速调整了对中国抗美援朝的消极态度。虽然在出动空军的方式和作战区域、为中方提供武器装备的时间和数量等问题上,中方对苏联有过不满,但总体看,苏联作为中国盟友,还是履行了两国同盟条约规定的义务。苏联向中国提供的军事援助,规模巨大,是中国军队不可或缺的。由于战争的需要,两国的经贸关系当时也得到了显著加强。

1951年6月,朝鲜战局发生重大变化,朝鲜问题出现了和平解决的可能性。这时,苏联在联合国提出和平倡议,中国与朝鲜大力支持,美国不得不于7月坐下来谈判。1952年8月,周恩来访问苏联,与斯大林共商对美谈判的策略和立场。1953年3月斯大林逝世后,中苏在朝鲜问题上继续合作,在对美谈判中保持政策沟通。1953年7月,美国被迫在朝鲜停战协定上签了字。

历时三年的朝鲜战争,打破了美国支持南朝鲜武力吞并朝鲜半岛的战略图谋,粉碎了美国军队不可战胜的神话。中国人民在抗美援朝战争中承担了巨大压力,付出了巨大牺牲,援助朝鲜各类物资总共560多万吨,花费战争开支60万亿(人民币旧币)元,死伤志愿军指战员36万余人。但是,这场代价高昂的战争,打出了中国军队的威风,打出了中国人民的志气,守住了中华民族的家园,保卫了地区与世界的和平,新中国从此国威大振。全世界都看到,中华民族任人欺压、任人宰割的历史已一去不复返了!

第一篇
新中国外交重大事件：回眸与思考

和平共处五项原则是新中国提供给国际社会的第一份公共产品

印度是中国在南亚方向的最大邻国，也是周边地区最早承认新中国的非社会主义国家。1950年中印建交之初，两国关系发展势头很好，一度成为新中国与邻国睦邻友好关系的典范。但是，中印之间存在的历史遗留问题，严重妨碍两国关系持续稳定的正常发展，一是印度与中国西藏地方的关系问题，二是两国边界和领土争议问题。

1953年年底，印度政府代表团访华，与中方商谈两国在西藏地方的关系问题。鉴于双方在这一问题上立场差异很大，周恩来总理非常友善地向印度客人表示，中印两国的关系会一天一天地好起来。某些成熟的、悬而未决的问题，一定会顺利解决。因为"新中国成立后就确立了处理中印两国关系的原则，那就是互相尊重领土主权、互不侵犯、互不干涉内政、平等互惠和和平共处的原则"[①]。这是中国领导人首次正面阐述和平共处五项原则。

1954年6月下旬，周恩来利用在日内瓦参加印度支那问题国际会议的休会之机，应邀访问印度，在那里进一步阐述了和平共处五项原则。他指出，中国"对东南亚的政策是和平共处。我们对印度是如此，对印尼、缅甸，甚至对巴基斯坦和锡兰也是如此。现在所提出的对老、柬的政策也是如此"。针对印度总理尼赫鲁所说的东南亚国家对中国的"恐惧"，周恩来明确表示，中国在文化经济方面均较为落后，需要的是建设；生活在这些国家的华侨应当遵守所在国法律，不参与政治活动，取得驻在国公民身份的要脱离华侨身份；革命是不能输出的。"我们应该以我们共信的原则给世

[①] 中华人民共和国外交部、中共中央文献研究室编：《周恩来外交文选》，中央文献出版社1990年版，第63页。

界建立一个范例，证明各国是可以和平共处的。"①

根据周恩来的建议，中印两国总理最后在联合声明中宣布，指导两国关系的原则是：相互尊重领土主权、互不侵犯、互不干涉内政、平等互利、和平共处。指导中印关系的这五项原则，适用于中印两国与亚洲以及世界其他国家的关系，即适用于整个国际关系。

中印总理联合声明发表的这一天，周恩来总理到访缅甸。在与缅甸总理会谈时，缅方提出了两国关系中存在的一些问题。周恩来表示，中缅两国应建立互信。我们愿意看到缅甸独立，愿与缅甸友好合作。这是中国政府的一贯政策。他阐述了中方对印度提出的和平共处五项原则，建议中缅两国缔结一项政治协定，以确认双方的友好关系及和平共处原则。在此之前，双方先发联合声明，以阐明相关态度和立场。缅方对此表示赞同。在商谈联合声明具体内容时，周恩来又指出，中国执行和平外交政策，愿意在和平共处五项原则基础上同世界一切国家友好相处，缅甸是中国有亲戚关系的国家，同缅甸更是如此。中国的立国政策是把自己的国家搞好，对别的国家没有任何领土要求。②

最后，双方在联合声明中共同表示，同意和平共处五项原则为指导两国关系的原则，如果这些原则能为一切国家遵守，社会制度不同的国家的和平共处就有了保证，而侵略和干涉内政的威胁和对侵略和干涉内政的恐惧就将为安全感和互信所代替。联合声明重申，各国人民都应该有选择他们的国家制度和生活方式的权利，不应受到其他国家的干涉，革命是不能输出的。③

1954年11月30日至12月16日，缅甸总理应邀对中国进行了友好访问。双方在总理会谈公报中重申，和平共处五项原则是指导两国关系的坚

---

① 金冲及主编：《周恩来传》（三），中央文献出版社2008年版，第1040-1041页。
② 裴坚章主编：《中华人民共和国外交史》（第一卷），世界知识出版社1994年版，第122页。
③ 裴坚章主编：《中华人民共和国外交史》（第一卷），世界知识出版社1994年版，第122页。

定不移的方针；双方有必要根据友好精神，在适当的时机内，通过正常的外交渠道，解决边界问题。双方同时还表示，希望和平共处五项原则能为亚洲和世界各国广泛采用；一切国家都应在不受外来干涉和侵略的情况下，享受民族独立和生活繁荣的权利。毛泽东主席在会见缅甸总理时，特别强调双方建立互信的重要性。他说："我们的方针是同你们友好。""我们应该想出各种方法来解决我们之间的问题。这样可以增加我们的互信。"对于那些暂时不能解决的问题，毛泽东提出："可以留到以后解决。"①

新中国倡导和平共处五项原则，并且明确主张和平共处五项原则适用于所有国家，在世界上产生了很大影响。1954年，周恩来总理在英国工党代表团来访前召开的工作会议上说："世界上不同制度的国家是可以和平共处的。中印、中缅联合声明倡导了和平共处五项原则，使艾森豪威尔也不得不说些和平共处之类的话。这是人民的要求，美国统治集团也不得不考虑这一点。"②

1955年1月，毛泽东主席在接受芬兰首任驻华大使国书时明确表示，中国和芬兰历史上从未有过冲突。中芬两国是友好的国家，我们的关系是建立在和平共处五项原则基础之上的。③同年10月，刘少奇宴请日本国会议员代表团时也表示："我们愿意同我们的邻国日本早日建立正常关系，我们愿意在这样的基础上，实现互相尊重领土主权、互不侵犯、互不干涉内政、平等互利、和平共处的五项原则，以巩固和发展我们相互间的友好关系。这将使远东和平获得保证，使世界和平也获得巩固。"④

1954年4月，锡兰、缅甸、印度、印度尼西亚和巴基斯坦五国于科伦

---

① 裴坚章主编：《中华人民共和国外交史》（第一卷），世界知识出版社1994年版，第122、123页。
② 中华人民共和国外交部、中共中央文献研究室编：《周恩来外交文选》，中央文献出版社1990年版，第80页。
③ 裴坚章主编：《中华人民共和国外交史》（第一卷），世界知识出版社1994年版，第303页。
④ 裴坚章主编：《中华人民共和国外交史》（第一卷），世界知识出版社1994年版，第167页。

坡召开总理会，印尼总理在会上提议召开亚非会议，以增进亚非国家的团结合作，解决共同面临的和平、发展、合作问题。中国得知此消息后，立即决定支持并参与此会。为达此目的，毛泽东、周恩来等中国领导人亲自出面，积极做发起国工作，得到热烈回应和支持。接到与会邀请后，中国立即进行顶层设计，为代表团确定了如下工作方针：争取扩大世界和平统一战线，促进民族独立运动，为建立和加强我国与亚非国家的友好关系创造条件，力求会议成功。

以美国为首的西方国家对此次会议召开极为不安，不仅极尽阻挠、贬低之能事，而且力图通过舆论引导、金钱引诱、外交施压等方式，影响参会国家的立场，左右会议进程和结果。盘踞在台湾的蒋介石集团，炸毁了中国代表团租用的飞机，造成重大人员伤亡。但中国代表团为促进世界和平，增加了解和友谊而参会，任何势力和任何事情都无法动摇中国参会的意志和决心。为确保会议顺利召开并圆满成功，周恩来赴会途中，首先顺访了缅甸、印度和埃及，与三国总理进行了认真的沟通和协调。

1955年4月最后一周，举世瞩目的亚非会议在印尼万隆市隆重召开。包括中国在内的29个国家领导人参加了会议。他们代表全球半数以上人口，共同探讨和平合作、反帝反殖、团结进步等重大议题，这本身就反映了战后世界格局和力量对比的深刻变化。当时，东西方冷战愈演愈烈，国际社会严重撕裂。处于社会主义、资本主义两大阵营之外的新兴民族国家，历史文化底蕴和价值观根基千差万别，社会制度选择和对外政策取向五花八门，对新中国的立场和态度也不尽一致。有些国家与新中国不仅没有建交，而且持有根深蒂固的偏见。针对这一复杂情况，中方确定了两个参会目标：作为最高纲领，争取缔结亚非国家和平公约或和平宣言，以和平共处五项原则、反对殖民主义、要求和平、反对战争为主要内容；最低纲领则是争取发表公约性质的会议公报，以体现会议共同成果。

会议期间，不同国家之间的分歧和争斗相当激烈。有些国家的代表赞扬中印缅三国倡导的和平共处五项原则，认为它是亚非国家友好合作的开端，显示出对华合作的良好意愿。但也有人指责中国，攻击社会主义和共产主义，公开号召联美反华。面对紧张而复杂的会议气氛，周恩来在散发给与会各方的书面发言中首先强调，亚非国家有着共同的经历、境遇和历史任务，"根据互相尊重主权和领土完整、互不侵犯、互不干涉内政、平等互利的原则，社会制度不同的国家是可以实现和平共处的"。他呼吁与会各国领导人，"应该互相尊重，消除互相间可能存在的疑虑和恐惧"，"谋求相互间的亲善与合作，建立友好和睦邻的关系"。他还表示："中国愿以严格遵守这些原则作为它同亚非其他国家建立正常关系的基础。""我们的会议应该对于我们的共同愿望有所表示，使它成为亚非历史上值得珍贵的一页。"

在即席补充发言中，周恩来进一步阐明，我们共产党人从不讳言我们相信共产主义和认为社会主义制度是好的，但中国代表团此次参会是来求同而不是来立异的。和平共处的"五项原则完全可以成为在我们中间建立友好合作和亲善睦邻关系的基础"①。周恩来情真意切的发言，打动了与会各国代表，就连最初主张联合美国反对共产主义的菲律宾外长罗慕洛也不得不赞扬他的发言是出色的、和解的，表现了民主精神。中国不是会议发起国，但中国代表团所做的卓有成效的大量工作，推动各方相向而行，寻求共识，最后促成了以和平合作为主调的会议公报。

亚非会议公报包括经济合作、文化合作、人权和自决、附属地人民问题、其他问题、促进世界和平与合作、关于促进世界和平与合作的宣言七个部分。其中最重要的是下列原则：一、尊重基本人权，尊重《联合国宪章》的宗旨和原则。二、尊重一切国家的主权和领土完整。三、承认一切种族的平等，承认一切大小国家的平等。四、不干预或干涉他国内政。五、尊重每一个国家按照《联合国宪章》单独地或集体地进行自卫的权利。六、不使用集体防御的安排来为任何一个大国的特殊利益服务；任何国家不对其他国家

---

① 裴坚章主编：《中华人民共和国外交史》（第一卷），世界知识出版社1994年版，第242—244页。

施加压力。七、不以侵略行为或侵略威胁或使用武力来侵犯任何国家的领土完整或政治独立。八、按照《联合国宪章》,通过谈判、调停、仲裁或司法解决等和平方法以及有关方面自己选择的任何其他和平方法来解决一切国际争端。九、促进相互的利益和合作。十、尊重正义和国际义务。

万隆会议十项原则与和平共处五项原则具有明显的互联关系。它们彼此呼应,一脉相承,在全世界产生了强烈震动。会后,中国轰轰烈烈地宣传万隆会议成果,坚持不懈地实践万隆会议精神,受到了国际进步力量的普遍好评。国际社会进一步认识到,新中国虽然宣布在对外关系方面向以苏联为首的社会主义阵营"一边倒",但中国毕竟是完全独立的主权国家。社会主义阵营成员国的身份,与苏联的友好同盟关系,并不影响中国基于本国发展利益和战略需要确定对外政策和策略,也不妨碍中国在外交事务中按照事务本身的是非曲直确定自己的原则立场。

万隆会议十原则的提出,不仅使西方国家关于新中国外交"听命于莫斯科"的谰言不攻自破,同时也动摇了它们强加给世界的旧秩序,冲击了以意识形态划线,从阵营对抗角度观察和处理外交问题的冷战思维。中国作为新兴的社会主义大国,超越社会制度差异和意识形态分歧,顾全大局,注重团结,谋求合作,平等待人,广交朋友,将原则坚定性与策略灵活性有机地统一起来,为壮大友好力量,丰富外交资源,深化与广大发展中国家的合作,创造了有利条件。

历史已经证明并将继续证明,提出和平共处五项原则并倡导万隆精神,这是新中国摆脱苏联国际政治思维与外交范式的消极影响,努力开展中国特色大国外交,为国际社会提供公共产品的一个成功范例。

中缅两国是如何解决边界问题的[①]

2019年2月17日,国务委员兼外长王毅徒步巡查中缅边境,并为新中国第一块界碑描红添色的消息引起了国内外的广泛关注。为飨读者需要,下面介绍一下中缅边界谈判的来龙去脉及其重大意义。

中国地域广博,幅员辽阔,陆地边界达2.2万多公里。但是,由于极其复杂的历史原因,1949年新中国成立时,中国与所有邻国都存在不同程度的边界争议。妥善解决与邻国的领土主权纠纷,对于新中国争取良好的周边环境,更好地维护国家主权、尊严和安全,顺利开展社会主义建设,意义特别重大。

中国与缅甸是山水相依的友好邻邦,双方1950年6月正式建立大使级外交关系。同年8月7日,毛泽东主席接受缅甸首任驻新中国大使时说:"中缅两国,国境毗连,不但在历史、文化上有着密切的联系,而且在两国人民间更存在着兄弟般的浓厚友谊。"他还说:"现在中缅两国新的外交关系的建立,无疑将使已存在于两国人民之间的友谊更加发展,我并相信其将有助于亚洲及世界的持久和平。"[②]

1954年6月下旬,中国政府总理周恩来访问缅甸,就缅甸政府担心中方为缅甸共产党和克钦族军人提供培训等事,深入细致地做了释疑解惑工作。针对缅甸总理吴努希望中方尊重缅甸领土完整问题,周恩来建议双方发表联合声明,将和平共处五项原则确立为指导两国关系的基本原则,得到缅方认可。当年11月底至12月16日,吴努回访中国,毛泽东、朱德、刘少奇、周恩来等中方领导人与吴努就共同关心的问题广泛深入地交换了意见。

[①] 本文发表于《云南外事》2019年第2期。
[②] 裴坚章主编:《中华人民共和国外交史(第一卷):1949—1956》,世界知识出版社1994年版,第121页。

当时毛泽东对吴努表示:"我们应该想出各种办法来解决我们之间的问题,这样可以增加我们的互信。也许有些问题现在还不能解决,例如边界问题,不过将来是要解决的,可以留到以后解决。总之要使双方的利益不受损害。"①此外,毛泽东还明确表示,中缅之间已经确立了相互关系五项原则,其中包括互不干涉内政和平等互利,就由两国总理商谈如何缓解中缅边境地区紧张局势的问题。双方于12月12日发表政府总理会谈公报,就共同关心的问题阐明了原则立场和看法,其中特别强调,有必要根据友好精神,"在适当时机内,通过正常的外交途径",解决两国的边界问题。

中缅两国拥有2000多公里的共同边界。由于历史原因,其中有三段边界始终没有划定:一是阿佤山区,二是尖高山以北地区,三是南畹三角地区。

在阿佤山区,中英两国政府1894年和1897年曾经签订两个有关中缅边界的条约,做过相应规定。但因文本自身存在相互矛盾之处,这段边界并没有真正划定。1934年,英军进攻班洪、班老两部落所辖地区,制造了历史上有名的"班洪事件"。1941年6月,英国利用中国忙于抗日战争之机,以封锁滇缅公路相要挟,迫使当时的国民党政府以换文方式,在阿佤山区划定了有利于英方的边界线,即所谓的"1941年线"。由于中方对此边界线并不满意,双方并没有正式竖立界桩。

在尖高山以北地区,中缅边界从未划定。历史上,英国为扩大殖民统治范围,曾在该地区多次制造事端,其中最著名的是1911年年初英军对片马地区的武装侵犯。此事激起了全体人民的义愤,由此引发的抗议运动风起云涌。英国政府迫于压力,当年4月照会中国政府,正式承认片马以及岗房、古浪三处各寨属于中国,但却继续无理霸占这些地区。

在南畹三角,即南畹河与瑞丽河交汇的勐卯三角地区,双方争议面积约250平方公里。历史上,该地区一直属中国所有,英方曾以条约方式予

---

① 中华人民共和国外交部、中共中央文献研究室编:《毛泽东外交文选》,中央文献出版社、世界知识出版社1994年版,第182—183页。

以承认。但是，早在1894年中英签订有关中缅边界条约之前，英方就已经强行修通经过该地区的八莫—南坎公路。1897年中英再签中缅边界条约时，英方以"永租"名义控制了该地区。缅甸独立后，新政权承继了这一"永租"权。

1949年新中国成立后，已摆脱英国殖民统治和日本军事占领的缅甸，成为对华友好的独立主权国家。但中缅边境地区的形势当时非常混乱。在2000多公里共同边境没有明确划界、因而无法正式设防的情况下，部分国民党残军退到缅甸境内，严重滋扰两国的边境秩序。中国军队不得不进缅甸境内开展围剿作战，使两国关系面临重大隐患。此外，双方跨界而居的边民常常随意来往，其中不乏各自国家的反政府分子。两国边民之间亦不时冲突，有时甚至发生严重的流血冲突。

中方认识到，中缅边界问题由来已久，十分复杂。这一方面是因为，中国历代封建王朝同边沿地区各民族的关系性质不一，联系程度不同，四至疆界一直模糊不清；另一方面还在于，数十年来国内外对中缅边界的画法十分混乱，各方看法很不统一。有鉴于此，周恩来提出，解决中缅边界问题，"必须认真地对待历史资料，必须以正确的立场和观点对历史资料进行科学的分析和判断，把可以作为法理依据的历史资料同由于情况变化只有参考价值的历史资料加以区别。同时，更要注意到中缅两国已经发生的具有历史意义的根本变化，那就是，中国和缅甸已经分别摆脱了原来的半殖民地和殖民地的地位，成为独立的和互相友好的国家"。他强调，处理中缅边界问题，"必须注意到这些历史变化，同时也要按照一般国际惯例来对待过去签订的有关中缅边界的条约"。考虑到边界问题直接关系到两国边民的利益，因此，还要特别照顾边境地区的民族利益，要同缅甸政府进行协商，"使将来划定的边界成为和平友好的边界，进一步发展两国边民之间的亲密联系"。①

---

① 中华人民共和国外交部、中共中央文献研究室编：《周恩来外交文选》，中央文献出版社1990年版，第237–238页。

出于这些认识和考虑，中方对中缅边界问题一开始"就采取了谨慎从事的态度，有准备、有步骤地寻求这个问题的解决"。1955年11月，就在双方为解决边界问题而各自积极努力时，两国军人因误会在黄果园地区发生流血冲突。这件事情经过双方努力，得到了适当处理。但两国政府通过这一事件，进一步感受到了及早解决中缅边界问题的必要性。1956年年初，中缅边界谈判正式提上日程。当年11—12月，中方利用缅甸总理吴努访华之机，就两国边界悬而未决的三个地段提出了原则性的解决办法。

根据周恩来总理1957年7月在第一届全国人大第四次会议上所做的报告，这三项建议的具体内容是：关于阿佤山区一段，缅方在谈判中表示，理解中方对"1941年线"的不满，但考虑到这段边界已由当时的中英政府以换文方式所划定，因此要求中方予以承认。缅方同时还要求中方撤回1952年因追剿国民党残军而进入的"1941年线"以西地区。对此，中方立场是，在边界问题上，根据正式条约提出的要求应按一般国际惯例予以尊重，但这并不排除两国政府通过和平商谈求得对双方都是公平合理的解决办法。因而，中方主张，中国从"1941年线"以西地区撤军，但在双方没有达成最后协议并树立界桩之前，缅军不得进入中方撤军后空出的地区，缅方政府人员可进入。

关于南畹三角地区，中方明确表示，缅方继续维持当年英国获得的所谓"永租"权，与当前中缅两国已经形成的平等友好关系不相称，中方愿意与缅方商定废除这种"永租"关系的具体步骤，实际上就是要求终止缅甸对该地区的"永租"关系。

关于尖高山以北地区，中方建议，从伊索拉希山口以北到尖高山一段，除片马、岗房、古浪地区应归还中国外，双方原则上可按怒江、瑞丽江、太平江为一方和以恩梅开江为另一方的分水岭来划定边界。中方同时要求缅方，在中国军队撤出"1941年线"以西地区的同一时期，缅军应撤出片马、岗房、古浪地区。而在这段边界正式划定之前，缅方可以在片马、岗房、古浪继续从事行政管理，中国军队在边界线正式划定前，不进驻该地区。

对于中国政府的这些积极的和负责任的建议，缅甸方面表示满意。吴努总理在会谈时确认，这是照顾双方利益的公平合理的建议。两国总理在会谈后发表的联合新闻公报宣布：中缅两国政府取得谅解，从1956年11月底到1956年年底，中国军队撤出"1941年线"以西地区，缅甸军队撤出片马、岗房、古浪。正如周恩来所说，1956年年底前"中缅两国政府分别完成了撤军的工作，这就为中缅边界问题的解决提供了一个良好的开端"①。

在这一过程中，为慎重考虑，周恩来总理曾代表政府，在中国人民政治协商会议第二届全国委员会第三次全会上做专题报告，听取人大代表、政府成员和特邀专家的意见，并到云南省听取各界人士和各民族代表的意见和建议，统一思想和认识。此外，为了做好边境地区老百姓的工作，1956年3月和12月，双方还共同举办了两次边民联欢大会，以增进民众对两国政府立场的理解和支持。

1957年3月，中缅两国总理又在缅甸仰光和中国昆明就边界问题举行了进一步磋商，双方澄清了彼此的观点，在总的方面取得一致意见。此后，双方经过多次协商和谈判，最终取得了一致意见。1957年7月9日召开的第一届全国人大常委会第五十次会议，同意了中国向缅甸提出的建议。

1958年9月，缅甸政局发生变化。缅甸边防军参谋长奈温取代吴努就任政府总理。但中缅双方的边界谈判没有停止。1960年1月，周恩来邀请奈温总理访华。奈温在会谈中主动提议，将双方拟签署的关于边界问题的"换文"改为"协定"，同时签订《中缅友好和互不侵犯条约》，中方表示完全赞同。1月28日，周恩来和奈温分别代表中缅两政府在《中华人民共和国政府和缅甸联邦政府关于两国边界问题的协定》和《中华人民共和国和缅甸联邦之间友好和互不侵犯条约》上签了字。中缅之间的边界问题和缔结友好条约问题，就这样同时得到了解决。

中缅边界问题解决后，双方都非常满意。作为友好表示，缅方向中国

---

① 中华人民共和国外交部、中共中央文献研究室编：《周恩来外交文选》，中央文献出版社1990年版，第235页。

百万边民赠送了 2000 吨大米和 1000 吨盐。作为回报，中方向缅甸 120 万边民赠送了花布和瓷盘。此事一时传为国际佳话。1960 年 9 月 29 日，重新出任缅甸总理的吴努再次访华。毛泽东与他会见时表示："现在签订中缅边界条约了，只要双方友好，边界问题就好解决。"吴努也表示："中缅边界条约能很快地完成，这完全是由于两国的友好，不然是完不成的。"毛泽东在会见中还谈到，为缓和边界地区的紧张局势，"双方军队都驻扎在边界上，不如后退一些好，何必那样紧张呢？"他主张双方在边界地区各隔 20 公里，当场得到吴努的赞同和支持。

　　缅甸是新中国成立后最先与中国解决边界问题的国家。中缅边界问题的成功解决，为新中国后来妥善解决与其他一些邻国的边界问题，开创了良好的范例。

邓小平处理中美关系的战略思维与外交技巧[①]

中国是当今世界最大的发展中国家,美国是当今世界最大的发达国家。中美关系如何发展,不仅对两国自身具有重大意义,同时还对世界格局的演变产生深远影响。但是,由于种种原因,自20世纪70年代初两国开始交往以来,中美关系始终处于一波多折、跌宕不定的状态。邓小平当年在处理中美关系时,既立足当前,又放眼未来,统筹考虑国内国际两个大局,沉着冷静,处变不惊,坚忍不拔,以柔克刚,积累了丰富的思想理论遗产和宝贵的外交斗争经验。近来,特朗普领导的美国政府对华政策诡谲多变,中美关系再次滑向危机边缘。在这种情况下,回顾并重温邓小平当年处理中美关系的战略思维和斗争艺术,具有极为重要的现实意义。

一、基于国家主权和国际斗争需要确定中美建交"三原则"

1972年美国总统尼克松访华,与毛泽东、周恩来等新中国领导人实现了"跨越太平洋的握手"。这次访问,双方打开了尘封已久的两国关系之门,双方共同制定了指导中美关系未来发展的历史性文件《上海公报》。中美两国随后在对方首都设立了具有外交机构性质的联络处。世界战略格局和整个国际关系,因中美两国相互走近而开始出现重大变化。但是,由于历史遗留的负资产包袱沉重,国际政治中的现实矛盾相互叠加,中美关系进一步改善遇到了严重阻碍。虽然尼克松访华后中美高层交往开始有序进行,但美国的国内政治风谲云诡,中美关系正常化多年间无实质性进展。美方虽然通过基辛格向中方承诺,尼克松第二任期最后两年,"即1976年

[①] 本文发表于《冷战史研究》2019年第5期。

以前实现中美两国关系的完全正常化"①，实际上由于美方原因而未能兑现。

1975年春，邓小平重新恢复工作，负责处理内政外交方面的重大问题。那时候，他就已经把构建稳定发展的中美关系，当作争取良好的国际大环境的首要议题。4月1日，他在会见来华访问的美国众议院议长罗兹时表示，中国需要一个和平的国际环境来建设自己的国家。中国"很欣赏当时尼克松先生走出了勇敢的一步，亲自到中国来，双方签署了《上海公报》，这是我们两国关系的转折点，是新的开端"。他特别强调："我们两国的社会制度不同，意识形态不同，对国际政治的许多主张不同，但我们还有一些共同的语言，甚至在一些重大国际问题上有共同的语言。""只要遵循《上海公报》的精神和原则，逐步发展两国的关系是完全可能的。"邓小平同时还指出："我们两国之间一个最大的问题是台湾问题，这个问题只能按日本方式解决，即撤军、废约、断交，不能有别的方式。"②在这次谈话中，邓小平非常精准地提出了中方为中美关系正常化设定的三项条件，相当明确地指出了中美关系正常化的大体方案和实现路径，其中最核心最关键的问题，是台湾问题。

1975年6月2日，邓小平在会见美国报纸主编协会代表团时重申："中美两国之间的关键问题是台湾问题。我们的立场很清楚，要实现中美关系正常化，台湾问题只能采取日本方式解决，具体地说就是美国从台湾撤军，同台湾废约、断交。其他方式，我们不考虑。如果美国政府考虑还不成熟，我们也可以等一等。"针对美方当时奢望"一中一台"或者"两个中国"的图谋，邓小平一针见血地指出："'两个中国''一个半中国''一个中国、一个台湾'的立场，我们都是不能接受的，变相形式的这种立场，我们也不能接受。""我们也知道，有的人有这么一种想法，就是把台湾在美国的大使馆变成一个联络处，这实际上也是一种变相的

---

① 王泰平主编：《中华人民共和国外交史（第三卷）：1970—1978》，世界知识出版社1999年版，第367页。
② 中共中央文献研究室编：《邓小平思想年谱（1975—1997）》，中央文献出版社1998年版，第5—6页。

形式，这个我们不能考虑。"①

1975年12月，尼克松总统已经被弹劾下台，他的继任者福特来华访问。虽然这次访问不会解决两国关系中的重大问题，特别是建交问题，但美国总统第二次来访，毕竟不同凡响，中方高度重视。当时，毛泽东主席还在。他与福特会见时，重点就国际形势与战略问题与美方交换意见，同时也批评美国在某些国际问题上向苏联妥协，认为这是"倒退"。邓小平主持会谈时，双方讨论了中美关系中的许多具体问题。

邓小平与福特进行了三次会谈。关于两国关系正常化问题，邓小平表示，他对福特所说的美国大选期间不可能在这个问题上有所行动表示理解。他说："我们多次谈过，我们有耐心。在我们两国关系中，我们一直是把国际问题摆在第一位，台湾问题是第二位。"福特对中方立场表示感谢，重申了尼克松时期美国对台政策，同时承诺，美国1976年大选后，将按日本方式解决中美关系正常化问题。邓小平表示，他注意到了美方的"好意"，"这也就是说，实现两国关系正常化时，要实现我们所说的'断交、撤军、废约'三个原则，按照'日本方式'，也意味着已往的经济贸易关系还可以继续保持。有关台湾的其他问题则要作为中国的内部问题解决"。福特强调，美国期望台湾问题"通过和平方式"解决，美国不能"抛弃老朋友"，美国不但要继续并加强与台贸易关系，还要在文化、教育等方面"开展广泛活动"。②

针对福特的这些言论，邓小平旗帜鲜明地做出了建设性回应："国际形势千变万化，我们两国虽然所处地位不同，但两国领导人相互经常接触，交换意见，总是有益的。我们两国社会制度不同，理所当然地有许多分歧，但这不排除寻求共同点，不排除在《上海公报》的基础上寻求发展两国关系的途径。双方可深入地交换意见，哪怕是分歧、吵架也没

---

① 中共中央文献研究室编：《邓小平思想年谱（1975—1997）》，中央文献出版社1998年版，第10页。
② 王泰平主编：《中华人民共和国外交史（第三卷）：1970—1978》，世界知识出版社1999年版，第372页。

有关系。"他援引毛泽东的话说:"我们提倡小吵架,大团结。我们两国之间有许多共同点。"①

由于国内政治斗争的需要和掣肘,美国对外政策反复多变是常态。福特政府在对华关系问题上,实际上也在玩弄两面手法。就连基辛格也曾公开宣称,在中美关系正常化问题上,美国没有时间表,实际上否定了福特任内按日本方式实现中美关系正常化的承诺。作为高瞻远瞩的国际战略大师,邓小平看的是国际关系大局,看的是中美两国的长远关系。他本着求同存异、包容开放的态度看待福特的访问,认为福特来访的重要性"在于访问的本身,谈问题也好,不谈问题也好,访问本身就是重要的。在会谈中,我们双方都认为在国际有关的问题上有许多共同点。当然,两国社会制度不同,存在着根本分歧,这在《上海公报》上也讲了"②。

二、原则坚定与策略灵活相互统一,推动美方与我相向而行

1976年,美国共和党在总统大选中遭到失败,民主党人吉米·卡特当选美国第39任总统。1977年2月8日,就任不久的卡特在白宫接见中国驻美联络处主任黄镇,向他表示,他对中国的政策将以《上海公报》为指导,"我们政策的目标是美中关系正常化"。实际上,当时卡特政府对外政策的重点是美苏关系,对于中美关系正常化问题,卡特执政之初迟迟没有行动。

1977年,国际形势持续发生重大变化,美国与苏联的全球战略争夺进入新的阶段。苏联与古巴联手,不断扩大在非洲的军事行动,同时利用阿富汗国内危机,插手其内部事务,扩张势头更加迅猛。美国为遏制苏联,开始考虑在更大范围内利用中苏矛盾。时任美国总统国家安全事务助理的布热津斯基,提议打开中美关系僵局,联华搞苏,引起卡特注意。改善和推进中美关系,此后成了他的重要外交选项。他宣布:中美关系是"美国

---

① 中共中央文献研究室编:《邓小平思想年谱(1975—1997)》,中央文献出版社1998年版,第23页。
② 中共中央文献研究室编:《邓小平思想年谱(1975—1997)》,中央文献出版社1998年版,第24页。

全球政策的一个中心因素","中国是保持全球和平的一支关键力量"。国务卿万斯也宣布:"同中国建立友好关系是我国对外政策的一个中心部分",美国要按照《上海公报》中的"一个中国"原则,设法实现中美关系正常化。① 卡特总统为表达对中美关系的特殊关注,1977年4月派其子奇·卡特随美国议员团访问了中国。②

1977年8月,美国国务卿万斯访华,试探中美开展关系正常化谈判的可能性。他在访华时重申了卡特关于中美关系正常化的上述立场,同时提出一个前提条件,这就是中美建交后,美国同台湾的贸易、投资、旅游、科学交流以及其他私人联系应保证不受影响,并且要允许美国政府人员在非正式安排下继续留存台湾。他还表示,美国政府将在适当时候发表声明,重申美国关心台湾问题的和平解决,希望中方不要对此发表反对性声明,不要强调武力解决问题。如果中方接受这些条件,美台"外交关系"和美台共同防御条约将消失,美国将撤出在台军事人员和设施。③

邓小平看穿了美国试图以新的方式制造"一中一台"或"两个中国"的图谋,甚至企图迫使中方做出不以武力方式解决台湾问题的承诺。他义正词严地向万斯指出:"我们历来都说,我们两国之间存在一个重要问题,就是台湾问题。国务卿先生提出的关于中美关系正常化的方案,比我们签订《上海公报》后的探讨不是前进了,而是后退了。我们必须澄清一个事实,是美国侵占了中国的领土台湾。现在的问题是,美国要控制台湾,使中国人民不能实现自己祖国的统一。我们多次说过,要实现中美关系正常化,在台湾问题上有三个条件,即撤军、废约、断交,按日本方式。"

为了让美国人更为清楚地认识到中国的原则和立场的坚定性,邓小平进一步指出:"老实说,按日本方式本身就是一个让步。现在是要美国下决心。民间来往,我们可以同意。你们这个方案,集中起来就是两个问题。

---

① 王泰平主编:《中华人民共和国外交史(第三卷):1970—1978》,世界知识出版社1999年版,第374页。
② 田增佩主编:《改革开放以来的中国外交》,世界知识出版社1993年版,第382页。
③ 田增佩主编:《改革开放以来的中国外交》,世界知识出版社1993年版,第382页。

第一,你们实际上要我们承担不用武力解放台湾的义务,实际上还是干涉中国的内政。第二,你们提出不挂牌子的大使馆,实际上是"倒联络处"的翻版。我们对这个方案是不能同意的。台湾问题是中国的内政,别人不能干涉。我们准备按三个条件实现中美建交以后,在没有美国参与的条件下,力求通过和平方式解决台湾问题,但不排除用武力解决。你们说很关心台湾的安全。中国人自己总比你们美国人更关心自己国家的事吧!中国人民、中国政府当然会考虑台湾的实际情况,采取恰当的政策解决台湾问题,实现国家的统一。但是这是中国人自己的事。"[1]

在这次会谈中,邓小平向万斯传达的信号非常明晰,其核心思想就是:台湾同中国统一的问题,还是要中国人自己来解决,我们中国人是有能力解决这个问题的。他以客气而委婉,但柔中有刚的经典式外交语言告诫美国人:"不必为此替我们担忧。"

万斯此次访华,没有实现两国关系的重大突破,但美国政府对中方的立场和原则有了进一步了解。1978年,中美双方的政治交往进一步增加,关系正常化谈判提上日程已势在必行。1月7日,邓小平会见了来华访问的美国国会代表团,再次谈到了中国对于台湾问题的坚定立场。他说:"解决台湾问题就是两只手,两种方式都不能排除。力争用右手争取和平方式",但"实在不行,还得用左手,即军事手段。我们在这方面不可能有什么灵活性。要说灵活性,就是我们可以等"。[2]

邓小平处理中美建交关系的原则性立场和高超而灵活的态度,促使美国政府不得不进行自我调整。1978年4月,卡特总统再次宣布,美国承认一个中国的概念,同中国建立正式的外交关系符合美国的最大利益。万斯国务卿也明确表示,美方希望在卡特总统第一任期内,实现中美关系正常

---

[1] 中共中央文献研究室编:《邓小平思想年谱(1975—1997)》,中央文献出版社1998年版,第36—37页。
[2] 中共中央文献研究室编:《邓小平思想年谱(1975—1997)》,中央文献出版社1998年版,第53页。

化这一目标。①

1978年5月20—23日，美国总统国家安全事务助理布热津斯基来华访问，他向中方正式表示，美方愿意接受中国提出的中美建交三原则，即断交、撤军、废约。5月21日，他在会见邓小平时表示：卡特总统认为，中国在维持世界均势中发挥中心作用。一个强大的、独立的中国，同邻国和平相处的中国，在一个多元化的世界中，将是和平的力量，将对解决世界的问题起建设性的作用。他还非常郑重地表示："卡特本人准备尽可能迅速地解决这个问题，我们无意人为地拖延下去。因此，总统准备在国内负起政治责任，来解决我们双方这个悬而未决的问题。他承认这是我们的责任，不是你们的问题。在双方关系中我们依据的仍然是《上海公报》，仍然遵循只有一个中国的原则，台湾问题如何解决，那是你们的事情。"

布热津斯基讲得很好，但实际上，美国在亚太地区，包括台海地区，有着历史形成的重大战略利益，这是维持美国全球霸业不可或缺的，也是不容动摇的。因此，在台湾问题上，美国总是首鼠两端，总是抱有幻想，归根结底，是想维持台湾与中国大陆的永久分离状态，为美国保留一个"不沉的航空母舰"。因此，布热津斯基在做出上述建设性表态的同时，又故技重演，向中方讨价还价。他提出，两国关系正常化后，当美国做出期待纯属内政的台湾问题得到和平解决的表示时，希望中国不会明显地进行反驳，这样美国的国内困难将容易解决。他还表示，美国已经授权其驻华联络处主任伍德科克同中方就此问题开展具体谈判。②

面对布热津斯基这位世界公认的国际战略大家和外交谈判高手，邓小平表示，他很高兴听到卡特总统的这个口信，"如果卡特总统是下了这个决心的，事情就好办。我们双方随时可以签订关系正常化的文件"。邓小平还说，我们"对自己国家统一的问题怎么能不关心，不急于解决呢？我们很希望早日解决这个问题。在这个问题上，我们历来阐明的就是三项条件，

---

① 田增佩主编：《改革开放以来的中国外交》，世界知识出版社1993年版，第383页。
② 廉正保文：《感受邓小平的外交风采》（上），《纵横》2017年第5期，第48页。

即断交、撤军、废约","我们不能有别的考虑,因为这涉及主权问题"。至于美国想在两国建交时就台湾问题再发议论,邓小平毫不含糊地回答说:"关于两国关系正常化问题你们要表示你们的希望,这可以;但我们也要表示我们的立场,即中国人民在什么时候、用什么方式解放台湾,是中国人自己的事。"① 他还特别补充一点:采用中日关系正常化方式解决中美关系问题,是中方可以接受的最低方式,这就是在正常化条件下,中方同意日本同台湾保持商业、人员往来。但中方不能承担只用和平方式解决台湾问题的义务。双方在此问题上各说各的,但相互间没有约束力。

中美双方在两国关系正常化问题上的立场愈益接近,但在台湾问题上双方的重大分歧仍无法完全弥合。在这种形势下,中方基于国家长远利益和对外整体战略,综合考虑国内外各种因素,其中包括大国关系和世界格局深入变革的历史大势,做出了抓住机遇与美国建交的历史性决定。所以,唇枪舌剑之后,邓小平明确地向布热津斯基表示,中方同意就中美关系正常化问题在北京进行具体谈判。

三、亲自参与建交谈判,引导中美关系实现历史性突破

在邓小平的直接关注和指导下,1978年7月5日,中国外交部长黄华与美国驻华联络处主任伍德科克开始谈判两国关系正常化问题,双方总共谈了六次。中方的原则立场是:一、台湾问题是阻碍关系正常化的关键问题,美国派兵侵占中国领土,干涉中国内政,解铃还须系铃人;二、要实现中美关系正常化,美国必须履行断交、撤军、废约三原则;三、两国关系正常化后,美国可以在台湾建立民间机构,但不应继续对台出售武器;四、解放台湾是中国的内政,他国无权干涉。②

在中方的强大压力下,美国不得不接受中方提出的两国建交的"三

---

① 中共中央文献研究室编:《邓小平思想年谱(1975—1997)》,中央文献出版社1998年版,第65页。
② 田增佩主编:《改革开放以来的中国外交》,世界知识出版社1993年版,第383页。

原则"。但是，布热津斯基来华访问之前，美方已经为接受中方"三原则"预设了五个条件，其中最关键的是两国建交后，美国可以继续向台湾出售武器。对此，中方表示强烈反对，双方一度僵持不下。9月19日，卡特总统亲自出面做中方工作。他在接见中国驻美联络处主任柴泽民时表示，美国愿意接受中方提出的有关台湾问题的"三原则"，但希望能满意地解决美方提出的两个问题：一是两国关系正常化时美方发表期望通过和平方式解决台湾问题的声明，二是两国关系正常化后美方能继续向台湾"有限度地出售经过十分小心选择的防御性武器"。10月30日，布热津斯基会见柴泽民，暗示卡特总统希望双方加快正常化谈判进程，1977年年底和1978年初是"一个特殊的时机"，错过这个机会，美国因内部原因，只能1979年秋季之后再讨论两国建交问题，那时难度就会加大。

中方高度重视布热津斯基传来的信号和中国外交部的相关报告。11月2日，邓小平在中央政治局会议上做出明确指示，要加快与美国的关系正常化，原则不放弃，但可以按美国提出的问题谈，谈的时候不把门关死。11月27日，他召集有关人员专门开会，详细讨论中美关系正常化谈判中的具体问题。会议决定由韩念龙副外长代替生病的黄华外长，于12月4日继续谈判并提出中国方案，明确提议1979年1月1日建交。

同日，邓小平会见了美国专栏作家罗伯特·诺瓦克。谈到中美关系时，邓小平表示，如果站得高一点看，中国政治家或美国政治家都认为关系早日实现正常化好，越早越好。①11月28日，邓小平利用会见美国友好人士斯蒂尔的机会，再次声明：在台湾问题上，"美国方面要中国承担不使用武力的义务，这不行。在实现关系正常化上，我们最大的让步就是允许采取日本方式，美国可在台湾继续投资，继续保持它的经济利益"。在这次谈话中，他还谈到了以"一国两制"方式处理台湾问题的重要构想。他表示："我们多次讲过，台湾归还中国，实现祖国统一，在这个前提下，我们将

---

① 中共中央文献研究室编：《邓小平思想年谱（1975—1997）》，中央文献出版社1998年版，第95页。

尊重台湾的现实来解决台湾问题。台湾的社会制度同现在的社会制度当然不同，在解决台湾问题时，会照顾这个特殊问题。"①

在中美双方围绕台湾问题的分歧尚未完全解决的情况下，中方最终做出尽快与美国建交的重大决策，与当时中国的国际环境和国际局势的发展变化密切相关。此时，苏联出兵中国的邻国阿富汗，支持越南在东南亚实行地区霸权主义，导致中苏关系进一步紧张。外部环境的重大变化，促使中方做出了尽快与美国建交的决定。当时，邓小平访问日本并出席《中日和平友好条约》两国批准书互换仪式刚刚归来。他把中美关系与中日关系做了对比，认为"中美关系正常化，对全球的和平、安全和稳定比中日关系的意义更大"。②

此时，美国总统卡特的任期也将结束，他很想在离开白宫之前取得中美关系重大突破，为自己留下一笔光彩的政治遗产。鉴于所有这一切，1978年12月13—15日，邓小平亲自出面，与美国驻华联络处主任伍德科克举行了三次会谈。这时，双方围绕台湾问题的较量更为激烈。邓小平对美国坚持要对台湾出售武器的做法表示强烈反对。他强调："中美建交后，希望美国政府慎重处理同台湾的关系，在这些关系中不要影响中国采取最合理的方式和平解决台湾问题。如果美国继续给台湾出售武器，从长远讲，将会对中国以和平的方式解决台湾回归祖国的问题设置障碍。在实现中国和平统一方面，美国可以尽相当的力量，至少不要起相反的作用。"③

中美建交谈判的最后阶段，双方在台湾问题上仍互不相让。考虑到美方已接受中方的"三原则"，承认"一个中国"，承认"台湾是中国一部分"，而美国对台售武问题一时又难以解决，中方权衡利弊，做出了将美国对台湾售武与两国建交分开处理的决定，中美两国终于达成建交协议。

---

① 中共中央文献研究室编：《邓小平思想年谱（1975—1997）》，中央文献出版社1998年版，第97页。
② 中共中央文献研究室编：《邓小平思想年谱（1975—1997）》，中央文献出版社1998年版，第95页。
③ 廉正保文：《感受邓小平的外交风采（上）》，《纵横》2017年第5期，第49页。

双方同意1979年1月1日共同发表建交公报和有关文件，3月1日互派大使并建立大使馆，邓小平在两国建交后立即访美。

后来，根据美方建议，双方将发表公报的时间提前到12月16日。美方同时宣布终止与台湾签署的《共同防御条约》，并于1979年4月撤走全部驻台美军。美台之间的相关事务，改由美国在台协会和台湾"北美事务协调委员会"负责。

四、始终用长远的战略观点来看待和处理中美关系中的重大问题

中美宣布建交之日，正值中国决定改革开放之际，时间仅隔三天。这两件密切相关的大事，改变了中国，改变了中美关系，甚至也改变了世界。1979年1月29日，中美建交不到一个月，邓小平即以副总理身份飞往美国，对美国进行新中国领导人的首次访问。

中美双方对邓小平此次访问均高度重视。美方以国家元首的最高规格接待了时任中国政府副总理的邓小平。邓小平在美国宣布，他的访问目的有三个：第一，向美国人民转达中国人民的情谊；第二，了解美国人民，了解美国人的生活，了解美国建设的经验，学习一切对中国有用的东西；第三，同美国领导人就发展两国关系和维护世界和平与安全的问题广泛地交换意见。基于这三大目的，无论与美国领导人会谈还是发表公开讲演，邓小平始终强调：中美两国社会制度不同，意识形态不同，但"两国人民的利益和世界和平的利益要求我们从国际形势的全局、用长远的战略观点来看待两国关系"。两国人民的友好合作，"不仅有利于两国的发展，也必将成为维护世界和平、促进人类进步的强大因素"。①

中美关系正常化和邓小平成功访美，是中美关系中意义深远的重大事件，同时也标志着中国走向外部世界的大门完全打开。但是，由于两国围绕台湾问题的分歧并未解决并且还不时发酵，中方严正声明：解决台湾回

---

① 中共中央文献研究室编：《邓小平思想年谱》，中央文献出版社1998年版，第110页。

归祖国、完成国家统一的方式完全是中国内政。邓小平也不时地敲打美国，台湾回归祖国，完成祖国统一大业，这完全是中国的内政。中国不能承诺除了和平方式以外不能用其他方式实现统一祖国的愿望。"我们不能把自己的手捆起来。"

然而，美国出于自身战略考虑，始终在台湾问题上对中国玩弄两面手法。1979年3月26日，即邓小平访美后不久，美国国会通过了卡特政府为处理美国对台关系而提出的《与台湾关系法》。中方对这份严重违反两国建交公报原则的法案十分愤慨，事前事后多次提出交涉。4月19日，邓小平会见来华访问的美国参议院外委会代表团，明确表达中方的不满。4月26日，中国政府向美方发出抗议照会。迫于中方压力，卡特总统不得不承诺，他在执行该法时，要遵守两国在建交公报中达成的协议。

1980年是美国大选年。共和党总统候选人里根在竞选活动中发表了一系列严重损害中美关系的言论。8月，他的竞选搭档布什访华，邓小平要他向里根转达中方对两国关系问题的基本立场。邓小平指出，中美关系是全球战略的一个重要组成部分，是其他问题不能代替的关键性问题。任何从《中美建交公报》倒退的言论和行为，中国政府都坚决反对。如果共和党竞选纲领中对中国政策部分（其中包括对台湾的政策）和里根先生最近发表的有关言论，真的付诸实施的话，这只能导致中美关系的后退。如果以为中国有求于美国，以致一旦共和党竞选纲领中的对华政策和里根先生发表的有关言论成为美国政府政策付诸实行，中国也只好吞下，别无选择，那完全是妄想。为了把话说清楚，让里根了解这份警告的分量，邓小平把这几点写成了文字，请布什转交里根。①

1981年1月，在大选中获胜的里根即将入主白宫，围绕中美关系问题，他依然口出狂言。邓小平再次对美方表明：（一）中国很弱很穷，装备又落后，但我们有"块头大"这个好处，并且不信邪，"需要中国自己做的

---

① 中共中央文献研究室编：《邓小平思想年谱》，中央文献出版社1998年版，第166-167页。

事情，中国是敢于面对现实的"。（二）中国本身的生存能力比较强，即使世界发生大的动乱和各种难测的变化，中国自己也能够活下去。（三）如果由于台湾问题迫使中美关系倒退的话，中国肯定要做出相应的反应，只有正视现实。（四）认为中国的意识形态旨在摧毁美国这样的政府，这是恢复60年代以前的观点。① 当时，对国际事务缺乏了解而又刚愎自用的里根，对中方的警告置若罔闻。他就职后，不但表示要充分实施《与台湾关系法》，同时还声称，中国无权过问美国对台政策。中美两国关系由于里根政府对华政策短视和战略误判，出现了建交后的第一次严重危机。

面对这种情况，邓小平明确指示有关部门，要同美国开展一场斗争，如果我们不采取强硬措施，肯定今后问题会层出不穷。要准备中美关系倒退到1973年互设联络处时的水平，甚至倒退到1972年尼克松访华以前。邓小平又指示说，对美斗争，要立足于"不怕"，但也要讲策略，注意方法。②

由于原则坚定，策略灵活，各种外交资源和斗争手段综合施用，中方应对里根政府对华政策的外交斗争首战告捷。其初步成果是，在邀请台湾当局所谓代表出席里根就职仪式问题上，美方做出了让步。已经抵达华盛顿的台湾"官方"人士，被迫"因病住进了医院"，未能出席里根的就职典礼。当时，荷兰政府不顾中方警告，向台湾出售两艘潜艇，中国政府果断地降低了中荷外交关系水平，此事对美国也有一定警示作用。

1981年6月，美国新国务卿黑格访华，中方一方面对中美两国贸易关系有所发展、双方在一些重大国际问题上协调行动表示满意，另一方面对美国持续向台湾出售武器表示严重不满。邓小平当面质问这位国务卿，现在台湾海峡局势很平静，有什么必要不断向台湾出售武器？他掷地有声地警告美方：如果"干扰行动太厉害会引起相应的反应，导致中美关系停滞，甚至倒退，思想上要有这个准备"③。中国外长同黑格会谈时，表达了同样的

---

① 中共中央文献研究室编：《邓小平思想年谱》，中央文献出版社1998年版，第178页。
② 李肇星：《李肇星外交回忆录》，中信出版社2013年版，第7页。
③ 中共中央文献研究室编：《邓小平思想年谱》，中央文献出版社1998年版，第192页。

立场和态度。黑格不得不表示，美国认识到台湾问题对中国的敏感性，美国会非常谨慎和克制地对待这一问题。但他没有做出令中方满意的承诺。此后，双方围绕这些问题继续进行较量。当年10月，中国政府总理和外长利用在墨西哥坎昆出席南北首脑会议之机，与里根总统和黑格国务卿进行了更为深入的沟通。会后，中国外长又专程赴美，与美方继续谈论此事。

1982年春，中美两国就美方对台售武等问题进行的谈判陷入僵局，中美关系危机持续发展。当年5月，美国副总统布什来华，与中国领导人直接沟通。双方经多轮谈判，最终达成一项妥协性文件，这就是1982年8月17日发表的联合公报。在《八一七公报》中，双方除重申两国建交公报所确认的各项原则外，美国承诺，它向台湾出售武器的性能和数量将不超过中美建交后近几年的水平，并准备逐步减少对台武器销售，经过一段时间后最终解决这个问题。当时美国还表示，承认中国关于彻底解决这一问题的立场。①

中美《八一七公报》发表时，中国外交部发言人郑重声明，公报所说的美国对台售武问题最后解决，指的是经过一段时间后，美国完全停止对台售武。②这是中方的原则立场。为了促使美国政府信守诺言，维护中美关系大局稳定，邓小平在《八一七公报》发表前还专门接见了美国驻华大使，要他转达致里根总统的口信。他警告美国，不要以玩弄文字游戏的方式拒绝履行承诺和保证。他再次指出，中美关系上始终存在一片乌云，这就是严重违背《中美建交公报》原则的《与台湾关系法》，希望美国正视这个问题。

中美《八一七公报》是继《上海公报》《中美建交公报》后，双方共同制定的指导中美关系发展的第三个重要文件。虽然这份文件也没有完全解决美国对台售武问题，但为最终解决这个问题迈出了重要一步。《八一七公报》发表后，中美关系转入了相对平稳的发展轨道。两国高层接触频率增加，政治互信度有所提高，经贸合作、人文交流更趋务实。

---

① 田增佩主编：《改革开放以来的中国外交》，世界知识出版社1993年版，第391页。
② 田增佩主编：《改革开放以来的中国外交》，世界知识出版社1993年版，第392页。

五、坚决反对美国野蛮制裁，引导中美关系在斗争中实现转圜

80年代末90年代初，中美关系在苏联和东欧各国放弃社会主义道路、东西方冷战迅速走向终结的大背景下持续推进。但也就在这个时候，1989年6月，美国利用中国国内发生的政治风波，组织西方国家对中国进行所谓的"制裁"，双方在政治、经贸、金融、人文、安全等各领域的交往陷入停顿。中国改革开放后第一次遇到如此严峻和复杂的国际环境。面对"黑云压城城欲摧"的外交局面，许多人惊慌失措，一时议论纷纷。邓小平纵观国际风云变幻，统揽内外关系全局，及时提出并指导实行"韬光养晦、有所作为"的新外交方针。

必须始终注意改善和发展与美国的关系，在"韬光养晦、有所作为"的新外交方针中占有首要位置。在全面分析美国对华制裁措施时，邓小平指出："制裁中国实际上并不符合美国的全球战略和长远利益。在当时的中美苏大三角关系中，中美两国在抗衡苏联扩张方面进行了卓有成效的合作。美国孤立中国，未必对其自身有利。"①

邓小平的分析和判断十分准确。对于制裁中国给美国自身利益带来的损害，时任美国总统布什也是心知肚明。因此，他多次向中方传递口信，表示重视中美关系，美国对中国的制裁是迫于国会和社会的压力，希望中国能够"谅解"。6月21日，他秘密致函邓小平，要求派秘使访华，同中方交换看法。邓小平立即复信表示同意，同时表明了中方的严正立场。7月初，美国总统国家事务助理斯考克罗夫特秘密来华。邓小平亲自确定会谈基调并与其会见。在会见开始之前，邓小平一方面表示他"只谈原则，不谈具体问题"，同时提醒陪同会见的有关部门领导人注意："制裁措施我们不在意，吓不倒我们。"至于西方七国集团企图出台新的对华制裁措施，邓小平轻蔑地表示：不要说七国，70国也没有用。中国的形象就是不怕鬼，

---

① 钱其琛：《外交十记》，世界知识出版社2003年版，第170页。

不信邪，你们做外事工作的要注意这个问题。①

在会见斯考克罗夫特时，这位总统特使一面转达布什关于维护中美关系的意愿，一面又为美国对华制裁进行辩解。邓小平表示，中国是一个独立的国家，执行独立自主的和平外交政策，中国的内政不容许任何人干涉。任何国家同中国打交道，都应该遵循和平共处五项原则。我们希望中美关系能在和平共处五项原则的基础上继续发展，妥善处理各种问题。②

7月28日，布什秘密致信邓小平，对中国接待他的特使表示感谢，表示他会尽力防止中美关系"这条船摇摆过度"，同时继续为美国对华制裁进行辩护，并且把责任推给了中方。对此，邓小平复信表示，美国带头制裁中国，在很大范围内触犯了中国的利益和尊严，由此引起的中美关系的困难，责任完全在美国方面，应由美国来解决。同年11月，布什再次致信邓小平，表示美国希望在即将举行的美苏首脑会晤后派特使来华，通报会晤情况，并探讨中美关系正常化问题。此时，早已离开白宫的美国基辛格博士正在中国访问，邓小平请他向布什转达他对改善中美关系的具体建议，其核心内容就是：美国要采取适当方式，明确宣布取消对华制裁；双方共同努力，近期落实几项较大的经济合作项目；美方应邀请江泽民总书记第二年正式访美。随后，邓小平又以书面方式答复了布什来信。12月9日，斯考克罗夫特再次来华，与中方探讨改善两国关系问题。由于此次访华是公开进行的，事实上打破了美国不与中方进行高层互访的禁令。此时，全世界都已看到，美国对华"制裁"已经松动。双方在会谈中同意尽快结束纠葛，开辟未来。

但就在这时，柏林墙倒塌，苏联和东欧国家组成的社会主义大家庭彻底瓦解。美国错误估计形势，期待中国发生类似事变，改善对华关系的步伐明显放缓。1990年4月，中国派特使访问美国的建议，竟被美方拒绝。在这种形势下，邓小平委托来华访问的埃及总统向布什带话，警告美方不要因东

---

① 钱其琛：《外交十记》，世界知识出版社2003年版，第173-174页。
② 钱其琛：《外交十记》，世界知识出版社2003年版，第176页。

欧的事情而过分兴奋,也不要用同样方式来处理中国问题和中美关系。

就在这个时候,美国在海湾地区遇到麻烦。伊拉克萨达姆政权与作为美国盟友的沙特等阿拉伯邻国的关系持续紧张,导致海湾危机愈演愈烈。美国为应对海湾危机,需要与中国协调立场,需要中国在联合国内予以配合。1990年11月,中美两国外长在开罗机场会面。月底,中国外长访美,双方就一些重大问题达成谅解。1991年11月15日,美国国务卿贝克访华。临行前,布什总统破例约见中国驻美大使,他表示,尽快恢复中美关系对双方至关重要,既符合美方最大利益,也符合中国的最大利益,希望贝克的访问能够成为两国关系的转折点。中方捕捉到这一重要信号,在邓小平领导下对如何应对贝克来访,进行了极为认真的研究和部署。

贝克到北京后,最初非常傲慢。他表示,他来中国带了三个空篮子,一个想装防止武器扩散,一个想装经贸合作,一个要装人权。实质上是要求中方在上述三个方面呼应美方立场,向美方妥协让步。中国领导人根据邓小平指导制定的工作方针,在会谈中明确表示,中国不反对与美方讨论这三个问题,但中方也有几只篮子,其中最大的一只,是希望美国支持恢复中国在关贸总协定①中的缔约国地位。双方就这些问题展开了艰苦的谈判,致使贝克的专机不得不七次推迟起飞时间。最后,美国在取消部分对华制裁措施问题上被迫松动了立场,同时承诺支持中国"入关",积极考虑在中美两国之间设立贸易、经济和科技三个联委会,并在1992年适当的时候恢复部长级会议。

贝克国务卿对中国进行的富有成果的访问,对中美双方都有积极意义,国际社会予以很高评价,普遍认为这是中国外交的胜利。美国持续两年的对华制裁,在邓小平的亲自部署和指挥下,终于被逐渐打破。中国同日本和西方其他国家的关系,也不同程度地得到改善。国际上出现的对华冷战阴云最终消退。

---

① 即现在的世界贸易组织。

邓小平提出的"韬光养晦、有所作为"的新外交方针，以及中国"谁也不得罪，跟谁都发展关系"的外交策略思想，特别是针对中美关系提出的一系列政策主张，在不断开拓中国外交新局面、不断提升中国国际地位和影响力方面，发挥了不可估量的历史性作用。

"结束过去 开辟未来": 中苏关系正常化始末[①]

苏联是世界上第一个社会主义国家,中国是世界上人口最多的社会主义国家,两国拥有7000多公里共同边界,同时又互为最大邻国。双方的历史联系千头万绪,利害交织经纬万端。中国革命战争年代,两国共产党相互支持,虽然不无芥蒂,但最终形成志同道合的特殊关系。新中国成立后,在对外关系领域"一边倒",与苏联结成战略同盟,双方在国际事务中彼此配合与协调,为维护地区安全与世界和平而共同斗争,推动了世界社会主义进程,促进了殖民地半殖民地的民族解放运动。后来,中苏双方发生深刻分歧,两党关系迅速恶化,国家关系完全破裂,战略同盟变成全面对抗。我们在研究和梳理这段历史过程时发现,中苏双方都因两国关系严重恶化而付出了沉重代价,实际上都渴望早日实现关系正常。周恩来在1975年就指出:"我们同苏共领导的原则争论要长期进行下去。我们历来认为,这种争论不应妨碍中苏两国关系正常化。"

1976年9月,毛泽东主席逝世,中国国内形势发生重大变化。当时,苏共中央出于多种考虑,向中方发来了唁电,以表善意,实际上是探测恢复两党两国关系的可能性。中方同样出于多种考虑,拒绝了苏方来电。中苏两党两国关系,继续处于完全对立状态。

70年代末,中国开始大幅度调整内外政策。作为改革开放总设计师的邓小平,开始考虑如何通过改革消除苏联模式的消极影响问题。1978年9月,他访问朝鲜归来后视察东北,明确地对当地领导同志讲,我们的体制都是从苏联学来的,是非常落后的东西。但这并不妨碍他根据改革开放需要,结合国际形势发展变化,积极推动中苏关系正常化。他提议中苏建立

[①] 本文发表于《俄罗斯东欧中亚研究》2019年第8期,节选部分收入本书,另外加了标题,文字亦小有调整。

以和平共处五项原则为基础的新型睦邻关系，多次呼吁苏方采取实际行动。与此相适应，中方对苏联口诛笔伐的势头明显减弱。

1979年，《中苏友好同盟互助条约》即将期满。中方考虑到两国关系现状及其他各种因素，决定条约期满后不予延长。在将此决定告知苏方时，中方表示：希望中苏两大国能在和平共处原则的基础上，保持和发展正常的国家关系，同时建议两国就此进行谈判。双方通过外交途径就谈判的宗旨、内容和任务交换了意见，同意谈判结束后签署相应文件。

1979年9至11月底，第一轮中苏国家关系谈判在莫斯科举行。首轮谈判未有任何结果，但谈判后双方恢复了教育交流。遗憾的是，在此关键时刻，苏联支持越南入侵柬埔寨，而后出兵阿富汗，对中国国家安全形成威胁。中国声讨苏联霸权主义、与美国联手遏制苏联扩张的力度重新加大。1980年1月，中方宣布，中苏谈判在此种情况下不宜进行。已经提上日程的两国关系正常化问题，被重新搁置起来。

1982年3月24日，苏联领导人勃列日涅夫在中亚城市塔什干发表讲话，一方面仍然攻击中国，另一方面明确承认中国为社会主义国家，强调了中国对台湾的主权，并且还建议开展磋商，采取双方都可接受的措施改善中苏关系。邓小平捕捉到这一信息后，断定改善中苏关系的时机正在成熟。根据他的指示，中国外交部随即宣布：中方注意到了苏联领导人的讲话，坚决拒绝讲话中对中国的攻击，但强调中方重视苏联的实际行动。敏感的国际舆论意识到，中方"这一谨慎而含蓄的声明，预示着对抗了30多年的中苏关系，有可能发生变化，并使世界局势为之改观"[①]。

1982年8月，苏方接受了中方建议，同意就消除妨碍两国关系发展的障碍问题进行磋商。同年12月，两国政府特使（副外长级）磋商会议在北京举行。但在磋商中，苏方否认并拒绝讨论中方提出的"三大障碍"，即苏方在中苏中蒙边境地区驻扎重兵、支持越南入侵柬埔寨、出兵阿富汗。

---

① 钱其琛：《外交十记》，世界知识出版社2003年版，第5—6页。

此后双方磋商多年,始终没有重大突破。但两国都很珍视这来之不易的机会,坚持继续磋商,相互隔绝不相往来的僵局逐渐破除。

1982—1985年,苏共三任总书记死于任上,中方三次派遣高级别特使出席葬礼,受到苏方欢迎。两国政治交往实际得以恢复。1983年,两国政府特使第二轮磋商期间,双方达成了互派留学生协议,两国贸易额当年亦大幅回升。1984年年底,双方签署一系列科技、经贸合作协议,并决定成立中苏经济贸易科技合作委员会,两国关系正常化的曙光在前。[①]

1985年戈尔巴乔夫就任苏共中央总书记后,苏方处理对华关系较前积极。双方领导人开始表达并传递愿意会面以商谈关系正常化的信息。在消除"三大障碍"方面,苏方的某些建设性立场和行动,受到中方欢迎。此后,双方在经贸、科技、人文等领域的交往进一步扩大。1988年夏,双方决定结束政府特使磋商,直接准备关系正常化,最终决定1989年举行两国高级会晤。

1989年5月,苏联党和国家最高领导人戈尔巴乔夫应邀来华进行正式访问,结束了双方30多年没有高层交往的局面,两党两国关系终于实现了正常化。邓小平在与戈尔巴乔夫会谈时表示:两国领导人此次会见目的是八个字:结束过去,开辟未来。重点放在开辟未来上。他讲了历史上中国在列强压迫下遭受损害的情况,讲了中苏两国关系中的历史问题,同时也阐述了中方对一些重大问题的基本立场和看法。不过,他强调,对中国党的这些看法"不要求回答,也不要辩论,可以各讲各的。这样有利于我们在更加扎实的基础上前进"[②]。

会见中,邓小平还特别谈到了他对当年中苏论战的看法。他说:"多年来,存在一个对马克思主义、社会主义的理解问题。""经过二十多年的实践,回过头来看,双方都讲了许多空话。"对于中苏关系破裂的原因,他

[①] 田增佩主编:《改革开放以来的中国外交》,世界知识出版社1993年版,第293-294页。
[②] 《邓小平文选》(第三卷),人民出版社1993年版,第292页。

指出，问题"不在于意识形态争论的那些问题"，"我们也不认为自己当时说的都是对的。真正的实质问题是不平等，中国人感到受屈辱。虽然如此，我们从来没有忘记在中国第一个五年计划时期苏联帮我们搞了一个工业基础"。此外，邓小平还专门谈了独立自主和改革开放问题。他指出："各国必须根据自己的条件建设社会主义。固定的模式是没有的，也不可能有。墨守成规的观点只能导致落后，甚至失败。"①他预言并建议：中苏"关系正常化以后的交往，无论深度和广度都会有大的发展"，双方要"多做实事，少说空话"。②

中苏两国高峰会晤顺利结束后，双方发表了联合公报，确认两国关系正常化符合两国人民的利益和愿望，有助于维护世界的和平与稳定，强调中苏关系正常化不针对第三国，不损害第三方利益，重申双方愿意通过和平谈判解决两国之间的一切争端，相互不以任何形式合作武力或以武力相威胁。双方在公报还表示，要以目前的中苏边界条约为基础，根据公认的国际法准则，本着平等协商、互谅互让的精神，公正、合理地解决历史遗留的中苏边界问题；两国将在平等互利原则基础上积极而有计划地发展经济、贸易、科技和文化等领域的关系，增进两国人民之间的了解和往来。双方在联合公报中还表示，双方在社会主义建设和改革方面交流情况与经验，并就双边关系和共同关心的问题交换意见是有益的。双方在某些问题上的分歧不应妨碍两国关系的发展。

双方在公报中还表示，两国共产党将根据独立自主、完全平等、互相尊重、互不干涉内部事务的原则进行接触和交往。国际社会注意到，公报中有关两党关系的表述完全采用了中方观点。"中苏两国认为，在国际关系中应当摒弃任何国家把自己的意志强加于人和在任何地方谋求任何形式的霸权的企图和行动"，完全反映了中方立场和原则。由于双方在某些国际问题上仍有不同看法，公报表示"中苏两国认为有必要促进国际关系的

---

① 《邓小平文选》（第三卷），人民出版社1993年版，第291—295页。
② 《邓小平文选》（第三卷），人民出版社1993年版，第292页。

根本健康化"的同时,一方面载明:"中方主张在和平共处五项原则基础上建立国际政治经济新秩序",另一方面也载明:"苏方主张在国际关系中确立政治新思维"。公报还特别强调:"每方对目前国际关系的认识体现在上述各自的主张和构想中。"①

这份联合公报不仅宣告中苏两党两国关系实现了完全正常化,同时也在国际上树立了相互尊重、捐弃前嫌、求同存异、共创未来的良好范例。这一年,双方友好交往全面展开,包括党际交流和军队交往在内,副部级以上代表团互访达100多次,其中约四分之一为正部级团组。双方的边境贸易和地方贸易总成交额达28亿瑞郎,超过了两国政府间贸易总额的一半。1990年4月,时隔26年后,中国总理又正式访苏。两国经贸额这一年达历史最高水平。

1991年5月,中共中央总书记、中央军委主席江泽民应邀访苏。这是中苏关系正常化后双方的第二次高级会晤,也是1957年以来中国最高领导人首次访苏。双方对此高度重视,国际舆论亦格外关注。访问结束后,双方发表了第二份联合公报,一致表示"双方珍惜已经取得的成果,将进一步发展友好、睦邻、互利合作关系"。公报同时还表示:"双方某些观点的差异和不同做法是自然的,并不妨碍双边关系的正常发展。""各国都有权根据自己的特点选择社会制度、意识形态、经济模式和发展道路,这方面的差异不应妨碍各国之间的正常关系和合作。"②

第二份中苏联合公报之所以有这样一些特殊表述,是因为此时苏联改革已陷入困境,宪法规定的苏共领导地位已被取消,苏联内外政策开始背离社会主义方向。中苏双方在许多重大问题上形成了完全不同的看法和主张。1991年8月,苏联发生"八一九事件",苏联共产党被取缔,社会主义制度被否定,联盟国家加速瓦解。

在这种形势下,如何对待苏联发生的一切,如何处理新形势下的中苏

---

① 田增佩主编:《改革开放以来的中国外交》,世界知识出版社1993年版,第308页。
② 田增佩主编:《改革开放以来的中国外交》,世界知识出版社1993年版,第310页。

关系，对依然坚持社会主义制度的中国构成严峻考验。中国通过外交渠道郑重表态：苏联发生的变化是苏联的内部事务。中国政府的一贯立场是，反对干涉别国内政，尊重各国人民的选择。中方相信，在中苏两个联合公报确定的各项原则基础上，两国睦邻友好关系将继续得到发展。

1991年12月，中苏关系正常化两年半之后，中国的最大邻国、横跨欧亚大陆的苏联彻底瓦解了。波澜起伏的中苏关系，从此成为历史。

改革开放初期中朝关系的调整与发展

朝鲜是中国在东北亚地区的重要邻国。两国人民跨界而居，鸡犬之声世代相闻，传统联系千丝万缕，友好交往源远流长。20世纪50年代初，中朝两国曾为保卫远东与世界和平并肩战斗，谱写出"鲜血凝成"的历史佳话。虽然由于多种原因，后来两国关系出现过波折，但"余波渡尽兄弟在"，中朝关系持续向好的大方向始终未变。1975年4月，朝鲜领导人金日成访华时，82岁高龄的毛泽东主席从外地赶回北京亲切会见。他对金日成说："今后有事，你就找小平谈。"邓小平作为主持中央日常工作的领导人，主持了与金日成的所有会谈。双方就两党两国关系、半岛和平统一以及中美中日关系等问题交换了意见。这是70年代朝鲜最高领导人对中国的最后一次访问。1976年，中国"文化大革命"宣告结束，朝方对中国发生的一系列重大事件表示理解，但两国高层交往没有立刻恢复，各领域交往与合作相对沉寂。

一、中国改革开放前夕中朝恢复了高层交往与互访

70年代后期，朝鲜半岛局势发生重要变化。首先，北南双方1972年开始的多层次多渠道对话，因重大问题无法解决，外部势力不断干扰，最终半途而废。其次，美国总统卡特未能兑现他在竞选期间做出的从朝鲜半岛撤军的承诺，而是提议美朝韩三方举行会谈，讨论解决半岛问题。半岛形势的新变化和各自国内形势发展的需要，促使中朝双方恢复了高层交往。

1978年5月4—11日，时任中共中央主席、国务院总理的华国锋访问了朝鲜。这是中国新领导人首次出访，也是中国"文革"后两国间首次峰会。中方报道甚为高调，朝方接待异常热情，国际社会极为关注，但两国没有披露此次访问的会谈内容和成果，只表示双方"就进一步发展中朝两

党、两国人民的战斗友谊和革命团结,就共同关心的问题,进行了诚挚的会谈,取得了完全一致的意见"。不过,通读华国锋在朝鲜的公开讲话可以看出,中方支持朝鲜内外政策的原则和立场一以贯之。鉴于当时朝鲜半岛两个政权仍截然对立,华国锋重申,朝鲜民主主义人民共和国是朝鲜唯一合法的主权国家。另据法新社报道,中方通过此访,向朝鲜提供了经济援助,包括以"友好价格"增加石油供应。

中方对华国锋此次访朝给予了极高评价。《人民日报》以《中朝友谊史上的新的里程碑》为题发表社论,称此次访问"对于进一步发展中朝两党和人民的兄弟关系,促进两国的社会主义革命和建设事业,对于维护亚洲和太平洋地区的和平与安全,促进第三世界人民团结战斗的共同事业,都具有重大而深远的意义"。社论同时赞扬朝鲜坚决反对帝国主义、新老殖民主义和支配主义,支持被压迫民族和被压迫人民的革命斗争,在国际事务中发挥着越来越重要的作用,对世界人民的革命事业做出了巨大贡献。

华国锋访朝后,中朝关系升温。当年6月25日朝鲜战争爆发28周年时,中方《人民日报》以《历史性的伟大胜利》为题发表社论,赞扬两国关系的新发展,预言"中朝友谊之花将开放得更加绚丽多彩"。两国有关方面举行多种活动,共同纪念朝鲜"祖国解放战争"。当年9月,华国锋等中方领导人联名致电朝鲜领导人,对朝鲜新政权建立30周年表示热烈祝贺。《人民日报》发表社论,再次阐明中国支持朝鲜自主统一的原则立场,谴责美国和南朝鲜"顽固推行'两个朝鲜'的民族分裂政策",谴责"南北朝鲜'同时加入联合国'以及南北朝鲜'缔结互不侵犯条约'等谬论"。

为了彰显中朝友谊的坚实性与可靠性,时任中共中央副主席、国务院副总理的邓小平,率中国党政代表团赴朝参加其国庆活动,受到高规格礼遇。朝方派总理和一位副总理全程陪同。当时,中国改革开放已在酝酿之中,中日缔结了和平友好条约,中美关系正常化谈判全面展开,中国与外部世界的关系出现重大变化。邓小平在与金日成举行会谈时,除反复表示中方支持朝鲜自主统一祖国的原则立场外,还旗帜鲜明地表达了他对许多重大国际问题的看法。他表示：最近我们的同志出去看了一下，越看越感到我们落后。我们一定要以国际上先进的技术作为搞现代化的出发点。①在公开讲话中，邓小平表示："我们双方之间在政治、经济、文化各方面的合作都有了新的发展。""不断加强中朝友谊和团结，完全符合两国人民的利益，也完全符合亚洲和平与世界和平的利益。"②

二、中国改革开放后中朝关系进入新的发展阶段

1979年，中国改革开放全面展开，社会主义现代化建设进入新时期，中朝两国高层互动更加频繁，各方面交往更加密切。同年5月，全国人大常委会副委员长邓颖超访朝，出席咸兴市周恩来铜像和纪念碑揭幕典礼，受到热烈欢迎和高规格接待。

1980年5月，朝鲜最高领导人金日成提出了实现半岛统一五项方针：第一，缓和朝鲜半岛紧张局势，创造统一祖国的和平环境；第二，拆除分裂壁障，实现北南自由往来和全面开放；第三，北方和南方在创造有利于祖国自主和平统一的国际环境的原则下发展对外关系；第四，发展旨在统一祖国的对话；第五，形成争取祖国统一的全民族的统一战线。鉴于半岛局势酝酿重大变化，进一步拉近中朝关系，成为双方共同努力的重要目标。这一年，朝鲜劳动党召开了六大。时任中共中央副主席李先念率团前往祝贺，同时参加该党建党35周年庆祝活动。朝方政务院总理等多位来华访问或参加重大活动。朝鲜劳动党、社会安全部、祖国战线、军队等诸多部门的代表团亦纷至沓来。

1981年，中朝两国总理实现了同年互访，影响最大的，是4月18日金日成对中国的内部访问。邓小平赶到沈阳与金日成举行会谈。时逢中方正在起草《关于建国以来党的若干历史问题的决议》，邓小平就此向金日

---

① 中共中央文献研究室编：《邓小平思想年谱（1975—1997）》，中央文献出版社1998年版，第78—79页。
② 人民网：《走出国门的领袖——邓小平》，2011年10月10日。

成做了详细通报。①他说,对毛主席的评价,对毛泽东思想的评价,在党内、在人民中是个很严肃的问题。我们坚持毛泽东思想的科学体系,不是坚持只言片语。毛泽东思想是中国革命经验的总结,对世界也有贡献。新中国成立后,毛泽东思想还有发展。毛泽东思想指引中国革命取得胜利,是中国人民的财富。要坚持毛泽东思想,像坚持马列主义一样坚持毛泽东思想。②

当时,朝鲜方面对中国正在发生的改革很感兴趣。当年11月,朝鲜劳动党中央政治局委员、中央书记兼国际部部长金永南来访,邓小平详细而坦诚地介绍了中国国内情况。他说,中国面临的最大问题,是体制改革,官僚主义在中国是发展了,而不是减少了,解决问题困难重重。③

1982年4月,78岁高龄的邓小平赴朝进行内部工作访问。这是他第三次访朝,也是最后一次出国。陪同他访问的是胡耀邦。邓小平、胡耀邦与金日成举行了多次会谈。当时,中国刚刚开始着手解决香港问题,朝方对此很感兴趣。邓小平表示,香港问题已提上日程,解决该问题的前提是主权。中国的方针是1997年整个香港都收回。"在这个前提下,维持香港自由港、国际金融中心的地位。社会制度不变,生活方式不变。香港由香港人自己管理,由爱国者自己组成地方政府,作为中国的特别行政区。"金日成听后,对此表示赞成。④也就在这次访问中,双方将中朝关系定位成"特殊的国与国之间"的关系。

1982年两国关系中的最重大事件,是9月金日成对中国的访问。时值中共十二大召开不久,金日成时隔7年再度访华,中方高度重视。当时,中国共产党的中央领导机构已发生重大变化,党中央主席职务被撤销。时

---

① 人民网:《走出国门的领袖——邓小平》,2011年10月10日。
② 中共中央文献研究室编:《邓小平思想年谱(1975—1997)》,中央文献出版社1998年版,第188-189页。
③ 中共中央文献研究室编:《邓小平思想年谱(1975—1997)》,中央文献出版社1998年版,第209页。
④ 孟红:《邓小平可圈可点的若干个"最后一次"》,中国共产党新闻网,2013年02月22日。

任中共中央总书记胡耀邦、中顾委主任邓小平以及国务院总理等主要领导人，悉数前往车站迎接。在当晚举行的欢迎盛宴上，胡耀邦高度赞扬两党两国关系和两国人民友谊，赞扬金日成"不可磨灭的伟大贡献"和朝鲜社会主义建设成就，赞扬朝鲜在国际事务中坚持独立自主，反对帝国主义、支配主义和殖民主义，为发展不结盟运动、加强第三世界国家和人民的团结和合作，为保卫世界和平和人类进步的事业，做出了巨大贡献。对朝鲜领导人提出的和平统一祖国三原则、五点方针以及高丽民主联邦共和国方案，胡耀邦均表支持。他说："美国驻军从南朝鲜撤走，合情合理，实现朝鲜国家的统一，是人心所向，历史的必然，是任何力量也抗拒不了的，它终将冲破一切障碍，直到最后胜利！"①

金日成在答词中表示，朝中两国党政领导人经常来往，互相交换意见，加强团结，共同斗争，这是毛泽东和周恩来在世时就已形成的良好传统。他赞扬中共十二大树立了新的里程碑，赞扬"中国人民在中国共产党的领导下胜利地克服了前进道路上的困难，实现了全国的安定和团结，进入了在所有部门都实现社会主义现代化的新历史阶段"。他表示，朝鲜全面支持"中国人民争取用和平的方法争取台湾回归祖国的正确方针"，"将为进一步加强和发展朝中友谊，做出一切努力"。关于朝鲜半岛问题，他表示：迫使美军撤出南朝鲜，制止和粉碎美帝"两个朝鲜"政策，是朝鲜自主和平统一的最重要问题。他还表示，他此次访问中国，目的是同中方"就共同关心的问题进行充分的协商，取得更加一致的意见，来进一步加强今后的斗争"。②

这时，中方领导人对金日成的尊重一如既往。在京期间，邓小平亲自到钓鱼台国宾馆看望。金日成到四川陕西两省参观时，邓小平全程陪同。借此机会，邓小平详细介绍了中共十二大有关情况，介绍了中国党批判"两个凡是"、实行工作重心转移等问题。他说：国家这么穷，不努力发展生产，日子怎么过？我们人民的生活如此困难，怎么体现社会主义的优越

---

① 《人民日报》1982 年 09 月 17 日第 2 版。
② 《人民日报》1982 年 09 月 17 日第 2 版。

性?"社会主义必须发展生产力,逐步消灭贫穷,不断提高人民的生活水平。否则社会主义怎么战胜资本主义?"金日成对邓小平的思想主张高度认同。他在成都群众欢迎大会上明确表示:"今天中国共产党提出的社会主义建设纲领是一个革命的纲领,它反映了过去经济、技术落后的国家在建设社会主义的过程中必须解决的问题。我们认为中国共产党从中国的实际出发进行社会主义现代化建设,根据中国的实际情况,依靠中国人民自己的力量进行一切工作,是完全符合革命发展的,合乎规律的要求和符合人民利益的正确的政策。"①

邓小平陪同金日成在四川参观访问期间,英国首相撒切尔来访。邓小平为接待撒切尔,提前返京。胡耀邦总书记接替邓小平,亲自担任金日成主陪。访华结束前,金日成在北京人民大会堂举行盛大答谢宴会,胡耀邦、邓小平等中方领导人几乎全部出席。

当年10月,刚刚当选为中共中央政治局委员、书记处书记,负责书记处日常工作的习仲勋访问了朝鲜。这是中朝两党交往中的一件大事。

1983年6月,金日成之子,此时已出任朝党中央政治局常委、中央书记的金正日访问了中国。为了增进朝鲜这位政治新秀对中国改革开放的理解,邓小平出面会见并深入交谈,详细阐述中国的国情特点和改革开放问题。他指出:"中国的特点是落后、贫穷,地方很大,人口太多,问题十分复杂。""由于问题很多,我们要经常调整各种政策。要处理好这些政策的结果所引起的同其他方面的关系。"他还特别指出:"即使我们现在的路线、方针、政策都是正确的,今后也还会有失误,不可避免地还会犯错误。不过我们现在可以说,今后我们可以避免犯大错误。"②

金正日访华后,同年7月,朝鲜最高人民会议议长杨亨燮也访问了中国。中朝双方最高国家权力机关的交往也日趋活跃。

---

① 人民网:《走出国门的领袖——邓小平》,2011年10月10日。
② 中共中央文献研究室编:《邓小平思想年谱(1975—1997)》,中央文献出版社1998年版,第256页。

三、中方微调半岛政策但始终维护中朝两国友好大局

中朝两国频繁进行高层互动,两党总书记互访始终具有不可替代的重要意义和影响。1984年5月,胡耀邦总书记对朝鲜进行了为期一周的正式访问。这是他作为中共最高领导人首次出访,也是他本人近三年第三次访朝。朝鲜出动50万人上街欢迎。胡耀邦一踏上朝鲜国土即明确表示:"我将同金日成同志、金正日同志就共同关心的问题和增进中朝友谊交换意见。我相信这次访问对加强中朝友谊将是一个有力的促进。"①

这时,中国一方面坚定不移地继续执行全力支持和帮助朝鲜的既定方针,另一方面也不得不面对东北亚地缘政治现实,适时调整对半岛南方的政策。早在1982年7月,中国外交部即将《关于在国际多边活动中调整对南朝鲜做法的请示》上报中央,获得批准。中国开始实行与南朝鲜适当接触的新政策。作为改革开放总设计师的邓小平,积极支持半岛政策调整,亲自做有关方面工作。他多次与外宾强调:中国改善与韩国的关系具有战略意义:一是有利于我国改革开放;二是可以牵制日本;三是可以孤立打击台湾当局;四是有利于半岛局势缓和。1984年胡耀邦总书记访问朝鲜,邓小平特意请他向朝鲜领导人讲清楚,中国与韩国改善关系对朝方也有好处。②

1984年11月,金正日以内部非正式访问方式来华。他此时仍不是朝鲜党和国家最高领导人,但其特殊地位和影响不言自明,中方从维护和巩固中朝两党两国传统友谊的大局着眼,接待标准极高。邓小平、胡耀邦、陈云、彭真等多位领导人参加了会见、会谈和宴请。中方还为金正日安排了音乐舞蹈史诗《中国革命之歌》专场演出。金正日离京前,邓小平亲自到宾馆与其话别,胡耀邦总书记为其举办了饯行午宴。

1985年10月,时任中共中央政治局委员、国务院副总理的李鹏应邀访朝,参加中国人民志愿军赴朝作战35周年纪念活动。金日成当时表示,

---

① 《人民日报》1984年05月05日第1版。
② 张庭延:《80年代邓小平表态:美若攻朝,中国不会袖手旁观》,中国新闻网,2013年05月24日。

此次纪念活动不仅是为了促进两国关系发展,向世界显示朝中关系的亲密,而且也是为了教育朝鲜的年青一代和国内人民,因为"这是全世界哪里也找不到的国际主义"。①1986 年 10 月,中国国家主席李先念访问朝鲜时,金日成在欢迎宴会上高度评价了中共十一届三中全会开始的"新的长征"。他没有使用"改革开放"一词,但赞扬中共领导核心"老练的领导",赞扬中国"历史性变革"和"威力的加强,对增强世界反帝自主力量、维护亚洲和世界的和平与安全做出重大贡献"。②

1986—1987 年,朝鲜国家副主席李钟玉、最高人民会议议长杨亨燮相继访问中国,双方高层互动更加频繁。1987 年 5 月,金日成又一次访问中国。邓小平在钓鱼台会见并宴请金日成时深情地说:"我们之间相互了解是最深的""我们两家都有一个统一的问题。你们解决同南朝鲜的关系问题,或是我们解决台湾问题,关键都是我们自己要发展,自己要搞好。""要体现出我们的社会制度确实优于他们的社会制度,我们的经济发展速度要超过他们的经济发展速度。"他还结合国际形势发展变化,进一步指出:"看来第三次世界大战可以在较长的时间里避免。我们社会主义国家要把这个问题看得很清楚。要利用机会,借助一切力量,把经济搞好。"③

5 月 24 日,当国务院副总理姚依林陪同金日成去天津访问时,邓小平又到钓鱼台国宾馆与金日成亲切话别。金日成深受感动。回国前夕,他自天津致电中方领导人,对中方盛情接待表示感谢。他说:"我相信,我们两党、两国、两国人民之间的传统的兄弟友谊和团结今后必将世世代代地进一步全面繁荣发展。"④

时隔半年,朝鲜政府总理李根模来访,双方讨论的重点是经济技术合作等实际问题。1988 年 5 月,朝鲜人民武装力量部部长吴振宇也访问了中

---

①《人民日报》1985 年 10 月 27 日第 1 版。
②《人民日报》1986 年 10 月 04 日第 6 版。
③ 中共中央文献研究室编:《邓小平思想年谱(1975—1997)》,中央文献出版社 1998 年版,第 388 页。
④《人民日报》1987 年 05 月 27 日第 4 版。

国,两军交往的频率和质量进一步提高。除军事问题外,邓小平还就朝方特别关心的中国改革开放一事专门做朝鲜工作。他在谈话中说:"我们党的十三大和人大七届第一次会议,精神都是进一步解放思想,进一步解放生产力。"他以当时国内外普遍关心的物价问题为例,明确指出,"理顺物价,改革才能加快步伐",虽然要担很大风险,但"要迎着风险、迎着困难上"。他特别强调:"十全十美的方针、十全十美的办法是没有的,面临的都是新事物、新问题,经验靠我们自己创造。"①

1988年,全国人大常委会委员长彭真、国家主席杨尚昆、全国人大常委会副委员长习仲勋等中方领导人也分别率团访问了朝鲜。

四、苏联解体和东欧剧变推动中朝两国加强高层互访与政治互信

1989年是国际局势发生重大转折、东西方冷战走向终结之年。5月,中国与苏联实现了两党两国关系正常化。但时隔不久,苏联政局突变,苏共被解散。在此前后,东欧地区各社会主义国家纷纷放弃了原有的发展道路,民主德国完全并入联邦德国。有的国家在政权更迭时发生了流血冲突。受苏联解体和东欧剧变影响,世界社会主义进程进入低潮。

朝鲜方面对国际形势的发展变化非常关注,派国家副主席李钟玉来华参加中国国庆活动,以示政治支持。10月1日,邓小平在天安门城楼上与李钟玉谈到了北京风波,谈到了中国党的基本看法和立场。他说:"发生那件事是坏事,但归根结底对我们是有益的。过去一段时间国内资产阶级自由化泛滥,我们党一些同志把思想阵地也交出去了。经过这件事,我们清醒了。我们的秩序两个月前已经恢复,但还要保持必要的警惕。"在此之前,中方派军委副主席刘华清率军队代表团访问了朝鲜。

正是在这种形势下,金日成于1989年11月5—7日对中国进行了一次重要访问。时年85岁的邓小平与江泽民总书记、李鹏总理等人一起,

---

① 中共中央文献研究室编:《邓小平思想年谱(1975—1997)》,中央文献出版社1998年版,第402页。

亲自到车站迎接，令金日成非常感动。次日双方举行会谈时，邓小平说："我们是朋友之间的来往，所以一般的礼仪都可以简化。"金日成表示赞同，认为可以"简单一点"。邓小平还特别指出："我们的关系确实不一般，今年除了一些重要的国家元首来华时我出来见见面外，其他一般就不见了，也不出席宴会，也不去机场，也不经常出面谈话。"双方在会谈中通报了本国情况，并就双边关系和重要国际问题交换了意见。

邓小平在会谈中，重点分析了当年春夏之交那场政治风波。他表示："总结历史经验，坚持四项原则十分重要，特别是坚持社会主义和党的领导，决不能放松，否则，我们非垮台不可。两个总书记正是在这个问题上犯了错误。这种错误不是一般性的错误，而是政治思想原则问题上的错误，是带根本性质的错误。现在实际上换成了第三代领导集体。"[①]会谈中，邓小平通报了他本人申请退休并且即将获批等有关情况，同时还肯定了新任总书记江泽民的工作情况，赞扬他"这四个多月的中央工作很扎实，而且这个人比较民主"。[②]

金日成对中方坚持四项基本原则，坚持改革开放，为建设具有中国特色社会主义而进行的努力表示坚决支持。邓小平也对朝鲜为争取祖国自主和平统一、缓和朝鲜半岛局势而进行的斗争表示坚决支持。这是邓小平与金日成的最后一次见面。

1990年3月，江泽民访问朝鲜。此访既是他作为中共最高领导人首次出访，也是对1989年11月金日成访华的回访。访问前夕，朝方即对此访表达了热切希望，赞扬江泽民是在"两国人民的友谊达到一个新的高度的时候访问朝鲜的"，强调"朝中友谊是阶级兄弟之间的友谊"。访问期间，朝方按照传统组织了盛大欢迎仪式和多种群众性友好活动，双方举行了多次会谈和会见。金日成表示，朝中友谊是经受了历史的种种考验的。这次

---

① 中共中央文献研究室编：《邓小平思想年谱（1975—1997）》，中央文献出版社1998年版，第440-441页。
② 孟红：《邓小平可圈可点的若干个"最后一次"》，人民网—中国共产党新闻网，2013年02月22日。

江泽民访朝,是对朝鲜人民的巨大鼓舞,必将进一步促进朝中两党两国的友好关系和两国人民友谊的发展。①江泽民重申,中方完全支持金日成提出的"打破南北的壁障,实现北南自由往来和北南相互全面开放"的建议,中方始终不渝地支持朝方"争取自主和平统一祖国的正义事业"。②他表示,不断巩固和发展中朝友谊是中国党和政府坚定不移的方针。

江泽民访朝后,《人民日报》从中朝两国"友好邻居、亲密战友"的历史定位出发发表社论,赞扬"中朝友谊是经历了历史的严峻考验的,是深深扎根于两国人民心中的"。社论表示:"发展中朝友谊符合我们两国人民的根本利益,也有利于亚洲与世界的和平与稳定。"③江泽民访朝后,中朝友好交往再度全面升温。中国人民解放军代表团、中国监察部代表团、中国共产党友好参观团、中国青年代表团、总政歌舞团、最高人民检察院代表团、中国旅游局代表团、中共党的工作者代表团、中共山东省代表团、辽宁省代表团、中国科技代表团、中国农科院代表团、中国军事友好代表团、中国外交部代表团等络绎不绝,竞相访朝。

7月1日,为纪念中国共产党成立69周年,朝党中央机关报《劳动新闻》发表文章,赞扬"中国取得的一切成就,证明了中国共产党的路线和政策是正确的"④。是年年底,朝媒报道外国领导人新年来贺情况,第一次将中国放在苏联前面,引起国际社会关注。这说明,苏联与南朝鲜建交引起了朝方不满。在朝鲜外交布局中,中国的地位已经超过苏联。

1990年也是朝鲜劳动党成立45周年。为展示传统友谊,中共中央发出贺电,对拥有400万党员的朝党表示最热烈的祝贺,同时高度评价金日成领导朝鲜党,带领朝鲜人民,在废墟上建立起"政治上自主、经济上自立、国防上自卫"的社会主义国家,赞扬金日成的高丽民主联邦共和国方案"为朝鲜的自主和平统一指明了正确的方向和途径"。与此同时,中方

---

① 《人民日报》1990年03月17日第1版。
② 《人民日报》1990年03月17日第1版。
③ 《人民日报》1990年03月17日第1版。
④ 《人民日报》1990年07月02日第1版。

也充分肯定朝鲜北南双方总理当年举行的第一次高级会谈，认为会谈"将对朝鲜半岛局势的缓和与稳定、对朝鲜的自主和平统一产生积极的影响"。关于中朝关系，贺电表示："不论今后国际风云如何变幻，中国共产党和中国人民将坚持不渝地维护两国人民用鲜血结下的战斗友谊。"① 当时，中共中央政治局常委宋平，还专门率团赴朝，参加朝党 45 周年党庆活动，并对朝鲜进行了友好访问。

这一年，又是《中朝友好合作互助条约》签署 29 周年、《中朝文化合作协定》签订 31 周年、中国人民志愿军赴朝作战 40 周年。双方纪念活动高潮迭起。譬如，为纪念志愿军赴朝作战 40 周年，中国多个代表团同时访朝：一是政治局委员率领的党政代表团，二是中国人民友好代表团。另外还有前中国人民志愿军代表团、前中国人民志愿军英模代表团、前中国人民志愿军军烈属代表团。朝鲜对所有团组均热情接待。金日成会见了几乎所有中国代表团。

这一年，中朝两国还举行了其他许多友好活动。譬如，朝鲜的延亨默总理、杨亨燮委员长等人访问了中国。连接中国丹东和朝鲜新义州的大桥，被朝方命名为"朝中友谊桥"。朝鲜江源道一所高中，被命名为"黄继光高等中学"。更重要的是，朝方出版了朝文版《邓小平文选》，此外还编辑出版了 1958 年中国人民志愿军撤离朝鲜的告别信。中朝关系在苏联解体和东欧剧变、冷战结束的新形势激励下，一时全面升温，逆势而上。

五、面对时代变化新挑战双方加强政策沟通与务实合作

1991 年，国际形势的发展变化更加严峻。东欧地区所有的原社会主义国家都已进入"转型"轨道，加速向西方世界靠拢。曾经的世界第二超级大国、号称发达社会主义的苏联，风雨飘摇，气势将近。自以为在冷战中"不战而胜"的西方政客，为他们所说的"历史终结"弹冠相庆。

---

① 《人民日报》1990 年 10 月 10 日第 1 版。

在这种形势下，国务院总理李鹏于当年5月访问了朝鲜。当年10月，年事已高的金日成访问了中国。江泽民、杨尚昆、李鹏等中方领导人又一次亲临北京车站迎接。这是金日成最后一次访问中国。有文章回忆，此次访问时，金日成曾表示：苏联解体，东欧转向，美国却挟海湾战争胜利之余威，很可能采取各个击破的方式，迫使剩下的社会主义国家就范。中国应该担负起国际共产主义运动领袖的责任，与美国抗衡，同时要求中国帮助其发展弹道导弹。中方表示："中国决不当头，当务之急是发展经济。世界已进入多元时代，美国不可能为所欲为，如果朝鲜受到军事威胁，中国绝不会坐视不顾。"

邓小平会见金日成时，重点谈中国改革开放与世界格局等大问题。他说：我们搞改革开放，要在两手下功夫，即一手搞改革开放，一手搞四个坚持，反对资产阶级自由化。两手中最核心的是发展生产。我们的改革是先从经济上做起。在宣布进行政治体制改革时，我就说过，不赞成美国式的民主。我当面对布什以及其他美国人多次讲，我们不会学美国。我们不赞成西方民主，但是我们也确实要民主，要社会主义民主。

谈到国际问题，邓小平指出，现在整个世界的格局还没定。恐怕要成十年成十年的时间才能形成。在这个过程中，我们主要是观察，少露锋芒，沉着应付。孤立中国，谁也办不到。美国对中国的制裁没起什么作用。七国集团从宣布对中国制裁的第一天起，就不一致。因为在美国宣布对中国制裁的同时，布什就宣布中国是不能孤立的。他还以1990年中国政府成功领导抗洪救灾为例，明确指出：还是社会主义好，还是共产党的领导好。真正要出问题，是我们内部出问题，别人拿我们没办法，美国也没办法。因此我们扎扎实实地做好工作，包括自我教育，干部起模范作用，不搞特殊化，这是过硬的东西。他还表示，中国的社会主义事业不垮，社会主义事业就垮不了。东欧、苏联的事件帮了我们，坏事变好事。问题是我们要善于把坏事变成好事，再把这样的好事变成传统，永远丢不得祖宗，就是马克思主义。①

在苏联解体和东欧剧变导致国际形势天翻地覆的情况下,朝鲜与苏东各国的政治、经济关系受到巨大冲击,经济建设和民生事业遇到严重困难。在这种形势下,中国不断加强对朝经济技术援助。虽然由于历史惯例,双方很少公开经济技术援助与合作的具体内容,但有材料透露,自1989年4月双方成立经贸科技合作委员会时起,中方十年间实施了许多对朝援助项目,如平壤地铁工程、烽火里炼油厂、清川江火力发电厂、顺川火力发电厂、海州造纸厂等,还为朝鲜提供了大豆、粮食、原油等各种援助物资。朝方则向中国出口无烟煤、水泥、钢材和某些有色金属,以满足中方市场需要。据中国海关统计,1988—1992年,双方贸易额一直保持在7亿美元左右,中方通常拥有较大顺差。例如,1992年中方对朝出口5.41亿美元,朝方对华出口1.55亿美元。②

1981—1992年,中国为朝鲜培养各学科毕业生和进修人员,共有1200多人。③

---

① 中共中央文献研究室编:《邓小平思想年谱(1975—1997)》,中央文献出版社1998年版,第457-458页。
② 田增佩主编:《改革开放以来的中国外交》,世界知识出版社1993年版,第22页。
③ 田增佩主编:《改革开放以来的中国外交》,世界知识出版社1993年版,第24页。

中越两国圆满解决陆地边界和北部湾问题

越南是中国在东南亚方向陆地接壤最多、水域相交面积最大的邻国。两国人民在历史上有着千丝万缕的联系和交往,两国共产党的关系亦非常密切。第二次世界大战结束后,中越两国都选择了社会主义发展道路。社会制度相同、价值观相近、发展利益与安全利益相通,使两国各方面关系得到进一步发展和巩固。连通中越两国的友谊关,史上曾是中国九大名关之一,初称雍鸡关,后称界首关、大南关,明清时期改称为镇南关,新中国成立后改为睦南关,1965 年又改称友谊关。几十年来,中越关系与时俱进,持续发展,给两国人民带来了实实在在的利益,但也不时受到历史遗留的边界纠纷和领土领海主权问题的困扰。20 世纪最后十年,双方为解决陆海边界问题共同努力,最终以双方都能接受的方式,圆满地划定了陆地边界和北部湾水域。中越关系也因此出现新的局面和新的前景。

一、中越两国山水相依,但历史遗留的边界问题困扰两国关系

中越陆地边界长 1347 公里,自中越老三国交界处起,直到北仑河流入北部湾处。所谓的中越边界问题,包括三部分内容,即陆地边界划分、北部湾划界和南沙群岛主权问题。

长期以来,中方一直认为,中越两国边界早就是已定边界。19 世纪末,中国清政府和当时越南宗主国法国通过《续议界务专条》和《续议界务专条附章》等 15 项文件,以双方历史形成的传统习惯线为基础共同划定了边界。这些文件历史上统称《中法界约》,包括勘界和划界两类文件。其中,云南段长 719 公里,主要以分水岭为界,广西段 637 公里,多以山脊线为界。在这两部分,也有些地方以沿河流、河沟等为界。

当然,中方也清楚,中越两国陆地边界虽然总体上已经划定,并且立

下 310 块界碑，但由于种种原因，双方在某些地段的边界走向和具体位置上，仍然存在不少分歧和争议。1957—1958 年，中越两国曾经两次互换信件，确认双方通过谈判解决边界问题之前，均应严格维持边界现状。

北部湾是一个半封闭型的海湾，东北西三面被中越两国陆地包围，最宽处 184 海里，最窄处 112 海里。20 世纪 50—60 年代，中越双方通过渔业协定谈判，对北部湾海域的渔业管辖权以及双方渔业合作问题做出规定，确认北部湾海域实行"公海自由原则"，两国渔民可在这片海域共同捕鱼，拥有共同捕鱼权。20 世纪 70 年代，随着现代海洋权的提出和海洋经济的发展，中越两国都认为自己的国家主权涉及北部湾海域，双方的领海主张和利益诉求发生正面冲突。

南沙群岛系南海地区最大的岛礁群，由大约 230 座岛屿、暗礁、浅滩和沙洲共同组成。中国人民最早发现南沙，中国政府早就在南沙行使主权。虽然"二战"期间南沙群岛一度被日本侵占，但"二战"后被当时的中国国民党政府收回，直到 20 世纪 70 年代，国际社会对南海群岛属于中国并没有争议。1983 年，中国曾对绝大部分岛屿、沙洲和礁滩重新命名，意在显示主权。至于越南觊觎南海、西沙两大群岛问题。中国始终坚持南沙群岛主权不容谈判的原则立场，但主张双方对有争议的海域搁置争议，实行共同开发，以便共同维护南海地区的和平稳定。

70 年代中期越南抗美救国战争结束、南北方实现统一后，中越边界问题被越南提了出来。双方先后开展过两次边界谈判，主要讨论两国陆地边界和北部湾水域划界问题，无果而终。70 年代后期，两国不断爆发边境冲突，最终导致较大规模的战争，即对越自卫反击战。

二、两国领导人达成共识，决定共同建设和平友好稳定的中越边界

1990 年 9 月 3—4 日，越共中央总书记阮文灵、部长会议主席杜梅和中央顾问范文同秘密访问中国，与江泽民等中方领导人在成都举行了会晤，双方达成"结束过去，开辟未来"的共识。此时，中越两国实现关系正

化的条件基本成熟。

1991年11月,越共新任总书记杜梅和总理武文杰应邀访华,中越关系最终实现了全面正常化,达成了关于处理两国边境事务的临时协定。1992年10月,双方专家就两国边界问题进行了首轮接触。后来中国总理访越,双方就解决边界问题进一步交换意见,形成如下共识:继续举行专家级谈判,同时尽早开始政府级谈判;首先根据国际法准则,就解决问题的基本原则达成一致;加速谈判进程,争取早日解决海陆所有边界问题;在此之前,双方不采取可能导致边界领土争端复杂化的行动。①

1993年8月下旬,中越首轮边界谈判在北京举行。越方对中方提出的有关谈判方式和原则的意见建议,做了积极回应。但正式会谈时,越方又表示:"北部湾养育着越南1个省的1500万人民,因此难以接受中方划分北部湾的意见。"中方对此表示:"按照公平原则划分北部湾,对于两国和两国人民都有好处。"在南沙和西沙问题上,双方分歧更大。但最后就草案文本达成了一致,10月在河内正式签署。

根据双方签署的基本原则协议,两国在谈判中建立了三个谈判机制:一是政府级会谈机制;二是陆地边界联合工作组、北部湾联合工作组、海上问题专家小组会谈机制;三是两个联合工作组框架下设立的有关陆地边界走向、航摄测图技术、北部湾测绘等具体问题的专家小组会谈机制。

在谈判中,双方确认的边界争议处和地图画法差异处甚多,涉及数百万平方公里土地和双方边民实际利益,解决起来困难甚大。1997年7月,双方最高领导人达成了争取在2000年前签署两国陆地边界条约的共识。1999年2月,双方明确了两国关系发展的十六字方针,即长期稳定,面向未来,睦邻友好,全面合作。根据两国关系新世纪发展的总基调,双方决心把两国边界建设成为和平、友好、稳定的边界,同时决定尊重两国边民长期形成的生活习惯和生产生活,不要因为划界而引起两国边民的生产和

---

① 唐家璇:《劲风煦雨》,世界知识出版社2009年版,第236页。

生活。

1999年10月20—28日,中越两国边界谈判代表团团长在北京临时会晤,越方接受了中方提出的双方利益大体平衡和一揽子的构想。此后,经过两个多月艰苦细致的共同努力,双方就争议地区边界线走向全部达成一致,完成了有关边界条约和附图的所有工作。1999年12月30日,21世纪到来之际,中国外交部长、中方代表团团长唐家璇出席了在越南首都国家会议中心举行的《中越陆地边界条约》正式签字仪式。2000年4月29日,中国第九届全国人大常委会第十五次会议通过决议,批准了《中越陆地边界条约》。同年6月9日,越方也完成了国内批准程序。2000年7月6日,中越双方在北京举行《中越陆地边界条约》批准书互换仪式,这份具有历史意义的条约正式生效。

三、双方共同努力最终解决了北部湾划界和渔业合作问题

中越双方在进行陆地边界谈判时,也在进行北部湾划界谈判。但由于双方传统立场相互对立,现实利益严重冲突,彼此互不相让,进展非常缓慢。中越双方签署关于边界谈判和北部湾问题的基本原则协议之后,北部湾的局势不但没有缓和,反而变得更加紧张。在有关北部湾划界谈判的过程中,越方加大了对北部湾争议地区的控制,完全禁止中国渔民在北部湾北部地区进行渔业活动,试图造成整个北部湾由越南实际管辖的既成事实。

1994年8月,第二轮中越政府级边界谈判在越南首都举行时,中方从历史、法理、国家关系和国家实践等多方面向越方表明:在北部湾划界达成协议之前,越方应该尊重中国渔民在北部湾的捕鱼权,包括在争议区域的捕鱼权。会议期间,越南领导人请中国团长转告江泽民主席:"越中两国在社会制度、现行政策方面有许多基本共同点,越南共产党中央政治局和各阶层人士在发展同中国友好关系的原则问题上高度一致。"实际上,双方在后来的谈判中仍互不让步,有时甚至发生激烈争吵,无法达成任何协议。1995年11月越共中央总书记杜梅访华,双方领导人就加快边界谈判

和北部湾划界达成新共识,谈判开始出现转机。

1996年2月14日,连接中越两国的桂越铁路恢复通车,中越关系展现出更加良好的发展前景。两国代表团团长出席桂越铁路恢复通车仪式后,于越方谅山一侧举行会谈。中方就北部湾划界谈判问题提出新建议,其核心内容是在谈判过程中,必须对两国渔民在北部湾的正常作业予以考虑。当年3月,中越北部湾划界联合工作组举行第六轮会谈,双方确认公平原则是划分北部湾最基本的和最重要的原则,同意尽快提出各自的主张线。但是,在中国海南岛是否拥有与中国大陆同样的构成海洋权利基础和享有同样的划界效力问题上,双方立场差距很大。此后两年,双方对北部湾划界问题始终不能达成一致。

1999年2月,越共中央总书记黎可漂访问中国,中越最高领导人达成了在2000年内解决北部湾划界问题的重要共识。双方代表团商定,两国在北部湾划界谈判进行时,可单独形成渔业问题协议,将来与北部湾划界协议同时签署。

2000年10月,谈判取得突破性进展,双方就北部湾试划方案达成了初步协议。在12月中旬举行的北部湾联合工作组第十七轮会谈中,双方就北部湾领海、专属经济区和大陆架的方案线及相关协定文本,全部达成一致。中越两国关于北部湾划界的实质性谈判,圆满结束。

双方渔业专家解决了划界后的渔业安排问题,确定了双方渔业长期合作的基本原则,划定了共同渔业区和过渡性水域,形成了中越北部湾渔业合作协定文本。

据中国前外长、曾经担任中越边界谈判代表团团长的唐家璇回忆,自1992年起,中越两国在长达8年多时间里共举行两轮专家级谈判,7轮政府级谈判,3次政府代表团团长非正式会晤,18轮划分北部湾联合工作组会谈,3轮联合专家小组非正式会谈,6轮渔业专家小组会谈和测绘专家小组会谈。"中越边界谈判密度之高，在中国外交史上绝无仅有。"[1]

2000年12月24日，越南国家主席陈德良访问中国，双方领导人高度评价《中越北部湾划界协定》和《中越北部湾渔业合作协定》。双方隆重举行了这两份文件的签字仪式。2004年6月，越南和中国先后完成了对上述两个协定的批准程序。6月30日，中越两国政府代表团团长在河内交换了各自的批准书，两协定正式生效。中越两国同时还把中越北部湾协定提交给联合国备案。

至此，困扰中越两国的陆地边界纷争、北部湾划界和渔业合作问题，终于一劳永逸地得到了圆满解决。但是，由于极为复杂的和众所周知的多方面原因，双方在南海问题上的诸多争议和分歧至今仍未解决，甚至还不时发生冲突。在这种情况下，认真总结两国解决陆上边界和北部湾水域划分以及渔业合作问题的历史经验，在坚持不懈、相向而行、管控分歧的前提下，创造相互尊重、真诚交流、真诚对话、耐心谈判的新机制，开拓搁置争议、共同开发、维护稳定、长治久安的新格局，意义不言自明。

---

[1] 唐家璇：《劲风煦雨》，世界知识出版社2009年版，第262页。

中古关系：从曲折生变到肝胆相照①

2016年11月26日，当今世界最富传奇色彩的伟大革命家、领导古巴半个多世纪的菲德尔·卡斯特罗因病逝世。消息传来，中国大小媒体哀思如潮，悼言不绝。中共中央总书记、国家主席习近平立刻致电古巴领导人劳尔·卡斯特罗，表示亲切哀悼，而后又到古巴驻华使馆，参加吊唁。他赞扬菲德尔·卡斯特罗不仅为古巴民族解放和社会主义建设事业，同时也为世界社会主义的发展"建立了不朽的历史功勋"，赞扬他"是我们这个时代的伟大人物，历史将永远记住他"。这一重大举动，反映了中古两国命运与共、极为亲密的特殊关系，同时也传递出中古友谊根深蒂固、战略合作日久弥坚的重要信号。

一、古巴是拉美地区唯一的社会主义国家，也是西半球第一个与新中国建交的国家

位于加勒比海的古巴，国土11万平方公里，人口目前为1200万，经济发展水平不高。但菲德尔·卡斯特罗史诗般的传奇经历和卓而不群的人格魅力，使古巴在地区和国际事务中独树一帜。中国与古巴的关系，在中国对外关系总体布局中，始终占有非常重要的位置。

菲德尔·卡斯特罗生于1928年，学生时代即投身于反对美国傀儡巴蒂斯塔独裁政权的革命斗争。1959年1月，他所领导的起义军推翻了巴蒂斯塔统治，建立了革命政府，随后领导古巴走上社会主义道路。

长期将拉美地区视为其"后院"的美国，对古巴革命胜利深感恐惧和不安。它策动美洲国家组织成员国与古巴断交，对古巴实行封锁和孤立。

---

① 本文发表于《龙》2017年第1期。

在这种形势下，菲德尔·卡斯特罗领导的新政府先后发表三份对外政策文件，即1960年《哈瓦那宣言》、1962年《第二个哈瓦那宣言》和1964年《圣地亚哥宣言》。这三份文件宣布古巴对外政策的原则和目标是保卫革命，维护独立、主权和尊严，实行无产阶级国际主义，支持各国人民反帝斗争和革命事业。当时，世界反帝反殖运动风起云涌。新中国大力支持古巴人民的正义斗争。在中古两国还没有建交时，中方就在哈瓦那设立了新华社分社。中国共产党与古巴人民社会党（古共前身组织之一）实现了代表团互访。

1959年2月19日，菲德尔·卡斯特罗第一次就古中关系公开表态。他说："我们应该把糖卖给需要购买的人。如果俄国人需要糖，我们就卖给他们。如果中国需要糖，我们可以把糖卖给中国。"当时蔗糖是古巴的经济支柱，也是古巴开展对外斗争的工具。这番讲话表明，古巴新政权有意与中国开展务实合作。同年7月，菲德尔·卡斯特罗的弟弟劳尔·卡斯特罗接见了应邀访古的中国新闻工作者代表团。他在谈话中赞扬毛泽东是"拉美青年最崇敬的人物"，同时向中国国防部长朱德元帅赠送了他们在革命战争时期缴获的一具铜制坦克模型，请代表团代为转交，以表达他对朱德本人和新中国的崇高敬意。

1960年9月2日，菲德尔·卡斯特罗宣布古巴与台湾断交。9月28日，新中国与古巴建交。古巴成了中国在拉丁美洲的第一个邦交国。10月，菲德尔·卡斯特罗致电毛泽东，表示："中国人民永远可以指望我们尽最大的努力来进一步加强我们团结在一起的紧密的友好联系。"11月，古巴革命的另一位重要领导人切·格瓦拉以古巴国家银行行长身份，率经济代表团访问中国。中古两国缔结了一系列合作文件。中国向古巴提供了6000万美元无息贷款，支持古巴经济建设。

1961年，美国威胁进攻古巴，古巴面临军事侵略的现实危险。毛泽东主席亲自出席古巴驻华使馆招待会。他对古巴大使表示："中国人民决心从各方面采取一切必要的措施来支持古巴人民的正义斗争。"4月，美国轰炸机袭击古巴，其雇佣军在吉隆滩登陆。刘少奇主席、周恩来总理还分别致函古巴总统和总理，高度评价古巴军民粉碎美国雇佣军入侵的胜利。北京等大城市还举行了声援古巴的群众集会和示威游行。毛泽东在南昌接见来华访问的古巴文化代表团，再次对古巴人民的反美斗争表示支持。

1961年7月，毛泽东主席为古巴《革命报》题词，称赞古巴人民为拉丁美洲各国人民的民族民主运动树立了光辉的榜样，大大鼓舞了世界上一切被压迫民族争取解放的斗争。后来，他再次表示："古巴人民在反对美帝国主义的侵略、维护民族独立和建设自己国家的伟大事业中，将永远得到六亿五千万中国人民的全力支持。"

二、中国为古巴提供了多方面支持，双方决定共建牢不可破的战斗友谊

那时，中国对古巴革命、对古巴领导人卡斯特罗评价极高。卡斯特罗的名作《历史将判我无罪》，在中国出版后广为传阅，古巴革命歌曲《跟着英雄的卡斯特罗打游击》，一时唱遍中国大江南北。古巴领导人和古巴人民，对中国领导人和中国人民也同样充满了友好情谊。1963年1月中国经济建设成就展在哈瓦那举行时，菲德尔·卡斯特罗、劳尔·卡斯特罗和其他古巴领导人几乎悉数出席，并且纷纷留言，高度赞美中国的社会主义革命和建设事业。

中古两国政治交往中的第一件大事，是1961年9—10月古巴总统多尔蒂科斯对中国的正式友好访问。在这次访问中，毛泽东、刘少奇等中国党和国家领导人，与多尔蒂科斯进行了深入友好而又议题广泛的会谈。双方在访问结束时发表联合公报，一致确认，"中古两国人民的战斗友谊是永恒的、牢不可破的"，双方"要尽一切努力，进一步巩固和发展两国之间的团结和友谊"。

当时，古巴与苏联的关系也相当密切。1962年，当美国对古巴进行武力威胁时，苏联曾以保卫古巴革命为由，将战略导弹秘密运往古巴。美国发现后，立即要求苏方拆除和撤走在古巴的进攻性武器，加勒比海地区一

时战云密布。中国政府发表声明，支持古巴捍卫本国独立、主权和尊严的正义要求。北京持续多日举行大规模群众集合和游行，声讨美国，支持古巴。对古巴顶住战争威胁、维护国家尊严和主权，中国予以高度评价。

中古两国政治关系的巩固和加强，带动了其他各个方面的友好交往。据统计，1960年中古两国建交后，双方贸易额持续增长，1965年达2.24亿比索。当时，考虑到古巴的困难处境，中方在贸易方式和商品价格方面给予古巴很大照顾，将古方对华贸易逆差转换为中方对古贸易贷款。至1965年，这种商品贷款总额已达4000万美元。这期间，中国向古巴提供了2.27亿元人民币的经济援助，赠送了价值4790万元人民币的物资。古巴方面为中国培养了100多名西班牙语留学生。

这些年，古巴曾经多次遭受飓风袭击，经济上蒙受巨大损失，中国向古巴提供了7000万元人民币救灾物资。古方对中国的援助和支持，多次表示真诚感谢。1964年年初，卡斯特罗曾对中国驻古大使表示："我们永远感激中国对我们的援助，非常珍视中国的援助。"他请大使申健带回他本人送给毛泽东的礼品——古巴军人在战斗中缴获的美制手枪，手枪上用西班牙语镌刻了毛泽东的名字。

就在这段时间，受中苏大论战的影响，中古两国关系出现裂痕，两国政治关系冷淡下来，在贸易问题上也出现了摩擦和纠纷。1967年后，中古关系有所缓和。为支援古巴人民的反美斗争，中国坚持与古巴开展经贸往来和某些合作。1968年5月，毛泽东致信卡斯特罗，高度赞扬古巴革命，同时明确表示："我们在反对美帝国主义的斗争中，是相互支持、相互鼓舞的。我们将继续用自己的胜利斗争和一切力所能及的帮助来支持你们的正义事业。"

1970年5月1日，毛泽东在天安门城楼上见到古巴驻华使馆临时代办，用"要古巴，不要美国佬"这一流行口号，向古方传达了中国希望恢复两国友好关系的重要信息。1971年1月2日，周恩来总理应邀出席古巴驻华使馆为纪念古巴革命胜利举行的招待会。周恩来向古巴外交官表示，

70年代中古两国两党关系将掀开新的一页。但由于当时中苏关系十分紧张，而古苏关系十分密切，中古关系还没有摆脱持续冷淡的低谷状态。

80年代末期，国际形势因东欧发生剧变、苏联趋向瓦解而出现新的发展态势。古巴在改善对华关系方面开始采取主动，得到中方积极回应。1987年年底，古共中央一位政治局委员利用参加法国共产党第二十六次代表大会的机会，主动约见中共与会代表、中共中央书记处书记闫明复，正式提议恢复中古两党关系。

三、苏联解体和东欧剧变后中古面临共同挑战，双方相向而行实现关系正常化

1988年，中古两国执政党的外事部门进行了工作对接，而后实现了外事部门代表团友好互访。1988年年底至1989年年初，中国政府派商业部长率党政代表团访古，出席古巴革命胜利30周年庆祝活动，受到菲德尔·卡斯特罗的友好会见。1989年6月，美国等西方国家以"北京风波"为借口，对中国实行经济制裁和政治孤立，中国外长钱其琛访问古巴，菲德尔·卡斯特罗盛情招待。同年11月，古巴外长访华，受到江泽民等中方领导人高规格接待，双方签署新的合作文件。此时，中古关系得到全面恢复和改善。1991年4月，古共中央政治局资深委员罗德里格斯访华，向中方通报古共四大有关情况。此访标志着中古两党之间的政治互信和同志关系得到加强。此后，中古两国党政军、社会团体的友好交往全面展开。

1993年11月，中共中央总书记、国家主席江泽民对古巴进行了19个小时正式而短暂的访问。这是中古关系恢复后，中方最高领导人对古巴的首次访问，目的是要在世纪之交建立中古之间长期稳定的友好合作关系。此时，古巴经济上较为困难，中方加大了对古经济援助与合作力度，在古投资超过2000万美元（约1.24亿元人民币），另外建立了20多家独资、合资企业或办事处。江泽民在古巴最困难的时候到访，给古巴人民以巨大支持和鼓舞，古方组织数万人夹道欢迎，并且授予江泽民古巴最高荣誉奖

何塞·马蒂勋章。菲德尔·卡斯特罗后来表示,古巴人民对来自中国的支持永志不忘。

1993年12月26日是中国已故领导人毛泽东100周年诞辰纪念日。古巴党和政府举行了隆重的纪念活动。菲德尔·卡斯特罗和劳尔·卡斯特罗同时出席并发表了长篇讲话。1997年中国改革开放总设计师邓小平逝世时,菲德尔·卡斯特罗致电中国领导人,给予邓小平高度评价,并与劳尔·卡斯特罗一起,亲自到中国驻古巴大使馆参加吊唁活动。中古之间两国领导人和两国人民之间的特殊情谊,在世界上产生了积极和广泛的影响。

1995年9月,联合国举行千年首脑会议,各国元首云集纽约,中古最高领导人在联合国总部再次会见。同年11月,菲德尔·卡斯特罗首次访华,在中古关系史上掀开新的一页。这一年,中古双方签署了相互鼓励和保护投资协议、中方向古方出口3套水电站协议,中方向古方提供了1000万美元贷款。

2001年4月,中国党和国家最高领导人江泽民第二次访古,强调中方将继续坚定支持古巴人民的社会主义事业。双方签署的合作文件涉及经济、技术、教育、电信、体育、家电等很多领域。2003年春,卡斯特罗第二次访华,新任中共中央总书记胡锦涛与其举行会谈。尚未卸任国家主席的江泽民陪同他访问南京、上海。双方又签署一系列新的合作文件。2004年,中共中央总书记、国家主席胡锦涛回访古巴。此时,卡斯特罗因摔伤而无法站立,但坐着轮椅出席多场活动。

2008年,当胡锦涛作为中国最高领导人第二次访古时,中古务实合作已取得多方面进展,双方贸易额达22.8亿美元。这一年,古巴遭受历史上罕见的飓风灾害,中方总共为古提供7000万元人民币无偿援助,另外提供了130万美元现汇和价值2100万元人民币的建材。胡锦涛到访时,专机又带来价值60余万人民币的援助物资,古方甚为感动。访问期间,胡锦涛探望了正在住院的菲德尔·卡斯特罗。博闻强记而又十分健谈的老卡斯特罗,豪情满怀,纵论天下,谈话进行了很长时间。

四、中古关系进入肝胆相照新时期

2014年7月,习近平以中共中央总书记、国家主席身份出访拉美,参加金砖国家峰会并同拉美地区领导人举行集体会见,古巴是其中重要一站。此时习近平已经提出人类命运共同体等新理念,中国特色大国外交全面推进,开拓性、进取性和创新性更加鲜明,国际社会对此访格外关注。

这次访问,时值中古建交54周年。习近平特别强调,54年来,中古两国志同道合,始终坚持共同理想与信念,在建设社会主义道路上同舟共济,休戚与共,始终真诚相待,相互尊重,平等互利地开展合作,促进共同发展;始终与时俱进,为中古关系注入新动力。他表示,无论国际形势怎么变,坚持中古长期友好是中方既定方针。我们要坚定不移地深化肝胆相照的友谊,坚定不移地开展互利共赢的合作,坚定不移地做改革发展的伙伴。他建议双方更好地发挥两国政府间混委会的作用,在两国中期经贸指导下,推动贸易增长和多领域合作。他承诺将鼓励和支持更多企业到古巴投资。古巴方面对习近平的建议做出积极回应,表示愿共同提高经贸水平和各领域合作,同时希望双方能够建立专门工作组,以便更好地推进大项目合作。

访古过程中,习近平除了与已经接任古巴最高领导职务的劳尔·卡斯特罗进行会谈、参观古巴革命圣地外,还专门到医院探望了菲德尔·卡斯特罗,两人亲切叙旧,畅谈中古关系与国际形势。2011年,习近平作为国家副主席身份访问古巴时,曾与菲德尔·卡斯特罗进行过长谈,双方结下了深厚友谊。习近平向菲德尔·卡斯特罗表示,他此次访问的目的,就是要弘扬两国老一辈领导人建立的中古传统友谊,为两国友好合作注入新的动力。他向卡斯特罗介绍了访问拉美、参加金砖国家峰会并出席中拉领导人会晤的有关情况。老卡斯特罗表示,当前国际格局正在发生深刻变化,新兴市场国家和广大发展中国家群体性崛起,对世界产生重大而深远影响。中国是伟大的国家,中国的发展必将为促进世界的和平与发展发挥重要作用。在这次访问中,习近平也获得了何塞·马蒂勋章。他在接受勋章时表示,中国愿做古巴的好朋友、好同志、好兄弟。

习近平在2014年对古巴的访问在中古关系史上具有里程碑意义。因为古巴最高领导权此时已经完全转到劳尔·卡斯特罗手中,古巴内外政策正酝酿着重大调整,古巴式的社会主义即将进入新的发展阶段。在这种情况下,中古两国新领导人不但就进一步密切两国关系达成新的共识,同时还共同见证了一系列合作文件的签字仪式。这些文件涵盖了经贸、农业、能源、矿业、融资、生物技术、通信、基础设施建设、人文等诸多领域。

远隔重洋的中古两国,以相同的价值观体系、社会制度和发展道路以及彼此接近的执政理念为基础,以全方位和深层次的互利合作为纽带,进一步巩固和深化了双方的传统友谊。这既符合时代特点,又符合中国在拉美地区的战略利益,同时也符合古巴切实需要的不结盟的特殊形式的战略关系,展示出更加广阔的发展前景。

党的对外工作：全面调整与持续创新

政党的产生和政党政治的持续发展，是当今世界民主政治的重要表现形式之一。据统计，目前世界上 190 多个主权国家，除海湾地区的阿拉伯国家和其他地区个别国家外，绝大多数国家都有政党在活动。这些各种各样的政党以及准政党、类政党型的社会组织，存在于各国千差万别并且不断变化的政治体制之中。它们除了在本国社会生活中发挥应有的功能作用以外，如动员民众参加选举、争取执政或参政地位、以执政党或共同执政党甚或反对党身份参与国是等等，还有一个不容忽视的方面，这就是开展政党之间的国际联系与交往。目前，政党间的国际联系与交往，已成为许多国家对外关系的一个重要方面，因而也是当代国际关系发展变化的一个重要因素。

历史经验表明，任何政党，无论其组织形式如何，内在性质如何，当它们作为在野党或反对党时，其国际交往与联系多为谋求必要的外部支持和帮助，为自身发展争取有利的外部条件。当它们处于执政党或参政党位置时，其对外交往与合作通常服务于执政需要，即为国家的发展和安全利益创造良好的外部环境。

中国共产党是 20 世纪 20 年代初在俄国十月革命影响下，由共产国际而主要是俄国布尔什维克党直接帮助建立的无产阶级革命政党。因此，中国共产党自成立时起，就是世界社会主义进程中的重要力量，就是国际共产主义运动和民族解放运动的主力部队，就是具有世界眼光和国际胸怀的进步力量，就同世界各国的革命组织和团体，首先是列宁领导的俄国布尔什维克党，即后来的苏联共产党，以及共产国际所属的各国共产党人和革命组织建立了密切联系。

由于特定的历史条件和极其复杂的国际环境，当时的苏联共产党曾被视为国际共产主义运动的中心，苏共发起成立并控制下的共产国际，因而成了各国共产党人的"指挥部"。初创时期的中国共产党，在政治上和组织上与苏联共产党及共产国际保持着今日看来似乎不可理解的特殊关系，既深得其益也曾深受其害。1935年年初，中国共产党人确立了毛泽东在党内的领导地位，中国共产党在处理与苏联共产党和共产国际的关系时，一方面获得了较为平等和独立自主的地位，另一方面也继续保持着多种渠道的接触和联系。

1937年中国抗日战争全面爆发，在民族统一战线旗帜下开展抗日斗争的中国共产党，与苏联共产党以及共产国际的联系有所弱化，但与其他国家进步力量和友好人士的交往不断扩大，其中包括来华支援中国革命的外国共产党人，也包括来自美国的进步记者和友好人士，甚至还包括美国驻在中国的一些军政人员。1941年苏联卫国战争爆发后，苏共已无暇国际共运事务，共产国际亦于1943年宣告解散，中国共产党在国际共运中的独立自主地位得到了进一步的巩固和加强。

1946—1949年解放战争期间，中国共产党在新的历史条件下，确立了"对外国主要联合苏联"的国际战略思想，重新强化了与苏联共产党的联系和交往，并且从苏联方面获得了极为可贵的政治支持和多方面的实际帮助。众所周知，中国新民主革命的胜利是中国共产党人领导各族人民英勇斗争的结果，是历史发展的必然归宿。但如果没有中国共产党当时的国际联系，没有中国共产党争取到的外部支持，中国革命的发展进程可能是另一番景象。因此可以说，中国共产党特殊的对外联系和交往，为中国革命走向全国胜利发挥了不可低估的历史性作用。

1951年年初，已经成为新中国执政党的中国共产党，仿效共产国际解散后苏联党为保存情报资料并与各国共产党保持联系而成立中央国际部的做法，成立了专门从事党的对外工作的职能部门，即中共中央对外联络部。那时，中国共产党在对外交往中非常重视意识形态因素，因而只同马列主义性质的政党来往。据中联部一位老部长回忆，当时中联部的主要任务：

一是支援东方国家的革命,帮助那里的共产党人"决定党的路线";二是同苏联和其他社会主义国家共产党联络,加强社会主义阵营;三是同全世界的共产党联络;四是支持越南反法战争,援助越南建设。此外,中联部还负责指导工青妇等组织的民间外交,领导中国人民保卫世界和平大会和中国亚非团结委员会,通过这两个"外围团体",同不少发展中国家的执政党建立了联系,向他们介绍中国革命经验,为他们培养和训练干部。

60年代后,中苏两国共产党在理论问题上的分歧演变为公开论战,世界上绝大多数共产党站在了苏联共产党一边,中国共产党在国际共产主义运动和世界社会主义阵营中的处境日渐孤立,对外联系和交往急剧萎缩。"文化大革命"期间,受极左思潮的干扰,新中国的外交事务受到了严重破坏,党的对外联系也遭遇到重大挫折。作为社会主义国家的执政党,中国共产党那时只同朝鲜、越南和远在欧洲的阿尔巴尼亚、罗马尼亚四国执政党保持着较好的关系。另外与周边地区10多个主张武装斗争的党以及从"老党"中分裂出来的"极左"党,或是没有多少群众基础的"新党"和小组织保持着联系。

1976年,中国共产党开始重新考虑对外关系问题,次年与曾被斥为"修正主义党"的南斯拉夫共产主义者联盟恢复了关系。党的领导人当时提议,中国共产党可以同非洲的民族主义政党建立党的关系,对社会党(社会民主党、工党)、"修正主义党"也要做工作。1981年,中国国际交流协会作为中联部外围团体正式成立,其目的就是要以某种变通和相对灵活的方式,同世界各国的民族主义政党、社会党和其他政党、团体建立友好联系,以恢复和扩大中国共产党同外部世界的联系。

此时,中国已经进入改革开放和社会主义现代化建设的历史新时期。作为改革开放总设计师的邓小平高度重视中国共产党的对外工作。他明确提出,"党与党之间要建立新的关系",即"新的、健康友好的关系"。"独立自主、完全平等、互相尊重、互不干涉内部事务"这四项原则,随即被党的第十二次代表大会所确认,进而成为中国共产党在新的历史条件下对外开展党际关系的指导思想。在此前后,中国共产党不但陆续恢复了与意大利、法国、西班牙等国共产党的关系,同时还与西方国家的社会民主主义政党和组织建立了联系,并同许多发展中国家的民族主义政党展开了友好交往。党在对外交往中"以意识形态划线"的局面彻底结束。

80年代末90年代初,东欧剧变、苏联解体、冷战结束,世界格局和力量对比发生了翻天覆地的变化。与此相联系,一方面世界社会主义进程转入低潮,以科学社会主义为理论指南的政党急剧减少,另一方面政党政治在许多国家反而呈现加速发展的新局面,不同性质的政党在国际上的交往与联系更趋活跃。面对国际政党政治形态的新情况新动向,中国共产党坚定不移地奉行党际关系四项基本原则,努力开辟对外联系的新渠道新途径,不断探求对外交往的新方式新方法,迅速打造出党的对外关系新格局和新体制。

21世纪以来,中国共产党历次代表大会都进一步确认党的对外交往的总体思路和原则,确认党的对外交往在国家总体外交中的地位与作用。2012年召开的十八大表示,中国共产党将同一切愿意与我党交往的各国政党发展新型党际交流和合作关系,促进国家关系的发展。基于这些始终不渝的思路和原则,中国共产党的对外交往、联系与合作,变得更加积极主动。作为国家总体外交重要补充和不可或缺的组成部分,其形式更加灵活,内容更加丰富,更具有开拓性、进取性和时代特征。

当前,党的对外交往与联系已经远远超出了团组互访、参加友好政党相关活动、出席政党国际组织某些会议、一般性信息交流与互换等传统模式。第一,中国共产党与各种国际性政党组织建立了更为密切的联系并适度参与其活动;第二,中国共产党发起并推动亚洲地区政党国际会议定期举行;第三,中国共产党与社会主义国家执政党的相互关系发展为国家关系的基石;第四,中国共产党与各种类型的主要政党建立了定期举行理论研讨或高层对话的机制;第五,中国共产党为发展中国家政党培训干部进入机制化发展阶段;第六,对外传播和智库交流在中国共产党的对外交往中占有越来越重要的位置；第七，中国共产党的领导人高度重视并直接领导和推动党的对外交往；第八，党的中央职能机构和地方党组织开始成为党的对外交往的行为主体；第九，中国共产党在根本没有政党活动的国家也找到了交往对象与对话伙伴；第十，中国共产党在非建交国的政党交往与务实联系为国家关系日后正常化铺路搭桥。

在上述所有党的对外交往活动中，交换党的自身建设经验，包括执政党治国理政经验，巩固和推进国家关系发展，宣传中国改革开放成就和与时俱进的发展理念，传播和平与发展的新时代观、互利共赢的新合作观，倡导新的国际秩序观和共同安全观，以及平等互鉴的人类文明观，成为中国共产党对外交往的主要内容。中国共产党的对外交往与国际交流，不仅是中国立体化外交的组成部分，同时也是影响当今世界国际关系的一个重要因素。

随着越来越多的中央机关和地方党组织参与党的对外交往，中共中央对外联络部的职能也发生了许多变化。中国共产党全方位、立体化、多领域开展对外交往的新局面逐渐形成。到2000年时，中国共产党已与世界上140多个国家的400多个政党和准政党型的社会政治组织建立了不同形式的接触和联系。这些政党和组织大部分处于执政地位或参与执政，有的虽然没有执政，但在本国政治生活中具有重要影响。这些政党在意识形态上底色不一，价值观体系各异，但在发展对华关系方面普遍持积极态度，有些甚至对华非常友好。世界各国的政党和政治家们，越来越清楚地意识到，中国不断发展壮大的根源在于中国共产党的坚强领导。要想全面认识和了解中国，必须首先认识和了解中国共产党；要想探寻并解开中国成功发展的秘诀，必须深入研究和解析中国共产党的执政理念和执政经验。

进入21世纪以来，中国共产党的对外交往服务于国家总体外交，服务于改革开放和现代化建设需要、服务于不断拓展的国家发展利益和安全利益，进而也服务于中国为人类社会做出重大贡献这一历史使命，不仅在中国国内，而且在国际上也得到广泛认同。

作为一个拥有9000万党员的"大党"和连续执政70年的"老党",中国共产党坚持不懈,持之以恒地扩大和深化对外交往,这已经不仅是中国共产党人认识和走向外部世界,展示自身良好形象,宣介国家内外政策,学习借鉴人类文明成果的内在需要。作为执政党新时期自身建设伟大工程的一条重要战线,这种交往已经十分紧密地统一和融合到国家的总体外交之中,是丰富多彩的当代中国大国外交无法分割的重要组成部分。

以习近平同志为核心的党中央更加重视党的对外交往、联系与合作。在同外国领导人会见会谈时,习近平主席多次谈到政党交往对于国家关系发展的重要作用,全力主张将政党交往纳入国家间的关系发展的总体进程中来。党的对外工作,在服务国家总体外交,特别是周边外交,如中朝、中越、中俄以及中日、中印等国关系发展中的作用日益彰显。

中共中央对外联络部作为党的对外工作主管部门,不仅常态化地开展传统的党的对外交往与联系,而且不断开拓新思路,创造新形式,积累新经验。其中最有创意的活动,一是坚持定期或不定期地与世界上一些国家的执政党、重要政党和政党国际组织举行各种形式的理论对话会、研讨会,宣传习近平新时代中国特色社会主义思想与中国和平发展理念;二是配合越来越密切的大型主场外交活动,组织相关国家政党开展多边对话会,如上合组织政党对话会、金砖国家政党对话会、中非政党对话会等,服务于我国多边主义外交;三是在党代会和中央全会后立即组团出访相关国家,宣传介绍党和国家的大政方针和新的政策主张,不断加大释疑解惑增进互信的工作力度;四是持续加强对外国政党开展干部和人员培训的工作。

在2017年10月召开的党的第十九次代表大会上,习近平总书记在阐述中国未来外交构想和政策主张时明确指出,要"加强同各国政党和政治组织的交流与合作"。

十九大后,中央有关部门组织召开了中国共产党与世界政党的对话会。这是中国共产党对外交往史上的一个创举,在世界政党史上也是开先河。习近平亲自出席会议并且做了重要讲话,引起了国际社会广泛关注和高度赞赏。他在发言中强调，政党要顺应时代发展潮流、把握人类进步大势、顺应人民共同期待，志存高远、敢于担当，自觉担负起时代使命。中国共产党将一如既往为世界和平安宁、共同发展、文明交流互鉴做贡献。

在这次对话上，习近平特别深入阐述了他在党的十九大上提出的一个重要观点，即中国共产党是为中国人民谋幸福的党，也是为人类进步事业而奋斗的党。他说，我们要把自己的事情做好，这本身就是对构建人类命运共同体的贡献。我们也要通过推动中国发展给世界创造更多机遇。我们不"输入"外国模式，也不"输出"中国模式，不会要求别国"复制"中国的做法。

第一，中国共产党将一如既往为世界和平安宁做贡献。中国将高举和平、发展、合作、共赢的旗帜，始终不渝走和平发展道路，积极推进全球伙伴关系建设，主动参与国际热点难点问题的政治解决进程。中国将积极参与全球治理体系改革和建设，推动国际政治经济秩序朝着更加公正合理的方向发展。中国无论发展到什么程度，都永远不称霸，永远不搞扩张。我们倡议世界各国政党同我们一道，做世界和平的建设者、全球发展的贡献者、国际秩序的维护者。

第二，中国共产党将一如既往为世界共同发展做贡献。中国共产党历来有着深厚的人民情怀，不仅愿意为中国人民造福，也愿意为世界各国人民造福。根据中共十九大的安排，到 2020 年中国将全面建成小康社会，到 2035 年中国将基本实现社会主义现代化，到 21 世纪中叶中国将建成富强民主文明和谐美丽的社会主义现代化强国。这将造福中国人民，也将造福世界各国人民。我们倡议世界各国政党同我们一道，为世界创造更多合作机会，努力推动世界各国共同发展繁荣。

第三，中国共产党将一如既往为世界文明交流互鉴做贡献。中国共产党历来强调树立世界眼光，积极学习借鉴世界各国人民创造的文明成果，并结合中国实际加以运用。中国共产党将以开放的眼光、开阔的胸怀对待世界各国人民的文明创造，愿意同世界各国人民和各国政党开展对话和交流合作，支持各国人民加强人文往来和民间友好。未来5年，中国共产党将向世界各国政党提供1.5万名人员来华交流的机会。他倡议将中国共产党与世界政党高层对话会机制化，使之成为具有广泛代表性和国际影响力的高端政治对话平台。

习近平强调，面向未来，中国共产党愿同世界各国政党加强往来，分享治党治国经验，开展文明交流对话，增进彼此战略信任，推动构建人类命运共同体，携手建设更加美好的世界。

随着时间的推移和实践的发展，党的对外工作如同其他各领域工作一样，没有完成时，只有进行时，永远在路上，永远在进取。观念与方法、机制与体制，不断求索与创新，是党的对外工作永葆生机与活力的动力泉源。

第二篇
中国特色大国外交：理念与行动

中国特色大国外交的时代背景与历史意义

我们所处的当代世界，已进入战略格局深刻调整、力量对比深刻变化的历史时期，也可以称之为大变动大调整大转折时期。国际风云变幻莫测，世界经济阴晴不定，地缘政治冲突持续不已，全球性问题日益增多，已成为国际社会的共识。中国历经40多年的改革开放和现代化建设，已前所未有地接近于中华民族伟大复兴的历史目标，同时也前所未有地接近于世界舞台的中心。但中国所处的国际大环境和周边小环境，目前也面临深刻而复杂的变化。简而言之，乱象纷呈的世界对中国在周边和全球范围内大力拓展安全利益和发展利益，全面推进中国特色大国外交，构成了不断增多的压力和挑战。

一、国际关系中的不稳定性、不确定性和不可测性已经成为新常态

当今世界乱象纷呈并严重失序，追根溯源，始于20世纪80年代末的苏联解体和东欧剧变。在那场导致国际力量对比严重失衡的历史大灾变中，曾经的超级大国苏联分崩离析，华沙条约组织宣告解散，经互会彻底瓦解。苏联分裂为15个主权独立国家，捷克斯洛伐克分裂为两个国家，南斯拉夫分裂为6个国家。在这一过程中，北约与欧盟双"东扩"，北约以狂轰滥炸方式对南联盟发动了巴尔干战争，导致该地区地缘政治格局变动不已。如今，苏东地区的动荡远未终结，2008年俄罗斯出兵格鲁吉亚，2014年爆发乌克兰危机，摩尔多瓦与俄罗斯纠纷再起，还有科索沃即将独立，充分说明苏东地区动荡并未完全结束。

中东地区的动荡和战乱始于1991年美国对伊拉克的第一次海湾战争，即所谓"沙漠风暴"行动。中东地区形势历来十分复杂，20多个国家除以色列外都是伊斯兰国家，但这些国家的民族、历史、文化各不相同。土耳其为突厥民族,伊朗为波斯民族,土伊矛盾由来已久,甚至可以说根深蒂固。除土伊两国外,该地区其余国家基本上都属于阿拉伯世界,但阿拉伯世界也不是铁板一块,就连海湾 6 国也是矛盾重重。卡塔尔与沙特等国的外交冲突,以及沙特等国联手介入也门冲突,对也门进行军事打击。这一切充分表明,中东地区的历史积怨和现实矛盾盘根错节,牵一发而动全身。目前,利比亚、伊拉克、也门等国已陷入高度分裂状态,叙利亚战乱导致的人道主义灾难严重外溢。以 IS 为代表的国际恐怖主义乘机坐大,影响四溢。美国等西方国家在突尼斯和埃及等国策动的"颜色革命",加剧了中东的动荡和混乱。是美国捅开了中东地区的"马蜂窝",美国是中东动荡动乱的始作俑者。

欧盟 2008 年爆发主权债务危机后,内部裂痕骤显。近年,难民潮猛烈来袭,欧盟危机加重,英国宣布退欧,比利时、西班牙等国的分离主义更加活跃。在此背景下,保守主义、民粹主义和种族主义沉渣泛起。欧盟内部反全球化运动逆势来袭,严重冲击经济全球化和人类共同发展的历史进程。原东欧地区的某些国家,如匈牙利等国明确反对欧盟向其成员国摊派接收难民的名额。欧洲一体化前景如何,未来的欧盟向何处去,人们不得而知,只有拭目以待。

作为当今世界唯一超级大国,亦即第一军事大国和第一大经济体,美国在国际事务中拥有不可替代的特殊地位和作用。但美国社会内部长期以来也积累了许多矛盾和问题。特别是"9·11"事件发生后,美国民众开始生活在极度恐慌之中,再加上社会两极分化不断加剧,许多城市爆发过社会抗议运动,并且一度影响到北美、欧洲和大洋洲等许多发达国家。面对日见深重的制度危机,美国两大传统政党民主党和共和党黔驴技穷,将国家与社会变成"政党恶斗"和"政治极化"的人质,导致广大民众对传统政治高度失望。

二、中国特色大国外交将为国际关系健康发展提供新的动因

"世界这么乱,我们怎么办?"面对这一世纪之问,中国冷静观察,沉

着应对，审时度势，做出了客观而理性的回答，交出了令人满意的答卷。党的十八大以来，以习近平同志为核心的党中央高举和平发展合作共赢的旗帜，将打造人类命运共同体作为对外战略的总任务和总目标。从此，谋求合作共赢成为中国对外政策的核心任务，打造命运共同体成为中国在国际事务中追求的崇高目标。

  2014年11月，习近平主持召开中央外事工作会议，首次提出中国外交要有自己的特色、气派和风格，对中国特色大国外交的指导思想、战略布局、基本任务、政策目标等进行了全面规划和部署。此后，习近平纵观国际风云变幻，统揽中国外交全局，很快形成以合作共赢为基本理念，以打造人类命运共同体为价值追求，包含新世界观、新文明观、新安全观、新发展观、新合作观、新责任观在内，丰富而完整的国际关系理论体系。中国特色大国外交在习近平外交思想指引下，不断取得新成果，不断积累新经验。

  大国关系历来是国际关系中的核心要素，是国际局势发展变化的风向标和引航器。在全面推进的大国外交总体布局中，大国关系始终占有相当重要的位置。中美关系是当今世界大国关系的重中之重。习近平高度重视中美关系，就任国家主席不久，即将中美关系界定为不冲突不对抗、相互尊重、合作共赢的新型大国关系，而后又对中美关系提出四点建议：增进互信，把握方向；相互尊重，聚同化异；平等互利，深化合作；着眼民众，加深友谊。他曾敦促美方，建立中美新型大国关系不能停留于概念，而应有具体行动。强调中美共建新型大国关系是两国的战略抉择，双方要正确判断彼此的战略意图，要坚定不移推进合作共赢，妥善有效管控分歧，广泛培植人民友谊。特朗普上台后，面对中美关系中出现的新情况，中方采取建设性态度，加强与特朗普政府的沟通，引导两国关系回归合作竞争相辅相成的发展轨道，促使美国新政府接受了中方提出的新型大国关系原则，承诺恪守"一个中国"政策。促使特朗普上台不久即邀请中国国家主席赴美会晤，这是中国持续推进中美新型大国关系的成果，也是中国推进新型大国外交的重大成就。

中俄关系在当今世界格局重构中的作用举足轻重。2013年3月，习近平作为国家主席首访俄罗斯，意义重大。双方确认两国关系发展的中心任务是加大相互间的政治支持，全面扩大务实合作，加强在国际和地区事务中的协调与配合。2014年习近平专程赴俄参加冬奥会开幕式。2015年双方签署关于深化全面战略协作伙伴关系以及共同倡导合作共赢的联合声明，两国元首分别出席对方举办的反法西斯战争胜利阅兵活动，充分显示了双方战略协作伙伴关系的稳定与成熟。近年来，中俄政治互信持续增强，务实合作全速推进。在维护地区和平稳定、引导国际秩序变革方面，展示出更加广阔的合作前景。中俄共同倡导成立的上海合作组织，已经发展成为很有影响的新型区域合作，中俄印巴南五国共同成立的金砖国家合作机制，开辟了发展中大国携手共进、共克时难的美好愿景，为推动南南合作与南北合作，引导全球治理步入健康发展轨道提供了强劲动力。

中国与欧盟的关系也是当今世界最重要的双边关系。双方早已就中欧"两大力量、两大市场和两大文明"相互结合达成共识。2014年3月，习近平以国家元首身份首访欧洲，中欧发表关于深化互利共赢的中欧全面战略伙伴关系的联合声明，共同确立了和平、增长、改革、文明"四大伙伴关系"发展目标。尽管当前欧盟面临困境，中方仍将欧盟视为世界多极化的重要力量，习近平旗帜鲜明地表示，中国坚定支持欧洲一体化建设。在中欧利益深度交融的情况下，中方将采取设立共同投资基金等措施，拓展双方在高新技术、基础设施、金融等诸多领域的合作。

中国高度重视大国关系，同样也高度重视周边关系，始终视周边为安身立命之所，发展繁荣之基。2013年10月，中央召开了新中国成立以来首次周边外事工作座谈会，进一步提升周边外交在中国特色大国外交总体布局中的地位。习近平多次访问周边国家，多次参与周边地区的多边会议，亲自就周边事务开展公共外交，大力推动建立各种形式的发展共同体、利益共同体、责任共同体和命运共同体。虽然中国周边目前存在一些问题，但形势可控可塑的特点没有改变。中国提出的与邻为善、以邻为伴、睦邻安邻富邻政策，尤其是倡导的亲诚惠容理念，得到广泛认同。中国在亚太地区乃至世界上的独特作用，终将被周边国家所接受。

三、推进"一带一路"建设将为人类社会的合作发展联动发展开辟新路径

2013年9—10月间，习近平出访中亚东南亚时，发出了中国将与相关国家扩大合作，共同建设丝绸之路经济带和21世纪海上丝绸之路的倡议。推动"一带一路"建设，加强中国与周边国家以及世界各国的互联互通，从此成为中国共产党的重大决策，成为我们国家的集体意志，成为中华民族的共同行为。

"一带一路"倡议顺应世界多极化、经济全球化、文化多样化、社会信息化潮流，意在促进经济要素有序自由流动、资源高效配置和市场深度融合，推动沿线各国实现经济政策协调，打造开放包容均衡普惠的区域合作框架。"一带一路"的重点是政策沟通、设施联通、贸易畅通、资金融通和民心相通。实现这"五通"，要积极利用双边与多边两类合作机制。以经济走廊为依托，以交通基础设施为突破口，以建设融资平台为抓手，以人文交流为纽带。

在习近平主席直接推动和举国上下共同努力下，国际社会积极支持并广泛参与，中国发起成立的亚洲基础设施投资银行开局良好，中国出资成立的丝路基金和其他各种合作资金运行顺利。中巴、中蒙俄、中国—中亚—西亚、中国—中南半岛、印中孟缅、新欧亚大陆桥"六大经济走廊"建设全面推进。联通中国与欧洲的"中欧班列"，正在被打造成为具有国际竞争力和良好商誉度的世界知名物流品牌。"一带一路"的早期收获和成果远远大于预期。

2017年5月，首届"一带一路"国际合作高峰论坛在北京举行。习近

平在讲话中阐明了中国倡导"一带一路"的崇高目标和弘扬丝路精神的时代意义，使国际社会更加清楚地认识到，"一带一路"本质上是中国引导周边各国互利合作，带动整个世界联动发展，共同开辟和平之路、繁荣之路、开放之路、创新之路和文明之路，共同走向人类命运共同体。会议发表了联合声明，签署了新的合作文件，取得270多项重要成果。后来，习近平主席再访哈萨克斯坦，提出了"数字丝绸之路"与"数字哈萨克斯坦"相互对接的新构想。中国关于"一带一路"建设的理论、政策和主张仍在丰富和发展之中。"一带一路"建设目前所取得的成果，仅仅是早期收获，更艰巨更复杂更长期的工作还在后面。

因此，我们必须清楚地意识到，"一带一路"并非一片坦途，自然也不会一帆风顺，不可能没有这样和那样的干扰和破坏。近年来不断激化的朝鲜半岛核危机、中日两国在亚太地区的战略博弈，中国与东盟某些国家围绕南海岛礁主权之争和海洋权益之争，还有中印两国错综复杂的领土争端与现实矛盾，都在考验我们推进"一带一路"建设的意志和能力，考验我们推进中国特色大国外交的战略定力和战略耐心。中国成功地以政治、外交方式化解了周边地区一些重大而棘手的问题，证明中国有能力化风险为机遇，变压力为动力，有能力联手周边国家乃至世界各国，在"一带一路"建设中继续取得新的更大成果，为人类社会的共同进步做出历史性贡献。

此外，我们还要清醒地认识到，由于种种原因，包括周边国家在内的外部世界，对中华民族和中华文明，对中国共产党和中国政府的内外政策，对中国和平发展理念与和平发展之路，对"一带一路"倡议的认识和了解，仍有许多误区。我们对外塑造国家形象、传播中华文化、诠释内外政策，仍显得相对滞后，有时还带有不少偏颇。正因为如此，深化对外人文交流与合作，强化和改进民心相通工作，不仅应当成为"一带一路"建设的核心任务之一，更应当成为中国特色大国外交的一个重要方面。

总之，"一带一路"作为中国倡导和推动的前无古人的伟大事业，已成为世界各国，特别是广大发展中国家合作发展、包容发展、联动发展、共赢发展的全球行动。全面复兴的中华民族，和平崛起的中国人民，正在为人类进步发展的共同事业做出彪炳千秋的新贡献。

应对国际关系新变化　打造大国外交新格局[①]

近些年来,世界上地缘政治裂变持续不已,国际关系中风云莫测的特点更加突出。大国关系不断重构,利益格局反复重组,世界经济阴晴不定,各种各样的矛盾和冲突此呼彼应。我国的周边环境也处于深刻而复杂的剧烈变动之中。面对前所未有的发展机遇和日益增多的风险和挑战,习近平总书记坚持和平发展合作共赢是当今时代潮流这一科学判断,提出了构建人类命运共同体的新理论,为中国和平崛起并走向世界舞台中心提供了强大思想指南。

习近平关于构建人类命运共同体的理论,首见于2013年3月他在莫斯科国际关系学院的演说。在这篇演说中,习近平首次以中国国家元首身份,向国际社会阐明他的世界观、文明观、发展观、安全观和合作观。其核心思想是:人类社会生活在同一个地球村,生活在历史与现实交汇的同一个时空;世界各国的联系日益广泛和紧密,越来越成为你中有我、我中有你的命运共同体;国际力量对比继续朝着有利于世界和平与发展的方向发展,但维护世界和平、促进共同发展依然任重道远。基于这一重要思想,习近平在后来发表的讲演中明确主张,要始终坚持和平发展与推动国际秩序朝着更加公正合理的方向发展,为世界和平与稳定提供制度保障。

中国要高举人类命运共同体的旗帜,要以推动建设人类命运共同体作为对外战略的崇高任务和终极目标,必须对当今世界力量对比和地缘战略博弈的基本态势做出全面评估;对当代中国与外部世界的关系特点做出精准界定。习近平就此指出,中国改革开放和现代化建设的过程,就是"中国走向世界""世界走向中国"的良性互动过程;中国与外部世界的关系,

---

[①] 本文发表于《福建日报》2017年09月19日。

就是"中国需要世界""世界需要中国"的相互依存关系。因此,他宣布,中国将坚持对外开放的基本国策;坚持互利共赢的开放战略,不断提高开放型经济水平;坚持共同发展的理念,在平等互利基础上开展同世界各国的经济技术合作,通过合作促进自身发展和各国共同发展。

针对国际社会对中国期待与疑虑同时并存的复杂心态,习近平旗帜鲜明地表示:"中国将在力所能及范围内承担更多国际责任和义务,为人类和平与发展做出更大贡献。中国将坚定不移走和平发展道路。我们也希望世界各国都走和平发展道路。"2014年中央召开外事工作会议,习近平要求对外工作要有中国特色、中国风格和中国气派,并对中国特色大国外交的指导思想、战略布局、基本任务和政策目标做了全面规划和部署。

几年来,习近平就中国与世界各国树立命运共同体意识、共建人类命运共同体的理论和实践问题,提出许多建议和主张。特别是2017年年初他在联合国日内瓦总部的讲演,全面深入地阐述了人类命运共同体理念和相关主张。他强调人类的共同愿望就是和平与发展,强调人类正处于大发展大变革大调整时期,各国相互联系、相互依存,全球命运与共、休戚相关;强调和平力量的上升远远超过战争因素的增长,和平发展合作共赢的时代潮流更加强劲。他特别强调,人类正处于挑战层出不穷、风险日益增多的时代,中国方案就是构建人类命运共同体,实现共赢共享。

在习近平外交思想指引下,同时也是在他亲自领导和参与下,中国在变幻莫测的世界格局中运筹帷幄,在错综复杂的大国博弈中攻坚克难,在混乱失序的全球治理中因势利导,不断拓展国家安全利益和发展利益,不断加大参与国际事务的广度和深度,不断提升中国道路的示范效应,不断开创中国特色大国外交新局面。

一、推进"一带一路"建设,引导共同发展和繁荣

在构建中国特色大国外交、推动建立人类命运共同体的伟大事业中,"一带一路"倡议具有重大意义和影响。2013年9月,习近平在哈萨克斯

坦发表演说，号召欧亚各国创新合作模式，共同建设丝绸之路经济带。同年10月，他又在印尼发表讲演，表示中国愿与东盟一道，发展好海洋合作伙伴关系，共建21世纪海上丝绸之路。随后，在周边外交座谈会上，习近平强调中国与周边国家要经济合作，着力深化互利共赢格局。2015年3月，有关部门联合发布白皮书，阐明"一带一路"倡议的时代背景、共建原则、框架思路、合作重点、合作机制、行动方向及其他问题。

中国大力推进"一带一路"建设，不是要搞地缘政治小圈子，而是要打造共同繁荣的百花园。这一重要理念，得到周边国家和国际社会普遍赞赏。中国为支持"一带一路"建设而发起的亚投行，目前已有77个成员国，包括美日两国之外的所有发达国家和发展中大国。作为中国向世界提供的一项公共产品，"一带一路"不仅是引导经济全球化回归健康发展轨道的中国方案，同时也是超越社会制度和发展差异而谋求共同繁荣的全球行动。

由于中方的创造性工作，几年来"一带一路"政策沟通不断深化，设施联通不断加强，贸易畅通不断提升，资金融通不断扩大，民心相通不断促进。2017年5月第一届"一带一路"国际合作高峰论坛在北京举行时，习近平宣布，中国愿在和平共处五项原则基础上，发展同所有"一带一路"建设参与国的友好合作，推动落实中国同很多国家达成的"一带一路"合作协议，加大对"一带一路"项目的资金支持。在同"一带一路"建设参与国发展经贸伙伴关系的同时，共同启动科技创新行动计划。未来3年，中国将向参与"一带一路"建设的发展中国家和国际组织提供新的财政支持，设立"一带一路"国际合作高峰论坛后续联络机制，成立"一带一路"财经发展研究中心、"一带一路"建设促进中心和多边开发融资合作中心。总之，中国将以和平合作、开放包容、互学互鉴、互利共赢的伟大丝路精神为指引，携手世界各国在"一带一路"建设中行稳致远，努力将"一带一路"建设成和平之路、繁荣之路、开放之路、创新之路、文明之路。

二、构建中美新型大国关系，超越所谓"修昔底德陷阱"

美国是当今世界最大的发达国家，而中国是当今世界最大的发展中国家。中美关系如何发展，不但事关两国自身利益，而且也牵动整个国际关系。努力推动构建中美新型大国关系，成为中国特色大国外交的重中之重。

习近平就任国家主席之前就曾明确指出，宽广的太平洋有足够空间容纳中美两个大国。2013年6月他赴美与奥巴马总统举行"庄园会晤"时重申了这一立场。习近平指出，他此次赴美目的就是为中美关系发展规划蓝图，开展"跨越太平洋的合作"。他建议双方共同努力，构建不冲突不对抗、相互尊重、合作共赢新型大国关系，强调这种关系顺应时代潮流，符合两国人民根本利益和人类进步共同事业。

当时，中美之间已形成90多个政府间对话机制，结成41对友好省州和202对友好城市，人员往来每年超过400万人次。贸易额达到5500多亿美元，双向投资存量超过1000多亿美元。2014年7月，第六轮中美战略与经济对话和第五轮中美人文交流高层磋商在北京举行时，习近平就中美关系发展提出四点新建议：增进互信，把握方向；相互尊重，聚同化异；平等互利，深化合作；着眼民众，加深友谊。

2014年11月，中美两国元首在北京举行"瀛台夜话"。习近平敦促美国，建立中美新型大国关系不能停留于概念，应有具体行动，迫使美方不得不表示支持中国改革开放，宣布无意遏制或围堵中国。2015年9月，习近平访美，强调共建新型大国关系是两国战略抉择，双方要正确判断彼此战略意图，坚定不移推进合作共赢，妥善有效管控分歧，广泛培植人民友谊。2017年1月特朗普就任美国总统。面对中美关系面临的重大变数，习近平主席采取建设性行动，多次就两国关系和共同关心的重大问题与特朗普进行电话沟通，并在特朗普就职3个月内成功举行两国元首"海湖庄园会晤"，促使特朗普政府与中方相向而行，共同建立起外交安全、全面经济、网络安全、社会人文四个新的对话平台。在推动构建中美新型大国关系方面，中方将自始至终把握主动权和大方向。全面崛起的新兴大国与霸权主义守成大国必有一战的所谓"修昔底德陷阱"，终将成为中美关系史上一段假说。

三、强化中俄全面战略协作，构建中欧四大伙伴关系

俄罗斯是苏联国际政治遗产的主要继承国，属于传统的世界性大国。中俄两国拥有4000多公里的共同边界，互为最大邻国。1991年苏联解体，中方确认俄罗斯仍将在国际上发挥重要作用，与俄建立新型国家关系。两国从"互相视为友好"，发展到共建"平等信任、面向21世纪的战略协作伙伴关系"。2012年，双方决定共同推进平等信任、相互支持、共同繁荣、世代友好的全面战略协作伙伴关系。曾经长期困扰两国关系的边界问题，也在此期间得到圆满解决。

习近平高度重视中俄关系。近年来，中俄领导人将多次互访并在第三国多边场合举行会晤、各领域交流与对话机制化等传统不断发扬光大。2013年3月，习近平作为国家主席首次出访选择俄罗斯，为中俄关系注入新的动力。2014年，普京总统来华参加中方主办的亚信峰会，同时对中国进行国事访问。在西方国家因乌克兰危机对俄进行制裁时，2015年习近平专程赴俄参加冬奥会开幕式。习近平与普京相互出席对方国家举办的纪念反法西斯战争胜利活动，率领本国军人参加对方阅兵活动，向国际社会显示了中俄全面战略协作关系的成熟性和可靠性。

中俄各领域务实合作不断取得新成果。双方在能源、科技、文化、军工、航空航天等领域的合作猛增。中央和国家机关的职能部门，如议会、军队、政党、智库以及地方政府等，均要保持多种形式关系。中方提出的"一带一路"倡议，正在与俄罗斯主导的欧亚经济联盟建设进行对接。尽管由于多种因素，中俄经贸额近来出现萎缩，但两国经济互补性强、合作动力充足的基本面没有改变。双方在维护地区和平、反对恐怖主义和霸权主义、推动世界多极化进程方面，仍有很大合作空间和潜力。

欧盟是当今世界最大的国家集合体,在国际格局演变中具有独特作用和影响。中欧双方建立的对话磋商机制,已经涵盖许多领域。2013年,中欧合作2020战略规划发表,中欧"两大力量、两大市场和两大文明"相互结合成为双方共识。2014年3月,习近平以国家元首身份访问欧盟,强调中国不走"国强必霸"老路。双方决定深化互利共赢的全面战略伙伴关系。建设和平、增长、改革、文明"四大伙伴关系",成为中欧关系发展的主攻方向。当年,中方就欧亚合作提出三点建议:共同维护亚欧和平安全与共同发展;推进亚欧互联互通和贸易投资自由化;促进亚欧人文交流与社会发展。

欧盟目前是中国第一大贸易伙伴,双方贸易额超过6000亿美元。中国对欧投资增长势头超过欧盟对华投资。双方人文交流不断扩大。尽管欧盟没有承认中国市场经济地位,双方在国际事务中存在一些分歧,欧盟一体化进程严重受挫,但习近平多次表示,中国坚定支持欧洲一体化建设,始终将欧洲发展视为多极化进程的重要组成部分。为进一步密切中欧关系,中国正积极考虑建立中欧共同投资基金,以助力欧洲战略投资基金。中国还将增加购买欧洲投资银行债券,充分发挥泛欧投资合作平台、亚投行等金融机构作用,拓展与欧洲在高新技术、基础设施、金融领域的合作。中欧关系总体上依然看好。

四、实行亲诚惠容周边新政,做发展中国家可靠朋友

中国是世界上周边环境最复杂的国家,多年来一直致力于同周边各国建立和发展多种形式的伙伴关系。即便在某些国家对华政策严重走偏,某些地区领土主权之争趋于激化的情况下,中国仍坚持与邻为善、以邻为伴的周边外交政策和睦邻富邻安邻的工作方针,努力把维护国家主权与维护地区稳定统一起来。在东北亚地区,中国坚定不移地主张半岛无核化,反对半岛生战生乱,积极推动朝核问题和平解决。同时主张维护地区和平稳定,加快推进区域经济一体化。在南海地区,中方一直呼吁各方共同管控分歧，共同营造有利于和平与发展的良好环境。

习近平高度重视中国周边形势和周边外交。他所提出的"亲、诚、惠、容"新理念，大大丰富了中国的睦邻友好外交政策。他坚持不懈地做周边国家领导人工作，充分发挥了顶层设计增信释疑、强根固本、功在当今、利在千秋的引领作用。2013年秋，习近平在访问中亚东南亚时发起了"一带一路"倡议，开始了中国与周边国家联动发展的大棋局。当年10月，他主持召开新中国成立以来首次周边外交工作座谈会，对周边外交进行全面梳理和重新部署。4年多来，他访问了周边地区许多国家，为中国与相关国家的关系发展把关定向，为惠及各方的务实合作指引前程，强化中国与周边各国共同打造命运共同体的意志和决心。

上海合作组织是中国发起并长期发挥主导作用的周边合作组织。自2013年首次出席上合组织峰会起，习近平每年都在上合峰会上提出推动该组织发展的新设想新主张。由于中国和各方均采取开放立场，印度和巴基斯坦于2017年同时加入该组织。该组织作为中国周边外交重要平台的潜能进一步增强。除充分发挥上合组织以及中国—东盟合作机制的作用外，中国几年来还成功举办有关周边问题的多边活动。有些活动，如和平共处五项原则提出60周年纪念大会、第四次亚信峰会、阿富汗问题伊斯坦布尔进程第四次外长会等，不但在中国周边，而且在世界上也产生了积极反响。

中国目前经济总量已跃居世界第二，但中国作为最大发展中国家的国际定位并未改变，发展中国家作为中国外交盟友的国际属性也未改变。团结、依靠、支持发展中国家，仍是中国特色大国外交的重要方面。在非洲，中国秉持习近平提出的"真、实、亲、诚"四字方针，高层交往不断增多，援助规模不断扩大，人文交流不断深化。在中非合作论坛等多边机制和"一带一路"项目建设拉动下，中非跨国跨区域基础设施建设合作伙伴关系不断推进。产业、金融、减贫、生态环保、人文交流、和平与安全等领域合作不断产生新成果。中国对非投资额，中非贸易总量，特别是在非洲的影响力，已远远超过欧盟和美国。

中国积极推进与拉美国家平等互利、共同发展的全面合作伙伴关系。习近平主席在他倡导建立的中一拉合作论坛上，提出了政治上真诚互信、经济上合作共赢、人文上互学互鉴、国际事务中密切合作、整体合作与双边关系相互促进的合作构想。后来，他又提出了中拉关系坚持平等相待的合作原则、坚持互利共赢的合作目标、坚持灵活多样的合作方式、坚持开放包容的合作精神四项主张，为中拉关系多领域多层次全面推进提供了新的动力。2017年，中国与巴拿马建交，是中国对拉外交的重大成果。

中国与南太平洋相距遥远，但与南太平洋岛国的关系近年来却有较快发展。2014年11月习近平访问斐济，标志着中国国家元首第一次踏上南太土地。在这次访问中，中国与南太地区部分国家领导人举行集体对话，宣布建立相互尊重、共同发展的战略伙伴关系，这意味着中国已开始实施"大周边"外交战略。

五、大力开展多边外交，全方位参与全球治理

中国是世界多极化和经济全球化进程的参与者，也是现有国际秩序的维护者和全球治理的推动者。作为联合国安理会常任理事国，中国始终坚持多边主义，尊重联合国的地位和权威，在联合国维和行动中承担越来越大的责任，为联合国及其相关机构的活动提供越来越多的支持。2015年9月习近平主席出席联合国成立70周年纪念活动，宣布设立中国—联合国和平发展基金、中国加入维和能力待命机制、建立南南合作基金以支持落实2015年后发展议程等重大举措，充分展示了中国对联合国事业的支持。

二十国集团（G20）是冷战后发达国家和新兴市场国家共同组成的多边对话机制，负有管理全球经济、应对发展问题、完善全球治理等职能。中国积极参与G20活动。习近平主席在2015年果阿峰会上呼吁各国努力塑造发展创新、增长联动、利益融合的世界经济，坚定维护和发展开放型世界经济，建设更加紧密的经济伙伴关系，得到各方普遍欢迎。在2016

年召开的 G20 杭州峰会上，习近平建议各方在创新发展模式、建设开放型世界经济、完善全球治理三大方面共同努力，又得到普遍响应。中国在 G20 中的地位持续上升。

亚太经合组织领导人非正式会议（APEC），是亚太地区最重要的政府间区域经济合作组织，中国一直积极参与其活动。2013 年习近平在第 21 次 APEC 领导人非正式会议上提议，亚太经济体应"谋求共同发展、坚持开放发展、推动创新发展、倡导联运发展"；2014 年，第 22 次 APEC 会议在北京举行。中国充分发挥主场外交优势，努力调动各种资源，创造了 APEC 会议史上最为成功的范例。习近平在题为《谋求持久发展 共筑亚太梦想》的讲话中，全面阐述了中国梦、亚太梦、世界梦及其三者关系，给国际社会以强烈印象。2015 年和 2016 年，习近平出席了在马尼拉和利马举行的第 23 和第 24 次会议，就 APEC 的未来发展以及亚太合作问题提出并阐明中国的最新立场和政策主张。

"金砖国家"由中国、俄罗斯、印度、巴西和南非五国共同组成。这一新兴国家集团目前已成为世界舞台上的重要力量。2013 年习近平首次参加金砖峰会，就金砖合作提出一系列建议和主张。2016 年金砖峰会时，他又发出了共同建设开放世界，共同勾画发展愿景，共同应对全球性挑战，共同维护公平正义，共同深化伙伴关系五点新建议。2017 年 9 月，金砖峰会在厦门召开，习近平就金砖合作开启第二个"金色十年"提出如下建议：第一，致力于推进经济务实合作；第二，致力于加强发展战略对接；第三，致力于推动国际秩序朝更加公正合理方向发展；第四，致力于促进人文民间交流。为体现中方对金砖合作的支持，习近平还宣布了一系列旨在拓展并深化金砖合作的新举措。

中国特色大国外交牵动着世界格局重组和国际秩序重构，影响着人类社会的前程和命运。随着中国和平崛起的步伐持续加快，中国的国际地位将进一步提升，中华民族为人类进步事业做出新的更大贡献的新时代已经到来！

沿着和平发展合作共赢的道路奋力前行①

习近平总书记在纪念中国共产党成立95周年大会上的讲话，是一篇闪耀着马克思主义思想光辉，同时也充满强烈的时代气息的纲领性文献。讲话全面回顾了中国共产党坚持不懈、带领全国人民英勇奋斗的光辉历史，同时纵览国际风云变幻和我国目前所面临的新形势，旗帜鲜明地号召全党全国人民面向未来、面对挑战，不改初心、继续前进。这是中国领导人顺应历史潮流、勇敢面对各种挑战，向全世界发出的中国共产党人既永不忘本，又与时俱进的时代最强音。

习总书记从八个方面阐述了中国共产党人应当坚持不忘初心、矢志不渝继续前进的战略思想，其中第七部分讲的是中国将"始终不渝地走和平发展道路，始终不渝地奉行互利共赢的开放战略"。这两个"始终不渝"，既是对中国共产党人以天下为己任伟大情怀的精辟概括，又是对新中国60多年外交理论与实践的科学总结，同时也是中华民族向国际社会做出的又一个庄严承诺。

坚定不移地走和平发展道路，坚持和平立国、和平兴国，这是中国共产党人的初心。新中国成立时，中国共产党人从当时的国际形势和新中国所处的特定环境出发，明确宣布在对外关系领域实行向以苏联为首的社会主义阵营"一边倒"的政策，但实际上，新中国观察国际问题、处理对外关系，一开始就坚持从中国人民的自身利益和世界各国人民的共同利益出发，一开始就毫不犹豫地站在了维护世界和平、争取共同安全、推动人类进步的时代最前列。因此，新中国成立伊始，就积极奉行独立自主的和平外交政策。在同社会主义阵营各国建立友好关系的同时，努力同周边地区

---

① 本文是作者就习近平总书记2016年"七·一"讲话精神在光明网做的一次访谈，原标题为《不忘初心是中国共产党人对世界做出的又一庄严承诺》。

社会制度不同的国家发展睦邻友好关系，并且很快就同欧洲一些发达资本主义国家建立了正常的国家关系。1954年，中国联合印度、缅甸两个友好邻国，共同提出了著名的和平共处五项原则，1955年又推动亚非国家共同提出万隆会议十原则，为当时的国际关系发展做出了重大贡献，至今仍是国际社会处理国与国关系的重要准则。

作为新中国领袖的毛泽东同志，自新中国成立时起，就积极倡导世界和平。他曾多次表示，中国愿意与包括美国在内的一切国家和平共处。他对邻国表示："我们愿意用和平的方法来解决存在的问题。"他还通过周边国家领导人向美国提议："如果美国愿意签订一个和平条约，多长的时期都可以，五十年不够就一百年。"他明确主张，新中国"要争取和平环境，时间要尽可能地长"，并且认为"这是有希望、有可能的"。

习近平总书记在讲话中总结了新中国"在和平共处五项原则基础上，同所有国家发展友好合作"的历史经验，进一步提出，"中国要坚定不移地实行对外开放的基本国策，坚持打开国门搞建设"。"打开国门搞建设"，意味着中国在建设自己伟大国家的历史进程中，要长期奉行与外部世界开展合作的方针，这也是中国共产党人的初心。

20世纪50年代，毛泽东同志曾明确表示，新中国应当与资本主义国家"互相帮助，互通有无，和平友好，文化交流"。他旗帜鲜明地提出了"向外国学习"的口号，主张"学习资本主义国家先进的科学技术和企业管理方法中合乎科学的方面"。"如果美国人愿意的话，我们也愿意向他们学习。"他曾特别强调，即使中国完成了几个五年计划，取得了很大建设成就，也还要向外国学习，"一万年都要学习"。

囿于当时的国内外条件，特别是极其复杂的国际形势，毛泽东同志"和平为上"的外交理念和"向一切国家学习"的开放思想，未能得到完全实现。

如今，国际形势已经发生了天翻地覆的变化，世界格局和力量对比早已今非昔比，中国同外部世界的关系继续发生着有利于中华民族全面复兴的变革。这正如习近平总书记所说:"人类社会比以往任何时候都更有条件共同朝着和平与发展的目标迈进。"正是基于这样的科学判断和深刻分析,习近平总书记振聋发聩地郑重宣布:"中国主张各国人民同心协力,变压力为动力,化危机为生机,以合作取代对抗,以共赢取代独占。"这几点主张,指明了推动当今时代发展进步的本质问题,符合历史前进的方向和潮流,也符合各国人民的普遍诉求,应当成为也必将成为国际社会变革世界秩序、推进全球治理的核心理念。

当然,世界上的事情是非常复杂的,是由多方面因素决定的。在风卷云舒、变幻莫测的国际大舞台上,许多事情的发生和发展常常不以人的意志为转移。在当前霸权主义、强权政治、冷战思维还严重存在的情况下,争取建立公正合理的国际秩序、推动全球治理良性发展的斗争依然漫长而尖锐。正因为如此,习近平总书记以不容置疑的坚定语气表示,世界需要什么样的秩序、全球治理体系如何构建,是世界各国人民的共同事业,不能由少数人说了算,不能由一个国家说了算。中国是当今世界最大的发展中国家,是对人类和平发展进步负有特殊责任和义务的国家。随着中国越来越接近于世界舞台的中心,国际社会对中国的期盼和要求越来越高。中国共产党人和中华民族有信心也有能力承担起这一崇高使命,在引领世界政治经济秩序全面变革、推动建立以互利共赢为核心的新型国际关系方面做出应有的努力和贡献。

历史赋予了中国共产党人和中华民族以"世界和平的建设者""全球发展的贡献者"和"国际秩序的维护者"的神圣使命。为了不辱使命,在当前乃至今后更加错综复杂的国际斗争中,一方面,我们要大力倡导人类命运共同体意识,持之以恒地推动建立各种形式的利益共同体、安全共同体和责任共同体,牢牢占据国际斗争中的道义高地;要继续高举和平发展合作共赢的旗帜,永远保持打开国门搞建设的开放态势,全力推进"一带一路"建设,在周边地区和更广泛的区域内打造共商共建共享的合作新格局。另一方面,我们还要理直气壮地坚守国际公理和正义,毫不含糊地坚持反对霸权主义、新干涉主义、新冒险主义和新保护主义，维护我国和广大发展中国家的正当权益。

不在主权和安全问题上屈服于外部压力，不在核心利益方面做出妥协和让步，不拿原则做交易，这便是中国共产党人的初心。我们过去没有、现在没有，将来也不会在涉及国家核心利益的问题上做出让步，不会为了实现某种均势、维持一隅之安或为一时之得，牺牲中国人民的长远利益和根本利益。中国人民根本利益与世界人民根本利益的一致性，永远是中国共产党人处理国际事务的基本出发点和落脚点。

中国共产党人和中华民族通过自己的全面复兴与和平崛起，为人类文明进程做出新贡献的历史新时代，已经开启！

当前国际关系新变化与中国外交新举措①

近些年来，国际形势复杂多变的特点分外突出。大国关系发生新情况，地缘政治出现新变数，世界经济面临新问题，人类和平与发展遭遇新挑战。中华民族全面复兴并走向世界舞台中心的伟大征程，也由此步入新阶段。值此世界格局全面改组、力量对比深刻变化、五洲四海风云激荡之际，我们对中国与外部世界的关系与走势，中国的国际利益与责任，理论上要有新的认识和理解，实践中要有新的举措和突破。

一、必须全面而准确地把握当前国际关系发展变化的特点和趋势

当前国际关系发展变化的最大特点是，一方面，中国综合国力增长迅猛，参与地区和国际事务的能力进一步增强，走向世界舞台中央的步伐不断加大，实现民族复兴与和平崛起的势头越发强劲；另一方面，包括周边某些国家在内，国际上仍有一些势力对中国的发展方向感到困惑，对中国在亚太地区和整个国际事务中的影响力不断上升感到疑虑和不安，甚至产生了某种病态的恐惧。中国特色社会主义建设和现代化发展的外部环境，复杂多变的总体特点更为突出。中国特色大国外交全面推进的过程中，面临许多不得不认真应对的重大挑战和压力，面临许多亟待解决的历史性难题。

首先，从国际秩序与战略格局的角度看，冷战后世界大发展大变革大调整正在向纵深推进。国际社会期待甚久的世界多极化，出现重大变数。其突出表现是，欧盟一体化进程因英国"脱欧"而严重受挫，外来难民冲击和内部政策失调引发的矛盾和问题堆积如山，联动发展的质量和水

---

① 本文根据作者 2018 年 11 月在对外经济贸易大学的一次演讲整理而成。

平明显下降。俄罗斯重新受到美国与西方的全面挤压，在复兴路上举步维艰。特朗普就任美国总统后，高举"美国第一""美国至上"的旗帜，猛烈冲击现存的国际治理体系，恣意践踏现有的国际关系准则，公然以"退群""毁约""施压""骂阵"等严重背离外交惯例与国际常理的野蛮方式，向整个世界发起挑战。在这种情况下，以联合国为主体的国际组织和机构的地位与作用，以WTO为代表的国际经济与仲裁机制的职能和影响，受到前所未有的削弱和打击。正是在这种情况下，国际上有人开始用"无序世界"来概括和形容当前的国际形势，用"无极世界"来描绘人类社会的未来前景。

其次，从我国与外部世界的关系来看，情况也变得更加复杂和迷离。一方面"中国需要世界"和"世界需要中国"已经成为国际社会普遍共识，"中国走向世界"与"世界走向中国"的良性互动持续加强，"中国深刻改变自己"的同时，进一步"深刻地影响世界"，中国继续大踏步地走向世界舞台中心；另一方面，由于特朗普政府向中国发起大规模贸易战，并且在台湾、南海等事关中国核心和重大利益问题上冲击中国底线，中美关系面临两国建交以来未曾有过的严峻局面。中方推动构建均衡稳定协调发展的新型大国关系的努力，遇到始料未及的挑战和压力。

十九大后召开的外事工作会议，全面审视了对外工作新形势新任务，对中国特色大国外交进行总体规划，对外交工作的资源配置和着力方向进行重新部署，充分显示了以习近平同志为核心的党中央对外事工作的高度重视，因而引起了国内外的广泛关注。

二、必须准确认识和把握中国与外部世界的关系走势与历史使命

中国是当今世界最大的发展中国家，是坚守社会主义发展道路的世界第二大经济体。中国共产党作为当今世界组织规模最大、执政时间很长并且拥有丰富经验的执政党，素以天下为己任。也就是说，中国共产党既为本国人民谋幸福，为中华民族谋复兴，同时也为整个世界谋和平，为全体

人类谋发展。这一博大胸怀和战略眼光，决定了中国共产党和政府总是综合考虑自身发展与世界各国的共同发展，总是注意兼顾本国自身利益与世界各国的共同利益，总是认真统筹国际社会的局部利益与整体利益，全面协调人类社会的当前利益与长远利益。就此，习近平总书记在党的十九大上庄严宣告："中国共产党是为人民谋幸福的政党，也是为人类进步事业而奋斗的政党。中国共产党始终把为人类做出新的更大贡献作为自己的使命。"

在首届中国共产党与世界政党高层对话会上，习近平总书记再一次阐述了中国共产党既为中国民族谋复兴，又为人类做贡献的崇高意愿和坚定决心。他在以《携手建设更加美好的世界》为题发表的主旨讲话中明确指出："世界各国人民应该秉持'天下一家'理念，张开怀抱，彼此理解，求同存异，共同为构建人类命运共同体而努力。"中国共产党人的终极目标，就是要与国际社会共同努力，"把世界各国人民对美好生活的向往变成现实"。具体而言，就是要通过我们与国际社会的全面合作，建设一个"远离恐惧、普遍安全""远离贫困、共同繁荣""远离封闭、开放包容"，同时又"山清水秀、清洁美丽"的世界。

正是基于这样的崇高理想和神圣目标，习近平总书记要求我们，坚持以新时代中国特色社会主义外交思想为指导，努力开创中国特色大国外交新局面。近年来，纵观中国特色大国外交的理论与实践，无论国际形势如何风云变幻，人类社会面临多少共同挑战，中国共产党初心不改，中华民族一如既往，不断推动人类和平发展合作共赢，已与中华民族争取实现全面复兴的伟大事业紧紧联系在一起。换句话说，不管国际形势多么复杂，不管对外工作多么艰巨，中国共产党人和中华民族推动构建人类命运共同体的意志将历久弥坚，行动将愈加有力，成就将倍加突出！

三、必须努力争取和推动中美关系回到既竞争又合作的健康轨道

中美关系是当今世界最重要的双边关系。中国一直积极主张在中美之

间建立正常的国家关系。1972年毛泽东邀请尼克松总统访华，打开双方尘封了20多年的大门，此举不仅对中美两国，同时也对世界格局产生了重大影响。1979年中美建交，邓小平对中美关系的战略思考以及他处理中美的外交技巧，具有不可低估的借鉴意义。40多年来，中美关系跌宕起伏，持续向前，这是我们积极争取和不懈努力的结果，也是双方既斗争又合作的结果。当前，中美关系的变化不仅让我们深感忧虑，同时也引起了国际社会的密切关注。对此，我们必须辩证地看，从两方面去看。

一方面，中美建交40多年来，两国在政治经济文化科技乃至安全事务中的交流对话与协调合作一直在向前发展，形成了发展利益深度交融、安全利益广泛交织的特殊格局，这是当年苏美关系所不能比拟的。因此，2014年9月习近平主席访问美国时明确表示，共同努力构建中美新型大国关系，"这是双方在总结历史经验基础上，从两国国情和世界大势出发，共同作出的重大战略抉择"。"中美两国携手合作，可以产生一加一大于二的力量。新形势下发展中美关系，应该随时而动、顺势而为。"他访问美国，"是为和平而来，为合作而来"。为了推动中美关系得到更大发展，当时他提出了中美之间"要坚持构建新型大国关系正确方向"等五项具体建议和主张。中国推动构建中美新型大国关系的意愿是真诚的，努力是不懈的，贡献也是巨大的。

但另一方面，中美两国历史文化底蕴完全不同，社会制度和价值观体系截然有别。尽管多年来中方积极致力于构建建设性的中美关系，但美方处理对华关系始终抱有冷战思维，一直试图西化分化弱化中国。中美建交后，美国立即通过《与台湾关系法》，并且不顾中方强烈反对，多次对台出售高精尖武器，目的就是要利用台湾问题牵制中国。1989年东欧剧变时，美国利用中国自身发展中出现的困难，联合西方国家共同实行对华制裁，将我国置于"黑云压城城欲摧"的外交困境。后来，我们打破了美国带头制造的对华制裁，促使中美关系回到正常发展轨道，但1999年美国飞机轰炸南联盟时，炸了中国驻南联盟大使馆，造成重大人员伤亡。2001年美国飞机在我国南海上空搞抵近侦察，又撞上我国空军战机，导致机毁人亡。奥巴马执政期间，美国实行所谓亚太再平衡战略，遏制中国和平崛起的用意昭然若揭。

近年来，中国综合国力大幅度提升，在世界上的地位和作用全面加强，中国特色大国外交凯歌先行。美国则因内部问题成堆，政治和社会矛盾加剧，国际影响力持续下滑，战略焦虑日甚一日。唯恐全面崛起的中国成为"世界领袖"，美国某些势力将中国确定为主要"竞争对手"，竭其所能对中国进行遏制和打压。目前特朗普政府的对华政策，归根结底是由美国国家利益决定的，是由中美关系当前态势和未来走向所引发的。我们要稳住阵脚，冷静观察，从容应对，要因势利导，掌控全局，把握主动。尽管我们还是个发展中大国，但中国特色大国外交在战略和策略上已相当成熟。我们有足够的资源和手段与美国进行外交周旋。我们的外交智慧和斗争经验，我们的战略定力和政治谋略，使我们有能力战胜来自美方的压力和挑战。对于美方发动的贸易战，我们既要积极应对，又要有长远打算，既要保证总体上打赢，又要防止其蔓延扩大，殃及中美关系全局。

中国将坚定不移地维护自身的合法权益和正当诉求，毫不妥协地维护和捍卫国际关系准则。实行原则坚定性与策略灵活性有机结合，坚持以对话协商方式解决矛盾和分歧，推动中美关系朝着既竞争又合作的新型大国关系方向演进，符合中国实现全面复兴与和平崛起的战略目标，也符合维护世界和平促进共同发展的时代潮流。

四、必须努力推动中国与欧盟的"四大伙伴关系"稳定发展

冷战结束后，国际战略格局和力量对比关系发生深刻变化。欧盟即欧洲联盟的作用和影响不可低估。欧盟是由 27 个主权国家共同组成的超国家结构。它拥有共同的立法机关、共同的执行机构、共同的法院和统一的中央银行，拥有共同的对外政策和安全理念，部分国家甚至使用统一的货币，建立起统一的签证制度，但欧盟扩张过快引发许多问题。

近年来，其内部反一体化与反全球化倾向相互交织，极端民族主义和排外风潮风起云涌，低俗的民粹主义与粗放的平民政治相互助力，甚至还出现了英国决定脱欧这种原来无法想象的事情。但整体上看，欧盟仍然是当今世界很有影响的一支力量，仍然是具有很大潜力的重要市场，并且代表着不同于东方世界的文明形态。基于这样的认识和判断，中国仍把欧盟视为推动世界多极化的重要力量，仍然尽最大努力巩固、发展和扩大与欧盟的互利合作。

2014年春，习近平主席出访欧洲多国，同时访问欧盟总部，足见中国领导人高度重视新形势下的中欧关系。在这次访问中，习近平提议，中欧之间要建立和平、增长、改革、文明四大伙伴关系，得到欧盟方面积极响应。后来他又多次强调，双方要从战略高度看待中欧关系，将中欧两大力量、两大市场、两大文明结合起来，共同为中欧合作注入新动力，为世界发展繁荣做出更大贡献。截至2018年，中欧之间已建立起60多个政府及部门间的交流对话平台。双方贸易额2017年达6444.6亿美元，比2016年增长了13.7%。

当然，这不是说中欧关系没有问题。欧盟至今不承认中国的市场经济地位，并且在高技术领域坚持对华封锁，影响了双方互利合作的正常开展。在意识形态和国际安全领域，双方也有一些不同的认识和主张。尽管如此，中国仍把支持欧洲一体化进程，支持欧盟在国际事务中发挥应有作用，全面加强中欧战略合作伙伴关系，作为对外关系的优先方向。2018年7月欧盟领导人来访时，习近平再次郑重表示，中国和欧盟都处在世界最大经济体、贸易体之列，也都是多边贸易体制受益者、维护者。双方应当顺应世界多极化、经济全球化的时代潮流，加强战略沟通和协作，携手维护多边主义、基于规则的自由贸易体系，共同维护开放型世界经济，促进贸易和投资自由化便利化、完善全球治理、推进人类和平与发展事业。

五、必须从睦邻友好与大国协作的双重角度出发深化中俄关系

俄罗斯是当今世界版图最大、资源最丰富、军事和科技实力可观、发展潜能不可低估的一个国家。20世纪90年代初苏联解体时，俄罗斯独立建国，困境重重，美国等西方国家将俄罗斯视为破产国家，在地区和国际事务中全力打压。进入21世纪，俄罗斯综合国力恢复步伐加大，参与地区和国际事务的态势愈益强劲。美国与欧盟对普京政权的警觉也日甚一日，双方在安全与发展利益等方面的矛盾逐渐激化。2014年乌克兰危机爆发，普京政权趁机"收回"历史上属于俄罗斯、后来划归乌克兰的克里米亚半岛，双方的历史积怨与现实冲突相互交织并激烈爆发。俄罗斯受到西方国家制裁，并且被开除出八国集团。特朗普上台后，美俄关系一度出现微妙变数，美国与俄罗斯的矛盾复杂而又深刻，2018年7月美俄两国总统举行的"双普"会无果而终。

中国积极主张推进大国协调与合作，主张构建总体稳定、均衡发展的大国关系框架，自然要重视与俄罗斯的关系。更何况，俄罗斯是我们的最大邻国，双方有着4000多公里的共同边界，双方的交往与联系源远流长又错综复杂。冷战结束以来，中俄两国成功地解决了历史遗留的边界问题，缔结了睦邻友好条约。双方建立的战略协作伙伴关系与时俱进，升级为全面战略协作伙伴关系，经受住了国际风云变幻的考验。譬如，2014年美欧宣布对俄制裁，将俄罗斯开除出八国集团，集体抵制俄罗斯主办的索契冬奥会。习近平主席打破了中国领导人不参加国外体育赛事的惯例，专程出席了这次冬奥会的开幕式，为俄罗斯提供了宝贵的政治支持。2015年是世界反法西斯战争胜利70周年，两国领导人不但参与了对方举办的所有重大纪念活动，同时还互派军人参加胜利日阅兵仪式，向国际社会展示了中俄关系的成熟性、稳定性与可靠性。

近年，双方在能源资源、航空航天、国防技术、基础设施建设、相互投资等领域互利合作的步伐明显加大。在地区和国际事务中，共同反对冷

战思维，共同抵御新霸权主义，共同推动世界多极化进程的协调力度在进一步增强。普京总统曾经说过："俄罗斯需要一个繁荣稳定的中国，中国也需要一个强大成功的俄罗斯。"习近平主席也曾明确表示，他相信中俄关系能如大船远航，彼此扶持，乘风破浪。他同普京建立了密切的工作关系和良好的个人友谊，保持年均5次会晤的频率，共同引领和规划两国关系发展。2018年6月普京访华时，习近平再次强调，中俄全面战略协作伙伴关系成熟、稳定、牢固，为推动建设新型国际关系、构建人类命运共同体发挥了中流砥柱作用。中方愿同俄方一道努力，久久为功，巩固高水平互信，拓展各领域合作，深化人文交流互鉴，密切国际协调配合，把中俄世代友好理念一代代传承下去。正是出于此种考虑，2018年9月，中国派出3200名军人、900多台武器装备、30多架军用飞机，参加了40年来俄罗斯境内最大规模的军演。在美国决定实施"印太战略"，公开宣称在中俄两国为其战略对手的大背景下，中俄双方不断扩大和深化全面战略协作伙伴关系，意义不言而喻。

六、必须在争取良好的国际大环境的同时营造睦邻友好的周边小环境

中国是当今世界周边环境最为复杂的一个大国。营造并维护睦邻友好、长期稳定的周边小环境，在中国特色大国外交总体布局中占有非常重要的位置。前几年，我国周边地区呈现出西—北总体稳定、东—南相对紧张的复杂态势。所谓西—北总体稳定，是说中国与中亚各国、中国与俄罗斯、蒙古国分别建立了具有不同形式、不同内涵的合作伙伴关系，在中国周边的西部与北部成功地打造出合作发展局面和安全对话格局。对中国而言，周边地区这两大板块实现总体安宁与持续稳定极为重要，也难能可贵。这是中国与相关国家共同努力、相向而行的结果。

所谓东—南相对紧张，涉及许多问题，需要具体分析。其一，在东北亚地区，朝鲜半岛北南双方的关系得不到改善，双方的敌意和对抗有增无已。朝核危机近乎无解，曾经发展到可能引发军事冲突的地步；韩国允许

美国在其境内部署"萨德"反导系统以求自保,导致中韩关系一度恶化。其二,日方在历史问题上立场倒退,在钓鱼岛归属等领土问题上无理取闹,在地区和国际事务中追随美国,向中国发难,与韩国为难。中日关系与日韩关系同时紧张。其三,南海地区的岛礁主权和海洋权益之争严重激化,菲律宾、越南等国恣意妄为,美国等域外势力浑水摸鱼,南海危机发展到大规模军事冲突的临界点。其四,南亚地区安全形势险象环生,以阿富汗和巴基斯坦为据点的国际恐怖势力异常活跃,对我国的安全与稳定构成现实威胁。中印两国历史遗留的边界问题不时升温,2017年形成两国军人对峙70余天的边境危机。

综合各方面情况,我们说中国周边环境最为复杂并非夸大其词。同时也要看到,中国周边环境又是充满变数的。经过中方与各方共同努力,南海局势的危险性已经大大缓解,相关国家发生军事冲突的可能性基本排除。中印关系自2017年边境地区军人对峙破解后,已经得到明显改善。印度与巴基斯坦两大宿敌,同时加入了上海合作组织。中国与印度还加强了在"金砖五国"框架内的合作。2018年4月印度总理莫迪访华,中印双方从古代文化交流与学术来往,讲到文明互通与互鉴,再到相互尊重的基础上多领域合作,中印关系出现"柳暗花明又一村"的新境界。虽然印方对中国的"一带一路"倡议仍有疑虑,但两国经贸关系发展并未受到很大影响。相反,从统计数据看,目前印度已成为中国在南亚地区最大的工程承包市场,中国对印度投资增长很快,2017年两国贸易额达800多亿美元,已接近中俄贸易额的同年水平。

在东北亚地区,因"萨德"问题受到损害的中韩关系,在习近平主席直接推动下有了很大改善。与此同时,中方以《中日和平友好条约》签订40周年为契机,全力调整对日关系,不但实现了中国总理时隔多年重新访日,重新启动了中日韩领导人会议机制,并且实现日本首相时隔8年再次访华。中日领导人北京会谈成功举行,对两国关系持续发展和东北亚局势总体改善,影响巨大。在推动半岛无核化问题上,中方坚持既有的原则立场，同时加强在联合国框架内与国际社会的合作，促使朝鲜做出放弃核武开发、终止导弹试射的重大决策。在半岛北南双方关系明显改善，朝美对话取得重大进展的同时，朝鲜领导人三次访华，中朝两国恢复了高峰会晤，同时开始了新形势下的全方位合作。总体上说，整个东北亚形势的改变趋势良好，各方关系走向至少目前看较为积极。

总之，中国周边环境的未来走势较为乐观。尽管美国气势汹汹地提出了所谓的印太战略，不断在南海地区滋事生非，甚至不惜在台湾问题上挑战中国核心利益底线，个别域外国家不时搞一些追随美国的小动作，但中国引导和塑造周边环境的能力不可低估。中国周边形势总体可控的特点也不会改变。

七、必须在推动建立新型国际关系的过程中，利用好多边机制

中国历来高度重视以联合国为代表的政府间国际组织和 G20、APEC 等其他各种多边对话与合作机制的地位、作用和影响。改革开放以来，中国不但一直积极参与多边组织活动，努力维护现有多边体制，同时还结合时代诉求和中国自身需要，不断探索和构建新型多边机制，为地区稳定与发展，为世界和平与进步开辟新路径。上海合作组织和金砖五国合作机制，就是中国在后冷战时代为适应区域一体化新要求、经济全球化新潮流与相关国家一起创立的新型多边对话机制。

上海合作组织和金砖合作机制，目前已经发展成为充满开放包容精神，对地区和国际事务影响越来越大的多边对话与合作平台。2018 年 6 月，中国作为轮值主席国，成功地主办了上合组织成员国元首理事会议第十八次会议，即上合组织青岛峰会。这是上合组织扩员后，即吸收印巴两国为正式成员后举行的首次峰会。在会上，习近平又一次明确表示，中方一贯将推动上海合作组织发展作为外交优先方向之一。他建议上合组织未来：一要不忘初心，坚定弘扬上海精神；二要发挥优势，充分释放扩员潜力；三要开拓进取，锐意推进全面合作。会议形成共促团结的新共识、制定共同

安全的新举措、注入共谋发展的新动力、绘制共建家园的新蓝图，将为构建地区命运共同体，进而推动构建人类命运共同体，提供不可多得的示范效应。

中国积极参与和大力推动的金砖五国合作机制，不仅是提升南南合作水平，即发展中国家相互之间平等合作，推动建立新型国际关系的杰出样板，同时也是带动世界各国联动发展、合作发展、融合发展，进而推动不同文明互通互鉴的成功范例。作为中国特色大国外交总体布局的一个重要方面，加强金砖国家的相互合作，扩大金砖国家与广大发展中国家的合作，通过金砖合作改善全球治理，提高新兴经济体在世界经济和全球治理中的作用，意义日益彰显。2018年7月金砖国家领导人第十次会晤在南非举行，习近平提议中国等新兴市场国家以"金砖+"合作为契机，建设开放包容、合作共赢的伙伴关系；共同挖掘发展新动能，通过建立金砖国家新工业革命伙伴关系，抢占面向发展制高点，把互补优势和协同效应充分释放出来；共同营造有利外部环境，维护多边贸易体制，建设开放型世界经济，继续推动全球治理改革；共同构建新型国际关系，推动国际秩序朝着更加公正合理的方向发展。

这里需要提及的是，中国推动建立的新型多边外交平台并不仅仅限于上合组织和金砖合作，还有诸如中阿合作论坛、中国与东盟（16+1）、东盟与中日韩（10+3）、中国—拉共体论坛等。其中规模最大的是中非合作论坛。非洲大陆是发展中国家最集中的地区，中国历来十分重视与非洲的友好交往与合作。中国与广大非洲国家的传统友谊，始终是中国的重要外交资源。21世纪初中国与非盟共同创立的这一重要合作机制，无论从双边意义还是从多边角度看，都是中国特色大国外交的一个创举，也是中非双方对国际社会的共同贡献。2018年9月，中国作为东道主成功举办了中非合作论坛北京峰会。此次会议不仅谱写了中非友好合作新篇章，同时也开辟出了南南合作新路径。会议为更好地推进北南合作，即发达国家与发展中国家的合作，提供了更多更宝贵的新鲜经验。

八、必须把"一带一路"建设作为走向人类命运共同体的重要路径

"一带一路"倡议是习近平主席提出的,但"一带一路"建设所带来的发展机遇与成果,包括合作理念、合作经验与合作范式属于整个世界。近年来,世界经贸关系中的孤立主义、保护主义强势抬头。"一带一路"倡议秉持共商共建共赢理念,引导世界各国走联动发展、融合发展之路,不仅会推动经济全球化健康发展,同时对完善全球治理,建设公正合理的国际新秩序也有重大意义。几年来,由于中方和参与"一带一路"建设的世界各国共同努力,这项史无前例的伟大事业取得了超出人们想象的巨大成果。

正因为如此,习近平总书记精辟地指出,共建"一带一路"顺应了全球治理体系变革的内在要求,彰显了同舟共济、权责共担的命运共同体意识,为完善全球治理体系变革提供了新思路新方案。今后,我相信,我国一定会继续坚持对话协商、共建共享、合作共赢、交流互鉴,同沿线国家谋求合作的最大公约数,推动各国加强政治互信、经济互融、人文互通,使"一带一路"建设更好地造福于沿线国家,更好地服务于推动构建人类命运共同体的伟大理想和神圣事业。

当然,面对世界大发展大调整大变革的新局面,面对百年未有之大变局,中国特色大国外交新举措绝非仅限于"一带一路"倡议下的国际合作。2018年是中国改革开放40年,国内国际对中国未来如何发展,中国与外部世界的互动关系如何演进,众说纷纭,莫衷一是。对此,习近平多次表示,开放带来进步,封闭导致落后。打开国门搞建设是中国的基本国策。在2018年4月召开的亚洲博鳌论坛2018年年会上,习近平宣布,中国将以进一步扩大开放应对不断变化的外部世界。具体措施包括:营造更加良好的吸引外资的环境;大幅度降低外资准入门槛;加强知识产权保护的力度;主动扩大进口。2018年11月5日,第一届中国国际进口博览会在上海隆重开幕,共有82个国家、3个国际组织设立了71个展台,130多个国家的3000多家企业签约参展,约150个国家和地区的政要、工商界人

士和国际负责人应邀出席开幕式。习近平在开幕式上发表的讲话以《共建创新包容的开放型世界经济》为标题,再次显示了中国坚持扩大对外开放、坚持与世界同在、坚持与时代同行的意志和决心。

今后,无论国际风云如何变幻莫测,无论前进之路多么艰辛曲折,中国特色大国外交都将一往无前,中国外交新理念新成果将持续展现。中华民族实现伟大复兴并走向世界舞台中心的意志不会动摇,为人类和平发展与共同进步做出新的更大贡献的初心不会改变!

以全面扩大对外开放应对世界格局深刻变革①

2018年是第一次世界大战结束100周年,也是中国改革开放40周年。"一战"结束一百年来,人类社会发生了翻天覆地、沧海桑田般的巨大变化,世界格局、力量对比以及国与国的关系早已今非昔比。中华民族作为国际大家庭的重要组成部分,早已完全摆脱"东亚病夫"积贫积弱的屈辱地位,彻底终结半封建半殖民地同时又四分五裂的历史旧貌,通过社会主义建设和改革开放的现代化建设,不但独立自主地屹立于世界民族之林,并且还昂首阔步地走向世界舞台中心!

如今,中国需要世界和世界需要中国已经成为中华民族与国际社会的高度共识;中国走向世界与世界走向中国的良性互动正在成为国际关系发展变化的重要动因;中国在深刻改变自己的同时也在深刻影响世界,中国对世界的依靠与世界对中国的依靠不可阻遏地同步增强。当今时代的这一新景观,已经成为世界格局深刻调整、国际关系全面重组的主要引擎。在这种形势下,中国思考改革开放40年发展历程与前景,自然而然地要放眼"一战"结束百年来波澜壮阔的世界历史;国际社会总结"一战"后人类文明相互激荡又休戚与共的复杂关系,不可避免地要将目光聚焦到迅速崛起的中国。

目前我们所生活的世界仍处于冷战结束后大发展大变革大调整的历史过渡期。国际力量对比关系和世界战略格局重组引发的各种矛盾和冲突,相互交织,此起彼伏。破坏国际关系准则并冲击现存国际秩序、威胁人类和平发展的消极因素不断增多,各种危机的发生和发展,常常令人目不暇接。世界发展进程中的不稳定性、不确定性和不可预测性,比以往任何时候都更加突出。国际秩序呈现出冷战结束以来最严重的混乱

---

① 本文是作者2018年11月16日在清华大学第二届"一带一路"合作论坛上的主旨发言。

状态，国际社会也因此陷入了前所未有的迷茫和困惑之中。

正在为实现民族复兴伟大目标而奋斗，为和平崛起并走向世界舞台中心而努力的中国，在剧烈而长久的综合国力竞争以及变幻莫测的地缘战略博弈中，不得不应对许许多多新的问题和挑战，不得不承受越来越大的外部压力和考验。随着特朗普入主白宫，美国政府肆无忌惮地破坏国际关系准则，带头冲击现存国际秩序，向中国和整个世界发起贸易战，使人类社会谋求和平与发展的共同事业，特别是中国和平崛起的外部环境，以及中国所推动的合作共赢的崇高事业，变得风谲云诡，险象环生。新时代中国特色社会主义未来如何发展，中国与外部世界的关系采取何种模式，国外的政界要人、工商大咖、媒体大佬和专家学者众议纷繁。

习近平作为新时代中国特色社会主义的领路人，作为中国新一轮改革开放的设计者和领导人，洞悉国际关系新动向，把脉世界变化新潮流，大力主张构建人类命运共同体，实现世界各国的合作共赢与人类文明的互通互鉴，旗帜鲜明地表达了中华民族打开国门搞建设，改革开放不动摇的坚定意志和决心。他所提出的共建"一带一路"倡议，以及就此阐述的一系列政策主张，非常明晰地向国际社会传达了打开国门搞建设的重要信号。此后，大批中国企业带着资金、技术、装备、标准，连同有别于西方国家的管理模式走了出去，在周边地区和世界各地轰轰烈烈地开展"一带一路"建设，开辟出中国与世界联动发展、融合发展的崭新局面。越来越多的国家和国际组织与中国签署有关"一带一路"的合作文件，中国与时代同行、世界与中国同在的人类历史新阶段已经到来！

习近平非常重视多边外交与多边合作。他一方面大力倡导多边主义，积极主张推动建立开放型的世界经济；另一方面充分利用多边场合，坚持不懈地宣传和推介中国的对外开放战略。2016年年底，他在亚太经合组织领导人非正式会议上提出，要让经济全球化进程更有活力、更加包容、更可持续；要主动作为、适度管理，让经济全球化的正面效应更多释放出来，实现经济全球化进程再平衡；要顺应大势、结合国情，正确选择融入经济全球化的路径和节奏；要讲求效率、注重公平，让不同国家、不同阶层、不同人群共享经济全球化的好处。

在回顾和总结中国改革开放发展历程时，习近平非常精辟地把中国现代化道路归结为"在开放中谋求共同发展的道路"。针对国际上关于中国是否会坚持对外开放的各种议论和揣测，他多次申明：中国将"坚持对外开放基本国策，奉行互利共赢的开放战略，不断提升发展的内外联动性，在实现自身发展的同时更多惠及其他国家和人民"。

2017年1月，在单边主义、孤立主义、保守主义与民粹主义相互推涌，发达国家的反全球化思潮逆势来袭之际，习近平主席出席达沃斯世界经济论坛，同时访问了瑞士和联合国日内瓦总部，向国际社会发表了多篇重要讲话。他特别强调："历史地看，经济全球化是社会生产力发展的客观要求和科技进步的必然结果""经济全球化为世界经济增长提供了强劲动力，促进了商品和资本流动、科技和文明进步、各国人民交往。"他强调："开放带来进步，封闭必然落后"，强调推进互联互通、加快融合发展才是促进共同繁荣发展的必然选择，表明了中国将继续参与和支持经济全球化的原则立场，也阐明了中国与世界未来关系的基本走向，进一步提振了国际社会与中国加强合作的意愿和信心。

正是基于对人类社会发展规律以及当今世界经济发展进程的新认识、新思考和新判断，习近平主张世界上最大的两个经济体，即中美两国建立不冲突不对抗、相互尊重合作共赢的新型大国关系，主张在所有大国之间构建均衡稳定、协调发展的新型关系框架，主张国与国之间走结伴而不结盟的相互交往之路。至于中国与外部世界的关系，他多次申明，中国将采取一系列新行动，进一步扩大对外开放，其中包括积极营造宽松有序的投资环境，放宽外商投资准入，建设高标准自由贸易试验区，加强知识产权保护，促进公平竞争，让中国市场更加透明、更加规范。中国将大力建设共同发展的对外开放格局，推进亚太自由贸易区建设和区域全面经济伙伴关系协定谈判，构建面向全球的自由贸易区网络。

未来5年，中国将进口8万亿美元的商品，吸收6000亿美元的外来投资，对外投资总额将达到7500亿美元，出境旅游将达到7亿人次。实现这样的目标，"这将为世界各国提供更广阔市场、更充足资本、更丰富产品、更宝贵合作契机""中国的大门对世界始终是打开的"。习近平主席在博鳌亚洲论坛2018年年会开幕式上发表讲话，对中国新一轮改革开放的指导思想与总体布局做了进一步阐述。首届中国进口商品博览会令人信服地展示了中国坚持并全面扩大对外开放的真实意愿和建设性举措。习近平主席在开幕式上发表的讲话，既是中国面对大发展大变革大调整的时代大潮，以更加开放的姿态推进民族复兴的动员令，也是中国应对美国发动的全球贸易战，应对世界百年未有之变局，坚持与时代同步与世界同行的宣言书。

我国新一轮的对外开放，将是更高水平和更高质量的对外开放。首先，新时代的对外开放将与国内改革更紧密地融为一体。以不断深化的国内改革推动和促进对外开放，通过不断扩大对外开放引导和牵动国内机制体制改革与创新，形成改革与开放彼此促进、相得益彰的新格局。新时代的对外开放，还将是中国走向世界与世界走向中国良性互动、协调并进、高度统一的过程。这样的对外开放，不仅要进一步打开国门，大量引进外部投资、技术装备、优质商品、管理经验和优秀人才，积极主动地兼收并蓄人类社会创造的一切优秀的物质和精神文明成果，同时也要更广泛更深入更有力地参与全球经济治理，参与国际政治与经济秩序重建，参与国际关系与规则调整，参与有关地区稳定与世界和平的安全对话。也就是说，中国要通过全面扩大对外开放，把中华民族和平崛起与人类社会应对共同性挑战合而为一，即在人类社会进步发展的新阶段，发挥一个发展中社会主义大国的独特作用和影响，贡献中华民族特有的智慧和力量。

如果说前40年中国的对外开放，主要是与我们自身发展的迫切需要联系在一起的话，新一轮对外开放必将与推动经济全球化健康发展、推动构建新型国际关系体系、打造人类命运共同体的世界总进程紧密相关。中国作为世界和平建设者、全球发展贡献者、国际秩序维护者的历史使命，将会进一步彰显和强化。

观察国际关系要秉持理性思维和科学态度

2018年6月，我们党召开了十九大后的第一次中央外事工作会议。以习近平同志为核心的党中央在新形势下，对中国特色大国外交进行了顶层设计和战略谋划，并就现阶段我国对外工作的指导思想、重要任务、政策目标做了统筹安排和部署。在全面总结近年来我国对外工作理论创新和实践成果的基础上，习近平总书记提出了把握国际形势和对外关系要树立正确历史观大局观角色观这一新的时代命题，为我们不断丰富中国特色国际关系理论，进一步提升对外工作理论创新能力和实践运作水平，提供了强有力的思想指南。

第一，唯有树立并秉承正确历史观才能准确把握人类社会基本规律和当今时代发展潮流。

2018年是伟大思想家马克思诞生200周年，是世界社会主义纲领性文献《共产党宣言》诞生170周年，同时又是欧洲1848年资产阶级革命爆发170周年和第一次世界大战宣告结束100周年。回眸人类社会这段波澜壮阔的历史，人们因政治立场不同，认识水平不同，看法和结论不但迥然不同，有时还截然相反甚至根本对立。我们研究和思考这些问题，必须坚持唯物史观，秉承辩证立场和方法，客观而理性地缕析每个历史进程的发展脉络，准确把握社会演进的基本规律和根本趋势。只有这样，我们才能在光怪陆离的史学乱象中拨乱反正，去伪存真；才能在变幻莫测的时代转换中剥丝抽茧，正本清源；才能在遍布疑团的历史迷思中厘清各种重大事件的历史经纬与是非曲直；才能在国际政治云卷云舒和社会变革潮落潮起中认准和平发展这一科学判断；才能在此呼彼应的地缘政治冲突和犬牙交错的发展利益博弈中，坚守和平发展合作共赢这一对外关系的核心理念。

在秉承理性思维，以科学态度分析和思考人类社会发展进程和不同文明相互关系方面,习近平总书记为我们提供了典范和榜样。他指出,人类社会发展无论遇到什么样的曲折,"总是按照自己的规律向前发展,没有任何力量能够阻挡历史前进的车轮""人类经历了血腥的热战、冰冷的冷战,也取得了惊人的发展、巨大的进步""全人类的共同愿望,就是和平与发展"。正是基于这样的科学认识和判断,他指出,建立公正合理的国际秩序是人类孜孜以求的目标。"从360多年前《威斯特伐利亚和约》确立的平等和主权原则,到150多年前《日内瓦公约》确立的国际人道主义精神;从70多年前《联合国宪章》明确的四大宗旨和七项原则,到60多年前万隆会议倡导的和平共处五项原则,国际关系演变积累了一系列公认的原则。"他明确指出:"这些原则应该成为构建人类命运共同体的基本遵循。"

在当今时代和当前形势下,坚持以理性思维和科学态度为基础的正确历史观,就是要坚持历史不会倒退、历史不可逆转的乐观主义立场,始终坚持超越社会制度差异,超越意识形态纷争,超越地缘政治博弈,超越发展水平鸿沟,大力倡导发展共同体、利益共同体、安全共同体、责任共同体,推动世界各国相向而行,和衷共济,共同打造命运共同体。

第二,唯有树立并秉承正确大局观,才能准确判断世界舞台力量对比与国际关系变革趋向。

冷战结束以来,世界安全形势与地缘战略格局发生了人们始料未及的重大变化。随着美苏全球争霸的两极格局完全终结,世界旧格局旧秩序掩盖下的各种矛盾集中爆发,力量对比严重失衡引发的新问题新矛盾层出不穷。以大欺小、以强凌弱、以富暴贫、以众制寡等新霸权主义强势抬头。因领土纠纷、资源归属、民族矛盾、种族隔阂、宗教对立以及社会不公等问题引发的冲突此起彼伏。

近些年来,世界多极化、经济全球化、社会信息化、文化多元化、模式多样化势如潮涌,各国人民渴望和平发展、合作共赢的意愿,比以往任何时代都更加强烈;各国的经贸联系与多领域合作,比以往任何时候都更加活跃。与此同时,人类社会面临的共同挑战,诸如恐怖袭击、环境恶化、难民冲击、网络黑客、疾病流行等非传统安全问题，也比任何时候都更加突出。民族主义与民粹主义相互推涌，在许多国家形成风潮。以世界领袖自居的美国恣意挑战现存国际秩序和国际关系，将美式霸权主义推进到更加野蛮的发展阶段。国际社会陷入前所未有的迷茫状态。

在这种极为复杂的国际形势下，我们积极参与经济全球化和全球治理，就要始终坚持世界整体性、文明互通性、发展联动性、命运共同性的大局观，坚持反对非黑即白的传统政治理念，反对赢者通吃的旧冷战思维。不仅要看到当前国际关系深刻变化的现象和细节，更要看到引发这些变化的根源和本质，看到由此产生的全局影响和长远趋向，要向习近平总书记所说的那样："抓住主要矛盾和矛盾的主要方面，避免在林林总总、纷纭多变的国际乱象中迷失方向，舍本逐末。"秉持这种正确大局观，我们就会发现并且始终坚信，和平发展合作共赢依然是当今时代潮流；任何国家或国家集团都无法单独主宰世界事务；国际力量对比继续朝着有利于世界和平与发展的方向发展。与此同时，我们也要更加清楚地认识到，人类社会将始终面临诸多难题和挑战，维护世界和平促进共同发展始终任重而道远。

在一个既充满希望也充满挑战的世界，始终坚守这样的国际大局观，我们就不会因现实复杂而放弃梦想，也不会因理想遥远而放弃追求。始终坚守这样的国际大局观，我们就会坚持以文明交流超越文明隔阂、文明互鉴超越文明冲突、文明共存超越文明优越的正确理念，坚定不移地将自身发展与人类社会的共同发展、将自身安全与人类社会的共同安全统筹兼顾，始终不渝地推动构建持久和平、普遍安全、共同繁荣、开放包容、清洁美丽的世界。

第三，唯有树立并秉承正确角色观，才能不断推进与世界良性互动并更好地履行中国的国际义务。

改革开放40年来，中国与外部世界的关系发生了翻天覆地的历史性变化。"中国需要世界、世界需要中国"，不仅成为我国社会的普遍共识，同时也是国际关系进步发展的重要动因。近些年来，中国同外部世界的联系与交往更加广泛和深刻，其本质特征是中国更积极更主动地借鉴和汲取人类社会创造的一切优秀成果，同时也更全面更深入地参与全球事务和全球治理。正如习近平总书记所说，我国现代化建设进程既是中国走向世界，也是世界走向中国的进程。

党的十八大以来，随着中国特色大国外交全面推进，中国与世界相互走向步伐加快。这种良性互动不但成为中外关系主旋律，同时也成为国际关系大变动与世界格局根本转换的重要推动力。习近平总书记提出的"一带一路"倡议，很快成为国际合作大业，充分证明了这一点。中国作为独具特色的发展中的社会主义大国，一方面通过改革开放而深刻地改变自己，另一方面也在深刻影响外部世界。我们观察当前国际形势以及中外关系发展动向，必须运用习近平总书记所提出的正确角色观，在冷静分析各种国际现象、预测和研判世界发展大势时，要切切实实地把中国摆进去，认认真真考虑中国因素，"在我国同世界的关系中看问题，弄清楚在世界格局演变中我国的地位和作用，科学制定我国对外方针政策"。

我们所生活的世界，目前处于大发展大变革大调整的历史过渡期。我们所在的亚太地区，是世界上人口密度最大的地区，也是经济发展、科技进步、文化创新极为活跃的地区，更是冷战遗留问题最多、大国利益与地区事务紧密交融的地区。中国由于历史因素和现实原因，对这一地区的和平发展拥有不可替代的独特作用和影响，承担着不可推卸的责任和义务。这是历史和时代赋予中华民族的神圣职责和义务。

无论今后国际形势如何风云变幻，地缘战略博弈如何激烈，亦无论冷战思维多么强势，新霸权主义多么猖獗，中国在走向世界舞台中心的伟大征程中，将一如既往地做世界和平建设者、全球发展贡献者、国际秩序维护者。中国在全球事务和亚太地区所承载的历史角色和使命，不会有任何改变，为人类社会做出更大贡献的神圣夙愿和意志，不会有丝毫动摇。

中国特色大国外交将为人类社会做出独特贡献[①]

我们所生活的这个时代，正处于力量对比深刻改变、战略格局全面调整、权力重心加速转移的历史大过渡时期。国际关系与世界秩序的大发展大变化大调整，不同发展道路与管理模式的对接与对冲，各种价值取向与文明类型的互动，导致国际风云变幻莫测，世界经济阴晴不定，地缘政治冲突持续不已，全球性问题和挑战日益增多。面对百年未有之大变局，以习近平同志为核心的党中央冷静观察，沉着应对，做出了既有厚重历史传承又有强烈时代色彩的理论思考，提供了既充满中华民族卓而不群的政治智慧，同时也体现人类社会共同诉求的解决方案。

一、习近平外交思想为国际关系理论体系的创新发展提供强大动因

习近平就任国家主席后将俄罗斯确定为首次出访国，并以新任国家元首身份，在莫斯科国际关系学院发表第一份国际政策演说，向国际社会亮出了人类命运共同体的光辉旗帜。在这篇闪耀马克思主义思想光辉的历史性文献中，他以世界各国经济联系日益紧密、人文交流日益活跃、安全对话愈加频繁为依据，得出了我们生活在同一个地球村里，生活在历史与现实交汇的同一个时空之中的精辟判断。人们越来越普遍地认识到，人类之所以要把命运共同体作为自己的前进方向，归根结底，是因为各国人民经济彼此依存，文化上相互影响，安全领域休戚与共，未来前途密切相关。

2014年11月，习近平在中央外事工作会议上提出，中国外交要有自己的特色、气派和风格，并对中国特色大国外交的指导思想、战略布局、基本任务、政策目标、机制体制、队伍建设进行了全面规划和部署。此后，

[①] 本文是作者2019年7月在中联部与光明日报社联合主办的一次研讨会上的发言。

在习近平外交思想指引下，中国特色大国外交高歌猛进，中国与外部世界的良性互动，呈现出前所未有的崭新局面。

包含新世界观、新文明观、新安全观、新发展观、新合作观、新责任观、新治理观在内的习近平外交思想，发展为完备而严整的理论体系。这一体系将马克思主义国际关系学说推进到新的发展阶段，同时也为当代世界的国际关系理论做出了不可估量的宝贵贡献。

二、推动大国关系总体稳定均衡发展将为打造国际新秩序提供重要保障

大国关系历来是国际关系体系的核心要素，是国际局势发展变化的风向标和领航器。在中国特色大国外交总体布局中，大国关系始终占有突出位置。党的十九大把推进大国协调和合作，构建总体稳定均衡发展的大国关系框架作为新时代中国外交的重要任务，意义重大而深远。

中美关系是当今世界大国关系的重中之重。习近平就任国家主席后，将中美关系界定为不冲突不对抗、相互尊重、合作共赢的新型大国关系，而后又对中美关系提出四点建议：增进互信，把握方向；相互尊重，聚同化异；平等互利，深化合作；着眼民众，加深友谊。他曾当面敦促美国总统，建立新型大国关系不能停留于概念而应有具体行动。他反复强调，中美共建新型大国关系是两国的战略抉择，要正确判断彼此的战略意图，坚定不移推进合作共赢，妥善有效管控分歧，广泛培植人民友谊。特朗普上台后，面对中美关系出现的异常情况，中方大力加强与美方沟通，努力引导两国关系回归合作竞争相辅相成的发展轨道。

中俄关系对世界格局重组的作用举足轻重。习近平首访俄罗斯时，双方确认两国关系发展的中心任务是加大相互间的政治支持，全面扩大务实合作，加强在国际和地区事务中的协调与配合。2015年双方签署关于深化全面战略协作伙伴关系以及共同倡导合作共赢的联合声明，彰显出中俄关系的稳定性与成熟性，同时也对整个大国关系的稳定、对构建新国际政治与安全秩序产生了积极影响。两国元首在政治互信持续走强、务实合作全速推进的

情况下,确认双方战略协作伙伴关系进入新时代。中俄关系在维护地区和平稳定、引导国际秩序变革方面,展示出更加广阔的合作前景。

中国与欧盟的关系也是当今世界最重要的双边关系。中欧"两大力量、两大市场和两大文明"相互结合早有共识。2014年3月习近平以国家元首身份首访欧盟,双方发表关于深化互利共赢的全面战略伙伴关系的联合声明,共同确立和平、增长、改革、文明"四大伙伴关系"发展目标。当前,欧盟进一步发展面临困境,中方仍将欧盟视为世界多极化的重要力量。习近平不止一次地明确表示,中国坚定支持欧洲一体化建设。在中欧利益已深度交融的情况下,中方将采取设立共同投资基金等措施,拓展和深化双方各领域合作。

三、打造全球伙伴关系网将有助于新一轮经济全球化和国际关系民主化健康发展

习近平外交思想指引下的新时代中国特色大国外交,既高度重视大国关系,同时也高度重视周边关系;既倾全力巩固强化与发展中国家的传统友谊,坚持不懈地推进南南合作进程,同时也广泛参与地区性和全球性对话,充分利用发达国家与新兴经济体,北南合作的机遇和潜能。

党的十八大以来,中国特别强调周边地区是安身立命之所,是繁荣发展之基。2013年11月召开的新中国成立以来首次周边外事工作座谈会,大大地提升了周边外交在中国特色大国外交总体布局中的地位。习近平主席多次访问周边国家,多次参与周边地区的国际会议,亲自就周边事务开展公共外交,大力推动建立各种形式的发展共同体、利益共同体、责任共同体和命运共同体。虽然中国周边地区存在许多问题,但形势可控可塑的特点没有改变,中国与周边各国睦邻友好的既定方针没有改变也不会改变。习近平主席所倡导的对周边国家"亲诚惠容"、对广大发展中国家"真实亲诚"的新理念,正在得到广泛认同。

中国超越社会制度差异,超越意识形态分歧,超越地缘利益之争,超

越经济发展鸿沟，在全球范围内推动构建合作伙伴关系网，有力地冲击了强权政治野心和冷战思维残余，遏制了新霸权主义的膨胀势头。中国倡导多边主义，反对孤立主义，坚守并捍卫以《联合国宪章》为核心的国际法准则，大力践行共商共建共享的全球治理观，全力维护以联合国组织及其相关机构为主体的世界体系，在推动建立新的国际秩序方面展示出独一无二的影响力。上合组织和金砖机制已成为区域合作和跨区域合作的重要楷模，为发展中国家和新兴经济体携手并进、共克时难提供了成功的范例。

四、"一带一路"国际合作持续发展将为人类社会联动发展开辟新路径

中国共产党是既为中华民族谋复兴、为中国人民谋福祉的党，也是为人类社会谋进步、为世界各国谋安全的党。新时代的中国特色大国外交，以坚持自身和平发展，谋求人类社会命运与共为己任。习近平总书记明确宣告，中国共产党人和中华民族的神圣使命和不懈追求，就是要与各国人民同心协力，建设一个持久和平、普遍安全、共同繁荣、开放包容、清洁美丽的世界。

2013年秋习近平主席出访中亚和东南亚时，发出了中国与相关国家扩大合作，共同建设丝绸之路经济带和21世纪海上丝绸之路的倡议。推动"一带一路"国际合作，加强中国与周边国家及世界各国的互联互通，从此成为中国共产党的重大决策，成为我们国家的集体意志，成为中华民族的共同行为。

"一带一路"倡议顺应世界多极化、经济全球化、文化多样化、社会信息化潮流，意在促进经济要素有序自由流动、资源高效配置和市场深度融合，推动沿线各国实现经济政策协调，打造开放包容均衡普惠的区域合作框架。"一带一路"国际合作的目的，是要通过政策沟通、设施联通、贸易畅通、资金融通和民心相通，实现人类历史上前所未有的共同发展、联动发展、互利发展与共赢发展，实现人类社会不同文明形态的、高水平的交流合作与互动互鉴。

习近平在 2017 年 5 月召开的首届"一带一路"国际合作高峰论坛上阐明了"一带一路"的崇高目标和弘扬丝路精神的时代意义，为国际社会展示出中国与周边各国及整个世界共同开辟和平之路、繁荣之路、开放之路、创新之路和文明之路的良好意愿。在 2019 年 4 月召开的第二届"一带一路"国际合作高峰论坛上，他提出了高质量推进"一带一路"国际合作的新理念新目标和新要求，得到了更多的认可和认同。从发展趋势看，"一带一路"作为中国提供给国际社会的公共产品，已经成为规模空前、影响深远的全球性共同发展行动。全面复兴的中华民族，和平崛起的中国人民，正在为人类进步的新常态、国际社会的新秩序、国家行为的新规则、共同安全的新格局，做出彪炳千秋的新贡献。

当前，国际政治经济与安全形势千变万化，中国与外部世界的关系经纬万端。无论是传统的国际法准则和国际关系体系，还是世界安全格局与政治经济秩序，都处于剧烈变革与无限发展之中。面对机遇和挑战，中国将坚定不移地维护自己的发展利益与安全利益，绝不会拿主权、尊严和原则做交易。中国也绝不会以牺牲别国利益为代价发展自己，绝不会走国强必霸和对外扩张之路。这是我们永不言弃的庄严承诺，也是我们奋力以求的历史责任和时代担当。中国特色大国外交对构建未来国际秩序的独特贡献，就在于此。

第三篇
应对周边环境嬗变,坚持睦邻友好外交

中国和平崛起要营造良好周边环境

在实现中华民族伟大复兴、走向世界舞台中心的伟大征程中,党的十九大继往开来,具有里程碑意义。习近平总书记在报告中对中国和平崛起的国际环境,以及新时代中国特色大国外交做了全面而深刻的阐述。在谈到我国周边外交基本理念和方针政策时,他强调,我们"要按照亲诚惠容和与邻为善、以邻为伴周边外交方针深化同周边国家关系"。全面分析并综合考虑我国与外部世界的关系,特别是中国和平崛起所需要的外部环境,我们必须做到:第一,完善总体外交布局,拓展全球伙伴关系,周边要先行;第二,构建新型国际关系,打造人类命运共同体,周边要先动;第三,深化中国与世界良性互动,营造中国与世界密切依存的国际环境,周边是重点。

一、对周边环境的复杂性必须有全面而清醒的认识

首先,中国是世界上邻国最多的国家。新中国成立时,中国有12个陆上接壤国,除北方邻国苏联外,东北亚地区有蒙古和朝鲜;东南亚地区有越南、老挝和缅甸;南亚方向有印度、巴基斯坦、锡金、不丹、阿富汗和尼泊尔。后来印度吞并锡金,中国陆上接壤国由12个变成11个。20世纪90年代初苏联解体,俄罗斯单独立国,中亚出现5个新国家,其中哈萨克斯坦、吉尔吉斯斯坦、塔吉克斯坦和中国拥有共同边界。中国陆上接壤国由11个变成14个。

中国除拥有山水相连的14个陆上邻国外,还有几个隔海相望或水域相接的海上邻国,这就是日本、韩国、马来西亚、菲律宾、印度尼西亚和

---

① 本文发表于《人民论坛·学术前沿》2018年第7期。

文莱。对中国来说，越南和朝鲜既是陆上邻国，同时又是海上邻国。

近年来，随着世界格局不断变动和国际关系深刻变化，"大周边"理念得到普遍认同并被广泛使用，按照这个理念，中国的邻国更多了。中亚的乌兹别克斯坦和土库曼斯坦，连接中亚与西亚的伊朗，南亚次大陆的孟加拉国、斯里兰卡，东南亚的柬埔寨、泰国、新加坡等，都处于中国"大周边"范畴之内，都被视为中国的邻国。

其次，中国的邻国领土面积和人口总量千差万别，历史底蕴和文化传统五光十色，社会制度、发展水平与对外政策取向相去甚远。俄罗斯、蒙古、中亚各国属于后社会主义国家，带有强烈的转型国家特征。朝鲜、越南、老挝被视为传统的社会主义国家，但各有特色，发展理念与路径大相径庭。日本、韩国、新加坡、马来西亚、泰国、菲律宾、印度尼西亚等国，都实行议会民主体制和自由主义经济，但日本保留着天皇体制，泰国保留着象征性的王权。日本、韩国、新加坡、泰国为美国的盟国或准军事盟友，在亚太事务中与美国保有特殊关系。印度尼西亚是个拥有300多个民族、2.5亿人口的世界第四人口大国，由于华侨众多，印度尼西亚和菲律宾与中国的历史联系千头万绪，利益纠葛亦错综复杂。新加坡基本上是华人国家，但对华疑虑最重，1990年才正式承认中国，是中国周边地区与中国建交最晚的一个国家。

在南亚，印度被誉为世界最大"民主国家"，人口已近12亿，是仅次于中国的世界第二人口大国，对华疑心与戒心根深蒂固。受印度影响，与中国山水相接的不丹，至今未与中国建交。巴基斯坦和孟加拉国人均发展水平都很低，但人口增长率却居高不下，人口总量分别超过1.8亿和1.6亿。至于缅甸、斯里兰卡、阿富汗、尼泊尔等国，国情之复杂，政局之诡异，变化之多端，早已为世人所熟知。

总之，中国的周边环境异常复杂。20世纪中期，中国与苏联先结盟而后交恶，苏联在中苏、中蒙边境屯兵百万，对华虎视眈眈。中国与朝鲜、缅甸等国的关系时亲时疏，相互往来时断时续，与印度、印尼等国则是先友后敌。日本、韩国与美国结成紧密军事同盟，共同遏制中国。东南亚和南亚乃至西亚，不少国家参加了美国针对中国而构建的军事集团——东南亚条约组织和中央条约组织，就连东盟最初也是为防范中国而建立的区域性组织。70年代印度支那战争结束后，在战争中长期得到中国巨大支持的越南，竟然走上了与苏联结盟共同对抗中国的道路。

冷战后，中国周边环境发生了重大变化，但形势复杂多变的大趋势始终未变也无法改变。这里有世界第二军事大国俄罗斯、第二人口大国印度、第三大经济体日本，阿富汗、巴基斯坦、孟加拉国等国则变成了宗教极端势力、国际恐怖势力、形形色色的分立主义和分裂势力横行无忌甚至大行其道的国家。这些国家的国内局势和相互关系，复杂多变而难以预测。譬如印巴两国，20世纪40年代后期摆脱英国殖民统治后，因领土纠纷和现实利益而战事不绝。孟加拉国就是在20世纪70年代初，通过印巴战争而从东巴基斯坦版图上分离出来的。印巴之间因此积怨甚深。近来，缅甸与孟加拉国的关系、阿富汗与巴基斯坦的关系，也由于多种因素交互作用而严重失和。

再次，由于历史原因，新中国成立时与周边所有邻国都存在领土主权争议。进入60年代，中国领导人意识到，合理解决历史遗留的边界问题，对于新中国自立于世界民族之林极为重要。在毛泽东、周恩来的亲自部署和直接参与下，中国采取积极的建设性立场，以相互尊重、平等协商、互谅互让为基础，顺利解决了与缅甸、阿富汗、巴基斯坦、尼泊尔、蒙古的边界问题。后来，又以双方满意的方式解决了中朝两国划界问题。但是，中国与印度、锡金、不丹、苏联、越南、老挝等国的边界问题未能解决或未及解决。1962年、1969年和1979年，中印、中苏、中越之间先后发生大规模的边境冲突和战争。

当时，国际上冷战思维盛行。东北亚和东南亚成了东西方对抗的前沿阵地。中国被西方势力视为洪水猛兽，被迫卷入朝鲜战争和印度支那战争，后来又部分地卷入了柬埔寨国内冲突。这些重大事件对我国在亚太地区和整个周边世界的形象，造成了深重的消极影响。

中国周边环境之复杂在世界各大国中绝无仅有，但这就是中国的安身立命之所，这就是中国的繁荣发展之基，而邻居不会迁移，环境不能选择。长期以来，我们不得不在这样的周边环境中反复探索与邻国和平共处、折冲尊俎之道，不得不努力与邻国寻求并肩发展、和衷共济之路。

二、营造良好周边环境必须有与时俱进的战略和策略

1978年中国进入改革开放的历史新时期，邓小平对中国所处的国际大环境和周边小环境重新进行评估。争取有利于和平发展的国际大环境、营造睦邻友好的周边小环境，成为中国对外工作的中心任务和重要目标。从这时起，中国开始全面调整与周边国家的关系，周边环境得到持续改善。

首先，我们同日韩两国的关系有较大发展，经贸合作与人文交流齐头并进。这种务实关系的拓展与推进，为刚刚打开国门的中国吸引外部资金、学习先进技术和企业管理经验开辟了重要渠道。特别是日本，1993年即已成为中国最大贸易伙伴。到2006年安倍第一次出任首相时，中日双方曾确认要全面推进战略互惠关系。

中韩两国1992年建交后，双方共同努力推进睦邻友好合作，1998年宣布建立面向21世纪的合作伙伴关系。这种局面的形成，为结束美日支持韩国、中苏支持朝鲜的东北亚冷战格局做出了重要贡献。2003年，中韩关系提升为全面合作伙伴关系。2008年，中韩关系升级为战略合作伙伴关系。

其次，中苏关系于20世纪80年代末实现正常化，中蒙关系相应改善，中国与上合组织各成员国的合作不断深化。苏联解体后，中国超越社会制度差异和意识形态分歧，与俄罗斯、蒙古以及中亚地区5个新国家建立了不同以往的新型关系。借助中俄哈吉塔为解决边境问题而建立的"上海五国"机制，中国与上述国家的边界争议最终得到解决。"上海五国"随即吸收乌兹别克斯坦，升级为"上海合作组织"。在上合组织框架内，中国

与各成员国共同打击极端主义、分裂主义和恐怖主义，有效地维护了地区和平与稳定。相关各方务实合作成就喜人，俄罗斯和中亚国家逐渐成为中国海外能源供应基地之一。

最后，中国与越南和老挝的关系全面调整，与东盟的关系进入新的发展阶段。1991年11月，中国与越南的关系实现了正常化。1999年年初，双方确定了"长期稳定、面向未来、睦邻友好、全面合作"十六字方针。随后解决了陆地边界和北部湾划界问题，2008年建立起全面战略合作伙伴关系。中老两国也成功地解决了边界问题。在中越中老关系实现正常化的同时，中国与柬埔寨、印度尼西亚以及东盟其他国家的关系，都出现了积极变化。继1991年中国与东盟建立对话关系后，2002年又签署了共同维护南海地区和平稳定的重要文件《南海各方行为准则》。2003年，中国与东盟发表了建立战略伙伴关系联合宣言。中国成为域外大国中第一个加入《东南亚友好合作条约》的国家。东盟成为仅次于美国和欧盟的中国第三大贸易伙伴。

在南亚地区，中国与巴基斯坦、尼泊尔、斯里兰卡和孟加拉国的关系持续发展。21世纪到来前夕，中国承认了印度对锡金的兼并，为改善中印关系做了大量工作，两国关系出现拨云见雾的新局面，但中印两国政治互信仍嫌不足，边界问题依然如故。受印度与不丹特殊关系的制约，中国与不丹建交问题没有任何进展，领土问题亦没有任何突破。中国参与南亚联盟的主动性增强，但进展相对有限。

从总体上看，进入21世纪前后，中国在周边地区的地位和作用，对周边事态和事务的影响力，与改革开放初期相比大大提高。中国运筹周边事务的能力和手段已相当丰富。尽管周边问题仍是中国总体外交中的难题，但中国同周边世界的关系，向前向好的总趋势没有改变。中国与许多邻国建立并发展具有不同形式和内涵的伙伴关系，意义重大而深远。特别是中俄全面战略协作伙伴关系，不仅使中俄两国共同受益，同时还对中国引导建立良好的周边环境，发挥了不可替代的示范效应。中国制定并坚持奉行与邻为善、以邻为伴的周边外交政策，适时提出并全面践行睦邻安邻富邻新理念，已经被实践证明是非常成功的。

三、应对周边新挑战必须有系统完备的机制和体制

为营造睦邻友好、和平安宁、普惠各方的周边环境，中国做出了多方面的外交努力。但事情的发展常常不以我们的意志为转移。进入21世纪以来，中国周边地区出现很多新情况新问题，反映了冷战后世界格局全面重组、力量对比深刻变化和地缘政治博弈加剧的新现实和新趋势。

第一，朝鲜半岛局势持续恶化，东北亚地缘政治环境和安全格局日趋复杂。朝鲜以自身安全为由坚持开发核武器和导弹系统，威胁地区战略稳定与和平，引起国际社会普遍关切。美国动员其盟国和整个国际社会，对朝进行经济制裁和军事威吓，朝核问题形成多次危机。中国在东北亚地区拥有特殊地位、特殊关切和特殊影响力，积极介入朝核问题，先是组织朝核问题"三方会谈"，而后又搭建"六方会谈"机制。但自2008年起，"六方会谈"因朝鲜退而不返中断至今。朝核问题成为东北亚地区高烧不退的热点，成为后冷战时代国际社会共同关注的焦点。

中朝两国在20世纪50年代的朝鲜战争中并肩作战，形成了举世皆知的特殊友好关系。1992年中韩建交，被称为"鲜血凝成的"中朝友谊出现波动。金正日成为朝鲜最高领导人后，中朝政治关系趋冷。21世纪以来，两国关系得以修复，高层交往重新频繁，经贸关系愈加活跃。但金正日去世后，朝鲜新领导人对华政策生变，两国高层往来基本冻结，交流对话渠道近乎失灵，经贸关系大幅萎缩。相关各方围绕朝核问题的较量与大国间地缘战略博弈，扑朔迷离，前景不明。

第二，中日关系严重倒退，中日韩谋求区域经济一体化的努力事倍功半。日本自小泉纯一郎就任自民党总裁和首相后，社会上长期积蓄的极端民族主义能量集中释放。右翼势力开始主导日本发展进程。21世纪后，中日关系出现更多问题。双方围绕历史问题，特别是东海大陆架划分和钓鱼岛主权归属，发生激烈争执和冲突。中日关系大幅倒退，日韩关系亦趋复

杂，导致中日韩共同推动的区域经济合作严重受挫。领导人会晤机制及配套安排，处于半瘫或空转状态。

第三，南海地区岛礁归属之争与海洋权益之争相互交织，斗争长期化、尖锐化、国际化有增无减。南海岛礁与主权的声索方多达六国，对中国利益侵害最大的是越南，闹得最凶的是菲律宾。推波助澜的不仅有美国，还有日本、澳大利亚乃至欧盟国家。他们以维护南海"航行自由"为幌子，对中国在南海地区维权说三道四；打着反对南海"军事化"的旗号，对中国在主权范围内填海造岛并修建设施横加指责。美国高调"重返亚太"，搞所谓"亚太再平衡"，导致南海地区几度风云变幻，险象环生。

第四，中印关系因边境冲突而再趋紧张。中印关系近年来持续改善来之不易，习近平主席高度重视中印关系，推动两国关系进入平稳发展新时期。双方同意深化面向和平与繁荣的战略合作伙伴关系，并为此做出全面规划。但印度对中国的领土野心从未泯灭，双方军人在边界地区经常发生正面对峙和肢体冲突。2017年7月，印度边防人员阻挠中方修建边境公路，出动部队进入中国境内，直到金砖国家领导人厦门峰会召开前夕，印度才撤回本国军队，局势才有所缓和。

除上述热点和难点而外，中国周边还有其他一些小麻烦和问题。譬如，中韩两国在黄海和东海地区存在24万平方公里的争议水域，焦点是苏岩礁归属问题，双方曾因这片水域和岛礁发生冲突。中国与缅甸的关系，因缅甸国内形势多变而饱受冲击，中国与缅甸原军政权的关系也受到非议和责难。另外，缅甸联邦政府与北方少数民族地方武装的冲突此起彼伏，给中国边境地区的安全带来隐患。中缅两国大项目合作，由于上述问题以及西方势力插手而遭遇挫折。

四、营造良好周边环境必须综合运用各种资源和手段

2013年3月习近平就任国家主席后，将俄罗斯作为首访国，不仅因为俄是世界大国，同时也因为中俄互为重要邻国。稳住中俄关系，提升两国

战略协作伙伴关系水平,对稳定中国同整个周边世界的关系具有不可替代的示范效应。习近平风格独特、形象鲜明的元首外交,为新时代中国特色周边外交展示了无限广阔的发展前景。

2014年,朝鲜半岛形势风谲云诡,蒙古试图摆脱中俄两大邻国影响,俄罗斯因乌克兰危机而遭到西方制裁。在这种形势下,习近平主席访问韩国、蒙古和俄罗斯,在中国周边外交史上留下了浓墨重彩的一笔。特别是他打破中国领导人从不出席境外体育赛事的惯例,出席俄罗斯举办的索契冬奥会开幕式,向俄罗斯也向全世界展示了中俄战略协作伙伴关系的可靠性和成熟性。2015年,习近平主席与普京总统高调互访,分别带领本国军人参加对方举行的纪念反法西斯战争胜利70周年阅兵活动,在世界上产生了强烈的震撼。在频繁访问周边国家的过程中,他不但努力深化与所访国领导人的政治互信,同时还与社会各界广泛接触,为中国和平发展排疑解惑,为推动中国与相关国家务实合作攻艰克难。

习近平关于周边外交的理论与实践,与改革开放以来中国周边外交的历史轨迹一脉相承,同时也有很多创新和发展,具有鲜明的时代特征。譬如,在坚持与邻为善、以邻为伴周边外交总方针的前提下,习近平提出了"亲、诚、惠、容"的新理念,强调"国之交在于民相亲";要求本着互利互信平等协作精神,多做得人心暖人心的事;要求多走动,常来往,增进高层往来,不断提升政治互信度;要求大力开展公共外交和民间友好活动,厚植并夯实中国与周边国家长期友好、同舟共济的民意基础。

2013年9月,习近平访问中亚和东南亚,发出了与周边国家共建"丝绸之路经济带"和"21世纪海上丝绸之路"的倡议,为新时代中国周边外交开拓了新的思路和局面。2013年10月,他主持召开新中国成立以来第一次周边外事工作座谈会,对中国周边环境的新变化新特点,进行了全面分析和评估,对中国周边外交的新任务新举措,进行了重新规划和部署。"一带一路"作为立足周边、面向全球、引领合作、共谋发展的"中国智慧""中国方案",成为会议的最重要议题之一。

"一带一路"倡议是中国为周边地区乃至整个国际社会提供的极富创造性的公共产品。中亚、东南亚和南亚三个地区以及俄罗斯与蒙古，无疑是"一带一路"建设的主要着力区和重要伙伴国。中方设计的中—巴、中—蒙—俄、中国—中南半岛、中国—中亚—西亚、孟—中—印—缅以及新亚欧大陆桥六条经济走廊，将成为中国持续改善和深化与周边国家关系的重要抓手，成为中国与周边各国共同发展、联动发展的经济纽带，成为推动世界各国共建利益共同体、责任共同体、安全共同体，最终走向命运共同体的新型合作平台。

充分利用多边机制开展丰富多彩的多边活动，落实新时代周边外交理念和相关政策，是中国特色大国外交的一个重要表现形式。例如，中国利用主办 APEC 北京峰会之机，召开加强互联互通伙伴关系对话会，使周边国家对"一带一路"倡议有了更加深刻的认知和了解；利用担任"亚信"会议即亚洲相互协作与信任措施会议主席国之机，联手周边地区许多国家，举办该机制建立以来最为成功的一次峰会；利用和平共处五项原则提出 60 周年之机，邀请印缅两国领导人来华参加纪念大会，为和平共处五项原则注入新的活力；利用万隆会议召开 60 周年之机，推动印度尼西亚召开新亚非会议并积极参与相关活动，引导亚非国家重温"万隆会议十原则"，唤醒友好合作历史记忆，共迎时代风云变幻新挑战；利用阿富汗问题伊斯坦布尔进程外长会在中国举行之机，邀请阿富汗新领导人到访，与国际社会共同探讨该国战后和平与重建之路；凡此种种，足见中国周边外交的活跃与活力。

在东南亚，我们数十年如一日，全方位拓展与东盟的合作。同时借助东盟与中国（10+1）、东盟与中日韩（10+3）、东亚峰会、澜沧江—湄公河次区域合作等多种机制，创造出多种多样的以多边带双边，以双边促多边的周边外交新范式。在中亚，中国充分利用上合组织这一新的区域合作机制，与俄罗斯及中亚国家共商和平稳定大计，共谋合作发展之道。2017 年，南亚两大国印度和巴斯斯坦同时加入上合组织，中国统筹运作中亚与南亚事务，有了更大规模的多边平台。中国与俄罗斯、印度、巴西、南非共同打造的"金砖国家"合作机制，虽不属于周边组织范畴，但中俄印三国在这一机制中开展对话并拓展合作，对中国精耕细作周边事务，意义不言而喻。2017年，中印双方在边境地区发生长时间军事对峙，两国关系面临新的严峻考验。双方最终能以和平方式化解危机，上合组织与金砖机制的存在，无疑是重要因素之一。

综上所述，尽管周边环境的复杂性、多变性和不可测性世所罕见，但中国控制周边局势、引导事态发展、塑造良好环境的能力、手段、资源和经验，比以往任何时候都更加多元、更加可靠。中华民族全面复兴有赖于中国和平崛起，中国和平崛起首先取决于周边环境。只要我们将自身的发展与周边的发展兼顾起来，把自身安全与周边地区共同安全统一起来，把当前的和局部的利益诉求与长远的和根本性的战略目标衔接起来，我们的周边外交就一定会披荆斩棘，凯歌行进。我们的周边环境就一定会更加有利于中国和平发展与和平崛起，从而有利于中华民族全面而伟大的历史性复兴。

大国格局

中俄关系既是睦邻友好楷模又是大国协作典范[①]

1949年10月2日，中华人民共和国与苏维埃社会主义共和国联盟即苏联建交。1991年苏联解体后，俄罗斯成为苏联国际法地位的唯一继承国，中苏关系顺理成章地过渡到中俄关系。目前的中俄关系，是当年建立的中苏关系的自然延续和发展。如今，两国正处于新的历史起点，同时也面临诸多挑战。在这种形势下，总结历史经验，展望未来发展，探讨中俄关系与时俱进的新路径及其对国际秩序重建的深刻影响，有益于双方更好地理解和落实两国元首达成的共识，有助于深化双方智库和媒体的交流合作，有助于增进人民的传统友谊和夯实民意基础，推动两国关系不断向纵深发展。

70年来，中苏中俄关系经历了从建立友好同盟，到走向全面对抗，从寻求正常交往，再到全面战略协作这样一个起伏不定的曲折进程。在这一过程中，我们共同分享过兄弟般友谊和同志式团结带来的巨大红利，也领受了相互敌视和激烈对抗的沉重教训。幸运的是，时光流逝，沧海桑田，我们两个毗邻而居的伟大国家、伟大民族，始终秉持与时代同步的发展大势，牢牢坚守与世界同行的前进方向，最终找到了推动两国关系健康稳定全面协调的发展路径。如今，经过冷战结束后30年的共同努力，中俄关系已经成长为当今世界互信程度最高、协作水平最高、战略价值最高的友邻关系楷模和大国关系典范。

2013年是中俄关系史上承前启后、继往开来的重要年份。这年3月，习近平就任中国国家元首，首次出访选择俄罗斯，在全世界面前彰显中俄睦邻友好关系的稳定性和战略协作伙伴关系的成熟性。此后在两国元首的亲自指导和共同推动下，中俄全面战略协作伙伴关系呈现出全方位发展、

[①] 本文根据作者2019年9月17日在莫斯科高等经济研究大学中俄关系专题研讨会开幕式上的讲话整理而成。

联动性推进、高水平运行的新态势和新局面。2019年6月5日习近平访俄时，两国元首再度签署联合声明，确认两国关系为新时代全面战略协作伙伴关系。中俄关系站上了新的历史方位，具备了新的动力和内涵。正如习近平在中俄建交70周年纪念大会上所说："经过70年风云变幻的考验，中俄关系愈加成熟、稳定、坚韧，站在新的历史起点，面临新的历史机遇。"

双方一致认为，中俄关系处于历史最好时期。事实也的确如此，其主要表现是：两国元首坚持每年进行互访，利用多边场合举行会晤已成惯例。总理定期会晤机制非常稳固。议会、政党、军队、地方政府、民间组织以及经贸、科技、能源、金融、人文、执法等各领域交流对话，运行顺利。对于领土主权完整、安全和发展利益等核心问题，双方相互支持坚定不移，政治互信不断深化。

2019年9月中国总理李克强率代表团访问俄罗斯。两国领导人就进一步扩大和深化中俄务实合作，进行了充分交流和沟通，形成了一系列新的共识和文件。这一切既是中俄两大邻国相互尊重、深化合作的最新成果，也是两个负责任大国为稳定国际关系、促进人类和平发展而共担使命的重要标志。

国际关系是国与国关系的总和。大国关系历来是牵动和影响整个国际关系发展变动的最重要因素。国际关系的发展变动也会在一定程度上作用于大国关系，对大国关系的形态与走势产生一定影响。中俄关系是当今世界最重要的一对大国关系，我们研究、思考、规划中俄关系，必须充分考虑当前国际关系的总体格局，着眼于人类社会的发展大势，明确新时代中俄关系发展与人类社会近百年面临的新情况、新问题和新挑战。

第一，世界经济格局"东升西降"。中俄等新兴经济体在世界经济中的比重持续上升。中国倡导的"一带一路"国际合作，正在改变世界经济版图和经济全球化发展方向。

第二，世界权力重心加速向东方转移。西方国家主导世界秩序进而左右全球事务的时代渐行渐远。冷战思维与时代潮流不相适应引发的问题愈益突出。

第三，美国为维护世界霸权地位，全面破坏国际关系准则和大国关系框架。特朗普政府在国际事务中奉行所谓"美国优先"原则，使整个国际社会深受其害。

第四，美国将中俄两国同时确定为战略对手，一方面恣意挑战中方核心利益，将中美贸易摩擦引向全球；另一方面坚持联手欧盟，持续孤立并制裁俄罗斯。世界分裂为两个平行体系或营垒的风险在增大。

第五，传统安全与非传统安全因素密切交织。国际关系准则、国际法体系、国际组织架构与多边合作机制需要全面调整和改革，但各方利益不同，政策相去甚远，建立基于新规则的国际新秩序任重而道远。

在如此复杂而严峻的历史当口，中俄新时代全面战略协作伙伴关系，理应成为历史文化与社会制度彼此不同的邻国平等相待、友好合作、和睦共处的典范，同时也应成为处于不同地缘政治环境、具有不同价值取向的世界级大国，为人类和平与发展事业共担责任与风险的楷模。这是双方共同利益决定的，也是国际社会期盼的。

作为山水相连的两大邻国，中俄双方必须汲取当年因意识形态分歧而导致国家关系恶化的历史教训，努力夯实两国睦邻友好的民意基础，不断拉紧发展利益纽带。当前和今后相当长一个时期，双方最重要的任务就是要将中方提出的"一带一路"倡议，特别是中蒙俄经济走廊建设规划，与俄方提出的大欧亚伙伴关系倡议和蒙古国提出的草原之路计划，有机地结合起来，实现从发展战略到具体项目的全面对接，协同促进地区一体化和区域经济融合发展，共同助力于世界经济的稳步复苏和均衡增长。在努力完成双方所确定的 2024 年达到 2000 亿美元的贸易发展目标的同时，还必须坚持不懈地推进能源、航空、军工等领域的战略性大项目合作，深挖人工智能、电子商务等新兴领域的合作潜力，进一步发挥地方合作的互补优势，推动两国全方位、深层次、多领域、重实效的互利合作不断向纵深发展。

作为联合国常任理事国，中俄两国应更加坚定地共同维护国际公平与正义，共同推动构建新型国际关系和人类命运共同体，共同反对霸权主义、孤立主义、保守主义和单边主义，共同捍卫多边机制与普遍公认的国际关系准则，共同推动国际秩序和安全架构朝着更加公正合理、均衡稳定的方向发展。这意味着，中俄新时代全面战略协作伙伴关系，历史定位应当更加高远，战略内涵应当更加丰富。换句话说，中俄新时代全面战略协作伙伴关系，不仅要造福中俄两国人民，还要着眼于地区事务和世界大局。要通过强化多边领域的沟通与合作，强化双方在联合国等多边机制中的配合协调，为世界多极化和经济全球化持续发展、新型国际交流合作不断推进，提供中俄两国的共同智慧、共同理念和共同方案，为人类和平发展与合作共赢的神圣事业，注入新的活力，开辟新的前景。

大国格局

南亚外交应当更具进取性、开放性与合作性[①]

南亚地区包括哪些国家,从事国际关系和地缘政治学研究的专家学者存在不同说法。有人从我国外交实际出发,主张把缅甸作为南亚国家来研究。也有些西方学者根据他们的需要,将伊朗算作南亚国家。我们这里所说的南亚,是指加入南亚联盟的 8 个国家,即印度、不丹、尼泊尔、巴基斯坦、孟加拉国、斯里兰卡、马尔代夫和阿富汗。

20 世纪 60 年代,我国与巴基斯坦、尼泊尔、阿富汗成功地解决了边界问题,与印度却因边界纠纷发生了大规模战争。领土争议成了长期困扰中印关系的重大障碍。受中印关系影响,中国与不丹的领土问题也没有解决,两国至今没有建交。目前,我国与南亚地区 5 个国家拥有共同边界,最长的是中印边界,超过 2000 公里,最短的是中阿边界,不到 100 公里。

据统计,南亚 8 国当前人口总共约 18 亿,约占全球人口总数的 1/4。由于历史和现实原因,南亚地区的和平与发展问题极为复杂。印度是接近于中国的第二人口大国,发展不平衡问题特别突出;巴基斯坦和阿富汗政局动荡,是世界公认的恐怖主义策源地;阿富汗、孟加拉国、尼泊尔和不丹,同时又位于联合国认定的最不发达国家的 44 国之列。

南亚各国的经济和社会发展水平参差不齐,历史文化底蕴五光十色,相互关系性质和对外政策取向相去甚远。妥善处理我国与南亚国家的关系,努力开创南亚外交新局面,不仅是营造长期稳定的睦邻友好环境的一个主要环节,同时也是全面推进中国特色大国外交的重要任务之一。

近年来,我国的南亚外交表现出很强的开拓性和进取性,同时也更具开放性与合作性。从政治和安全角度看,我国与南亚国家各国建立了不同

---

① 本文是作者 2018 年 2 月出席大国策智库在云南举行的南亚问题研讨会上的发言。

形式和内涵的伙伴关系，战略互信度持续提升，与印巴两国在上合组织内的合作不断推进，与印度在"金砖国家"框架下的合作亦呈现良好前景。从经贸关系与务实合作角度看，中国与南亚国家的贸易总额持续增长，已由2007年的500多亿美元增加到2016年的1300多亿美元。中国在南亚地区的投资，存量迅速增长，2017年已超过100亿美元。此外，南亚地区还是中国最大的海外工程承包市场。中方完成的工程合同额已超过2000多亿美元。

2005年，中国与日本一道，作为域外国家，先于美国、欧盟、韩国、俄罗斯及伊朗等国，成为南亚联盟观察员国。努力参与南亚联盟事务，在南亚联盟框架下寻求合作，已经成为我国南亚外交的重要选项。但印度块头较大，在南亚联盟中居于主导地位，对中国参与南亚联盟事务心存芥蒂，中印关系虽然总体上也在向前发展，但尚未完全摆脱"剪不断理还乱"的状态。我国与巴基斯坦形成了全天候伙伴关系，但双方在合作中也不无问题。

我们推进南亚外交，困难与机遇同时存在，成就与问题相辅相成。观察南亚事务，开展南亚外交，既要看到各国发展迟滞，充满矛盾与冲突，各种利益关系犬牙交错的一面，也要看到该地区发展潜力很大，对华合作需求度高，机遇和可能不断增加的一面。在当前国际力量对比深刻变动、地缘战略格局不断重组、利益互求与互斥两种趋向同时存在的形势下，我国的南亚外交应有更大建树和作为。

第一，确立并发展与南亚国家的关系，要始终秉持睦邻友好的理念、高举命运共同体的旗帜。周边地区是中华民族安身立命之本，是现代中国繁荣富强之基。当前，国际形势发展进程中的不稳定性、不确定性、不可测性十分突出。国际大环境和我们的周边小环境，风谲云诡，变幻莫测。我们在周边地区，特别是南亚地区，面临的最大问题就是与我国的政治互信不够充分，务实合作不够理想。处理南亚问题，即要摒弃"国强必霸"的传统冷战思维，坚决不走历史上教训深重的强权政治老路，也要特别警惕南亚地区"未强先霸"的民粹政治思维，努力防止国际上汹涌来潮的民族主义对我国周边事务的消极影响。目前世界上有些人借助极端民族主义哗众取宠，很容易把我们和印度这样"将强未强"的国家推向"未强先霸"的歧途。我们自己对此要有充分的准备，同时也要坚持不懈地做好南亚国家的工作，特别要做好印度方面的工作。要强化命运共同体意识，大力发掘和宣传我国与南亚国家关系中的正能量和正资产。

第二，要适应时代潮流发展变化和地缘战略格局重组的新态势，制定并实施既符合我国自身利益也兼顾南亚各方利益的外交战略和务实合作规划。近年来，我们对南亚事务的参与度不断提高，做了不少造福各国人民的好事大事。诸如帮助一些国家脱贫解困、在有关国家开展农业合作、大力推进旅游开发、广泛开展工程承包、不断推进基础设施建设、参与当地民生工程等。我国在该地区的形象越来越好。在此基础上，我们应针对整个南亚事务，制定出系统的和经得起检验的区域性战略和策略。建立公平正义的新型国际关系、均衡稳定的大国关系、睦邻友好的周边关系等新理念，打造开放型世界经济、推进区域性安全合作、树立命运共同体意识、建立伙伴关系网等新主张，应在南亚事务中得到充分体现。我们应对各国的地缘战略价值进行重新评估，对中国与相关国家的关系重新梳理和定性。要在充分认识印度世界第八大经济体地位、拥有一定核力量、在本地区拥有独特影响力的基础上，在进一步平衡中巴中印关系，坚持管控双方边界争议的同时，积极落实好习近平与莫迪就两国关系发展问题达成的新共识，使中印关系的发展演进更加符合南亚地缘战略格局，符合我国发展利益与安全利益。

第三，要坚持睦邻友好、合作发展、共同繁荣、普遍安全的周边外交理念，将与邻为善、以邻为伴、睦邻安邻富邻的周边外交政策和习总书记提出的"亲诚惠容"理念，贯彻落实到南亚外交实践中去。我们对南亚开展公共外交，学术界对南亚开展友好交流，不是要简单重复这些政策和概念，而是要用不同声音、不同表达方式，阐述和倡导睦邻友好、和平共处、互学互鉴、共同进步、合作共赢等基本主张。我们不能因世界上存在"森林法则",就对"非我同类,虽远必诛"的民族主义喧嚣听之任之。不能让南亚国家认为我们在外交上说一套做一套,不管共同安全而只顾自身安全;不搞普惠繁荣而只搞一花独放;不搞可持续发展而只搞一锤子买卖;不顾长远利益而贪图急功近利。在美国提出印太战略的新形势下,尤其不宜把参与南亚国家港口建设,与所谓破解"马六甲困境"挂起钩来,甚至与所谓中国海军打造"印度洋珍珠链"挂起钩来,要防止授人以柄。如何应对所谓的印太战略,要有深层次的研究和思考。

第四,要充分考虑到南亚地缘政治环境的特殊性与复杂性,推进"一带一路"建设要因国而宜,因势利导,顺势而为,要有新思维、新概念、新路径。"一带一路"建设从整体上说,目前仍处于初始阶段。如何在南亚地区乃至全球范围内推进"一带一路",是一个认识、实践、再认识、再实践,不断探索和进取,没有止境的过程。在南亚地区推进"一带一路"建设,不能简单照搬其他地区的做法和经验,要有多种选择、多种方式。基础设施建设、民生工程建设、安全机制建设,都要有创新和突破。不能只讲经济利益,还要考虑政治安全,考虑合作伙伴国的需要。在当前"孟中印缅经济走廊"建设推而不动的情况下,可考虑使用"中国—南亚经济走廊"或"环喜马拉雅经济带"等概念。鉴于印度对"中巴经济走廊"建设疑虑重重,我们应努力淡化中巴经济走廊的政治色彩。我国提出的"中缅经济走廊"构想,如何延伸到阿富汗,如何与构想中的中国—中亚—西亚经济走廊相衔接,宜深入研究可行性,在宣传上不宜操之过急。

大国格局

推动构建东北亚发展与安全共同体势在必行[①]

当今世界正处于冷战结束以来最深刻、最复杂、最剧烈的格局转换期和历史过渡期。中朝韩日俄蒙六国所在的东北亚地区，冷战时期是世界上制度对立最鲜明、阵营对抗最持久、历史积怨最深重、安全形势最脆弱的地区。如今，冷战结束已经30余年，无论整个国际关系还是地区安全格局，都已发生重大改变，但东北亚仍是发展问题最突出、安全问题最尖锐、大国博弈最复杂、区域合作最困难的地区。

由于朝美之间存在根深蒂固的战略性矛盾和对立、朝韩之间存在难以调和的理念差异和利益冲突，朝鲜坚持先军政治路线并且大力开发核武器和弹道导弹技术，半岛局势迟迟得不到根本缓解。联合国与有关各方共同提出的雄心勃勃的图们江流域共同开发计划，朝鲜半岛北南双方谋求经济合作的努力和尝试，中日韩共建东北亚经济区的主张和设想，或浅尝辄止，或半途而废。就连一度被国际社会普遍看好的解决朝核问题的六方会谈，也遭遇重大挫折，至今复谈无望！

2013年秋中国领导人发出共建丝绸之路经济带和21世纪海上丝绸之路倡议，即"一带一路"倡议，在世界上得到广泛赞同和支持，但东北亚的各国立场和态度不尽相同。2017年首届"一带一路"国际合作峰会召开时，俄罗斯和蒙古领导人积极参与，表现出强烈的合作意愿。朝鲜半岛南北双方和日本，亦有相应级别的官员与会，但后续行为与表现不尽如人意。由于历史积怨与现实矛盾相互交织，领土纷争与互信缺失彼此叠加，"一带一路"这一规模空前的共同发展行动，在东北亚全域推进明显迟滞。经济合作潜力很大的东北亚，总体上没能成为"一带一路"国际合作的"先锋区"和"示

[①] 本文是作者2019年10月10日在一次有关朝鲜半岛问题的国际研讨会上的发言。

范区",部分区域反而成了犹疑徘徊的"观望区"和"迟滞区"。

此外,由于中日关系多年来得不到根本改善,中日经贸往来与科技合作失去了20世纪后期全线推进的好势头。中韩关系因突如其来的"萨德"问题而严重受挫,两国经贸合作与人文交流同时滑坡。朝鲜因为不停顿地试核试导而导致日本同半岛双方之间、俄蒙两国与整个半岛及日本的经济合作,均疲弱不振。在和平发展合作共赢已成普遍诉求的当今世界,如果东北亚长期徘徊在新一轮全球化和"一带一路"新型国际合作之外,必将有愧时代,有负后人!

令人欣慰的是,2018年年初,朝鲜表示要放弃多年坚守的拥核自保方针,朝美两国从战争威胁走到谈判桌旁。中朝两国的传统友谊,经双方共同努力,重新发扬光大。俄罗斯与日本虽然在领土问题上芥蒂未除,但两国关系进入"二战"结束以来未曾有过的活跃期。东北亚局势缓和与和平发展,曙光再现。

近两年来,中韩关系也出现大幅度改善势头。双方领导人以高层交往引领政治对话、经贸合作与人文交流,两国关系开始回到正常发展轨道。与此同时,中日关系也逐渐回暖。继安倍首相访华后,中日领导人又举行大阪会晤,为两国关系持续改善指明方向。在此背景下,中日韩三方合作机制被激活。东北亚区域合作有了多元动因,展现出新的前景。

然而,从近一个时期情况看,东北亚局势发展仍不是特别理想。美朝领导人首次会晤曾就解决朝核问题达成共识,第二次会晤却无果而终,朝核问题前景不明,朝美关系还有变数。美国主导的对朝制裁没有松动。包括中韩俄等国,国际社会提升对朝经贸关系,难有较大作为。再加上韩日两国经贸关系又出现严重问题,朝日关系没有丝毫改善,朝鲜半岛和整个东北亚共谋和平与安全的全区合作大格局,一时还无法生成。对此,我们要有清醒的认识和估计。

当然,我们也要看到,当今世界和平发展合作共赢的时代潮流浩浩荡荡,顺之则昌,逆之则亡。美国奉行以孤立主义、保守主义为主要表现形式的新霸权主义，对国际秩序和地区安全造成新的威胁。但美方以持续施压方式推动解决朝核问题，总体思路没有改变，美朝直接对话与沟通的窗口也没有关闭。朝鲜无法承受立场倒退引发的风险，重新引发朝核危机的可能性不是很大。中俄韩及有关各方通过政治方式解决朝核问题的意志和决心，没有也不会改变。

在这种情况下，东北亚各国应相向而行，在政治上密切交往。在经济上相互助力，在人文领域深化交流，在安全方面加强对话，共同推动地区局势进一步缓和，推动各国多方位、多领域、多层次、多主体的务实合作向纵深发展。

为实现上述目标，我认为，东北亚各国应研究借鉴世界上其他区域一体化发展的成功经验，在政府和民间两个层面就构建区域发展与安全共同体、最终走向命运共同体的可行性进行沟通、研讨和磋商。要在形成初步共识的基础上，召开区域合作外长会。如有困难，亦可考虑首先在经济、能源、贸易、发展、财政、文旅、金融乃至信息、安全、国防等领域分别召开部长会。条件成熟后，择机召开机制化的东北亚六国首脑会议。美国不是东北亚国家，但属于东北亚事务的重要参与方。为体现和保障东北亚区域合作的开放性，可采取"6+1"模式，以适当方式吸引美国参与东北亚发展与安全共同体的相关对话和磋商。

这是一个非常大胆但并非不可操作的建议。已经重启的中日韩合作机制，可以为推动构建东北亚发展与安全共同体发挥主导或引领作用。三方外长会或领导人会议，可考虑在适当的时候，共同制定和发表一份原则性的宣言或声明，阐述构建东北亚发展与安全共同体、最终走向命运共同体的愿景与原则、方向与路径。与此同时，可以言行并举，拓展中日韩合作思路，创新中日韩合作模式。譬如，以3+N方式，首先吸收朝鲜参与中日韩合作机制中来，而后逐步吸收俄罗斯、蒙古国参加。中日韩三方合作，完全有可能成为提升东北亚区域合作水平的主导型力量。中韩合作契合点更多，应当成为推动构建东北亚发展与安全共同体的引擎。

构建东北亚发展与安全共同体，目标是宏伟的，任务是艰巨的，困难、风险和挑战将是多方面的，甚至可能是始料未及的。但我想，只要相关各方能够超越社会制度差异，超越意识形态对立，超越历史积怨鸿沟，统筹考虑各方利益与需求，充分发挥各方优势与潜能，我们就能把日本、韩国的资金和技术、俄罗斯与蒙古的能源与资源、中国与朝鲜的市场需求有效地结合起来。就能够把激发日本和韩国的经济活力、参与和促进朝鲜经济开放、实现图们江流域共同开发、推动俄罗斯远东西伯利亚地区开发、振兴中国东北老工业区、打造中蒙俄经济走廊几大目标融合起来，实现最大限度的合作发展、联动发展和共赢发展，打造出东北亚地区全域合作的新范式，开辟出东北亚各国和平发展的新格局。

第四篇
美国霸权主义的演变与跌宕起伏的中美关系

大国格局

中美矛盾根深蒂固　维持竞合势在必行[①]

2018年是中美两国宣布建交40周年，也是第一次世界大战宣告结束100周年。回眸这段跌宕起伏而又波澜壮阔的世界历史，梳理变幻多端而又持续向前的中美关系，人们因视角不同而看法有别。在当前世界格局全面重组、力量对比持续改变的情况下，我们应站在历史与现实相互交汇的新视域，全面而理性地分析中美两国结构性矛盾的发展与演变，正确判断并精准把握两国关系的目前状况与未来走向。

一、世界历史曲折发展百年，美国霸权野心一如当初

1914年发生的第一次世界大战，是资本主义向帝国主义过渡时期世界上各种矛盾的集中反映和总爆发，是列强为争夺势力范围而发动的一场肮脏的掠夺性战争。战前即已成为世界头号经济强国的美国，在战争双方两败俱伤的最后时刻介入战事，最大限度地获得了战争红利，迈出了走向世界霸主地位的重要一步。

"一战"结束后，美国通过参与或主持巴黎和会、华盛顿会议等一系列多边外交活动，依据这些会议所形成的多边条约和共同文件，构建了反映西方领导人国际政治思维、力图彰显美国特殊地位和作用的凡尔赛体系，同时以美国总统威尔逊提出的十四点和平纲领为基础，打造了一个前所未有的国家间合作组织，即国际联盟（国联）。但是，由于西方国家的利益无法实现真正平衡，美国主导全球事务的野心未能充分实现，美国国会反对美国政府参加由它倡导并且声称以缔造永久和平为宗旨的国际联盟。领导世界不成就要孤立于世界，美国霸权的野蛮性、政策的多变性和手段的

[①] 本文根据作者2018年11月11日在"探寻中美关系的历史规律与未来方位——纪念《中美建交公报》40周年暨2018年中华美国学会年会"学术研讨会上的发言整理。

荒诞性，当时即已昭然若揭！

战后初年，因发动一战而受到遏制的德国委曲求全，悄然为改变战败国屈辱地位而秣马厉兵。在艰苦卓绝的斗争中建立起来的第一个社会主义国家苏联，与西方国家形成和平共处的新局面。然而，当时世界上的各种矛盾和问题，凡尔赛体系无法解决。积贫积弱的旧中国，成为美国霸权主义和西方强权政治的最大受害国。20年代末，萧杀万物的大危机横行资本主义世界，西欧与远东同时形成两个战争策源地。一战结束后美国主导建立的世界政治格局和集体安全秩序，涣散无力。再加上美国坐山观虎斗，采取鹬蚌相争渔翁得利的不负责的立场，最终导致第二次世界大战全面爆发。国际联盟彻底破产，凡尔赛体系完全瓦解。

"二战"不同于"一战"。这是世界各国人民共同抵抗法西斯侵略的正义战争，是文明与野蛮、进步与反动、光明与黑暗的较量与决斗，具有不容否定的历史进步性。美国通过战争初期大量出售军火，战争后期推动构建雅尔塔体系，使用核武器威慑全世界，战后主导建立以联合国为代表的一系列国际组织，又一次获取了巨大的战争红利，牢牢确立了世界头号超级大国的地位。

中国作为世界反法西斯战争的战胜国，参与缔造联合国体系和战后国际秩序重建，国际地位和作用较"二战"前有所提升。但美国主导缔结的雅尔塔协定，严重损害了中国主权和利益。中国再次成为美国导演的"二战"后强权政治与霸权外交的受害国。虽然以联合国为核心的多边机制建立具有积极意义，为全球治理体系的形成做出一定贡献，但美国在国际事务中强化丛林法则，经常将联合国等国际机构当作其主导世界事务的工具。美国人领导世界的"天定命运"思维和超级霸权主义野心进一步膨胀。

但二战结束后的世界格局毕竟不同于一战结束之时。欧亚地区出现一批社会主义国家。特别是新中国的成立，极大地壮大了世界社会主义力量。越来越多的亚非拉国家获得独立和解放，使帝国主义殖民体系加速崩溃。世界各民族平等交往、共同发展呈现光明前景。

在这种形势下，美国带头对新中国实行孤立和封锁政策，长期阻止新中国恢复在联合国的合法权利。它不但参与和制造了朝鲜战争、印度支那战争，在全球范围内挑起无数次地区冲突，而且还发动了持续40多年的东西方冷战，与"二战"后成长为超级大国的苏联展开了你死我活的较量和争夺。人类社会长期处于美苏争霸的"人质"状态，世界和平与发展受到极大破坏。

50—60年代，中国支持朝鲜和印度支那人民取得抗美救国战争的巨大胜利，沉重打击了美国试图以武力征服亚太的帝国野心。70年代初中国成功恢复在联合国的合法权利，最终粉碎了美国试图将中国长期排除在国际社会之外的险恶用心。1972年尼克松总统应邀访华并开启中美对话之门，也是出于对抗苏联、争夺霸权的战略需要。1979年中美建交，时逢中国进入改革开放新时期。美国一方面在经济技术方面介入并支持中国的现代化发展，另一方面又通过《与台湾关系法》，将台湾视为对付中国大陆的"不沉的航空母舰"。这种两面政策，归根结底都是基于遏制中国发展与崛起的需要，都是服务于其全球霸权战略的。

二、冷战后力量对比失衡，美国一超独霸野心膨胀

20世纪80年代末90年代初，东西方冷战以苏东阵营解体而告终。世界战略格局与力量对比因此而发生异常深刻和复杂的变化。美国作为后冷战时代唯一的超级大国，综合国力进一步增强，扩张主义、冒险主义和强权政治野心急剧膨胀。它不但利用中国发生的困难发动西方国家对中国进行野蛮制裁，悍然发起海湾战争，公然制造前南冲突，赤裸裸地打击新南斯拉夫，同时大力推动北约东扩，到处制造颜色革命，最终捅开了中东马蜂窝，把国际恐怖主义和中东战乱的祸水引向了全世界。声称可以同时打赢两场局部战争的美国，将构建一超独霸的单极世界格局，作为其全球战略目标。

进入21世纪以来，世界多极化、经济全球化、社会信息化、文化多

元化以及发展模式多样化如潮涌来。各国人民渴望和平发展、谋求合作共赢的意愿比以往任何时代都更加强烈；各国之间的经贸联系、人文合作、安全对话与科技交流比以往任何时候都更加活跃；世界大发展大变革大调整的趋势和特点比以往任何时候都更加鲜明。但美国的冷战思维和新霸权主义仍有增无减，恶性发展。

近年来，民粹主义、民族主义、种族主义、孤立主义以及贸易和投资领域的保护主义在许多国家相互推涌，形成风潮。在这一背景下，美式民粹主义代表人物特朗普入主白宫，成为美国新霸权主义的掌门人。他高举"美国第一""美国至上"的旗帜，运用"退群""毁约""骂阵""制裁""威胁"等各种极端手段，恣意挑战现有的国际秩序和国际关系准则，将美国的霸权主义推进到更加野蛮和荒诞的新阶段。世界形势发展的不稳定不确定和不可测性，由此变得分外突出。国际社会对人类的前途与命运，充满了疑惑和忧虑。

特朗普政府对中国发动的贸易争端，是国际力量对比发生新的变化、世界权力中心向东方转移，特别是中美战略关系持续深刻改变的必然反映。这场经济斗争，既是美国发动的全球贸易战的重要组成部分，更是美国提前与中国进行全局性较量的前哨战。对这场斗争的复杂性、艰巨性及其深远影响，要有清楚的认识和多方面的准备。

三、中美结构性矛盾根深蒂固，维持竞合关系势在必行

中国是当今世界最大的发展中国家，同时又是独树一帜的社会主义国家。改革开放以来，中国的现代化建设取得了震惊世界的历史性成就。进入21世纪后，中国同外部世界的交往与合作日益广泛和紧密。综合国力和国际影响力跃居世界前列。"中国需要世界、世界需要中国""中国走向世界、世界走向中国"，不仅成了国际社会的普遍共识，同时也是推动世界格局全面重组的重要动因。面对国际格局的新态势，习近平多次指出："中国共产党是为中国人民谋幸福的政党，也是为人类进步事业而奋斗的政党。

中国共产党始终把为人类做出新的更大的贡献作为自己的使命。"

美国作为当今世界最大的霸权国家，对发展中的社会主义中国全面崛起如芒在背，对华政策长期带有"接触加遏制"的霸权属性。近年来，中国对自身的国际角色与历史定位有了新的认识，大大强化了在全球事务中的地位和作用，特别突出中国道路、中国经验、中国智慧、中国贡献的影响力与感召力。与此同时，美国国内两党恶斗积弊如山，应对全球性挑战力不从心而产生战略焦虑，难以接受中国迅速崛起的战略不适心态和全面敌视心理与日俱增。

时代在发展，世界在进步。中美关系如今已成为国际关系发展的最大引擎之一。中美发展利益广泛交融、安全关切深度契合，共同治理责任攸关，早已是无法改变的现实。纵观当今世界发展潮流，权衡中国自身发展利益，无论国际形势如何风云变幻，地缘战略博弈如何激烈，亦无论冷战思维多么强势，新霸权主义多么猖獗，中华民族在预定时间内实现全面复兴、实现和平崛起、走向世界舞台中心，这是中国的最大利益和根本目标所在。我们的全部对外工作，包括处理中美关系危机，都要服从这个根本大局，也必须服务于这个崇高目标。

有鉴于此，中国坚持做世界和平建设者、全球发展贡献者、国际秩序维护者，这一历史角色不应因中美关系复杂多变而有任何改变。通过对话协商谈判方式解决中美之间已经出现并且还会不断出现的矛盾与分歧，推动中美关系在既合作又竞争、既竞争又合作的框架下持续不断地向前发展，应当成为中国的不二选择，也是双方共同避免所谓"修昔底德陷阱"的唯一出路。在中美两国非同寻常的历史性博弈中，鱼死网破的思维、两败俱伤的结局，既不符合中国和平发展合作共赢的外交理念，也不符合中华民族全面复兴的根本利益。尽最大努力遏制美国的霸权主义野心，挫败美国阻止中国和平崛起的冒险主义图谋，防止经济冲突危及人文交流并冲击我国的核心利益和重大利益，继续提升中国在全球事务中的良好形象，发挥好负责任的建设性作用，应是我们严防死守的战略底线。

尽管美国作为当今世界唯一超级大国的地位短期内不会有根本改变，遏制中国的战略意图和施压力度还可能进一步加强，但中国有足够的战略定力和耐心，有足够的政治勇气和智慧，也有足够的外交资源和手段，与美国进行长期周旋。既要坚持推动共建新型大国关系的政策主张不动摇，全力争取"斗而不破"的理想局面，同时还要做最坏的打算，准备承受更加严峻的考验，开展更加艰巨的斗争。中国对世界的依靠和世界对中国的依靠同步增强，中国深刻改变自己的同时也将深刻地影响世界，这是我们在国际格局重组中，在与美国进行战略博弈时始终立于不败之地的重要保障。

处理中美关系：既反强权政治又谋平等合作[①]

当前中美关系面临许多问题和挑战，追忆中美关系波澜起伏的发展历程，把脉中美关系陷入准危机状态的背景与根源，探讨中美两国通过管控分歧增进互信拓展共识的前景和路径，意义不言而喻。

中国共产党是中国的执政党，是中国各项事业的领导核心，是中国内外政策的制定者。中国共产党是努力为中国人民谋福祉、为中华民族谋复兴的党，同时也是勇于为国际社会担责任、为人类进步做贡献的党。中国共产党早在异常艰苦的革命战争年代，就十分重视同外部世界，包括美国进步人士在内的国际力量建立并发展友好关系。20世纪30—40年代毛泽东、周恩来、朱德等中国革命领袖同埃德加·斯诺、安娜·路易斯·斯特朗以及史沫特莱等美国作家、记者的亲密交往，与美国派驻延安的军事观察组即迪克西使团的友好合作，与罗斯福总统派往延安调停国共两党关系的赫尔利大使的多方面交往，不仅在中共党史和中国革命史上留下脍炙人口的佳话，同时也为现代中美交往史写下了不可忽略的重要篇章。

新中国成立前夕，美国驻南京政府大使司徒雷登同中国共产党及相关人士进行接触，表达了愿意有条件地承认即将建立的中国新政权的意向。对此，中共领导人采取了完全开放的建设性立场，向美方传递了只要美方断绝与蒋介石集团的关系，中国共产党就可以与美国展开建交谈判的明确立场。遗憾的是，当时的杜鲁门政府优柔寡断，在如何处理同蒋介石集团的关系问题上首鼠两端，丧失了与新中国建立和发展正常关系的历史机遇。

1950年6月朝鲜战争爆发，美国介入朝鲜战争并将战火烧到中国家门口，中美两国卷入大规模的军事冲突。而后，美国封锁台湾海峡，派兵驻

[①] 本文是作者2019年1月出席上海社会科学院美国所举办的2019中美民间高端论坛时的主旨发言。

守台湾，并且在朝鲜战争停战后，与台湾当局缔结共同防御条约。中美两国从此陷入长达30年的相互敌对与隔绝状态。

需要指出的是，即使是在这样一种极端复杂的状态下，中国也没有完全割断与美国的联系。双方在日内瓦建立的秘密外交渠道，很快升级为中美华沙大使级会谈。在50—60年代东西方冷战愈演愈烈、美国坚持孤立和封锁中国、中美大使级会谈时断时续的复杂形势下，中国一方面在国际上坚持反对美国的霸权主义、强权政治和战争政策，另一方面努力寻找机会，力求中美关系早日正常化。毛泽东多次向外国领导人表示，中国愿意改善与美国的关系，甚至可以同美国缔结和平条约，五十年不行就签一百年的。1957年年初他在一次高级领导干部会议上表示，中美两国总是要建立外交关系的。1964年6月，他对来访的印度尼西亚领导人苏加诺讲，新中国成立十五年了，再加十五年，总共三十年，中美关系总要正常化吧。1979年，中美两国终于建立了外交关系。距离新中国成立恰好三十年！

中美两国开启相互交往之门是在1972年。当时，美国在国际事务中面临另一超级大国苏联的全面挑战，中国也感受到来自苏联的外交压力和军事威胁。尼克松为改变美国战略上的不利地位，通过多种方式向中国传达了愿意改善中美关系的信息。毛泽东从改变世界战略格局和中国国际处境的大局出发，权衡利弊得失，做出了愿在北京接待尼克松来访的重大决断。

特别值得回味的是，在中美领导人相互摸底、传递讯息的最初阶段，毛泽东与埃德加·斯诺先生有一段精彩对话。他说："如果尼克松愿意来，我愿意和他谈，谈得成也行，谈不成也行，吵架也行，不吵架也行，当作旅行者来谈也行，当作总统来谈也行。总而言之，都行。"记录在历史档案中的这段谈话，令人信服地展示了毛泽东那一代中国领导人处理中美关系的战略定力、理性思维和包容开放而又机警灵活的策略思想。

不过，尼克松未能兑现在他任内实现中美关系正常化的诺言，中美关系正常化的历史性谈判是在邓小平和卡特先生直接领导和参与下完成的。

在这一过程中，中美双方的博弈跌宕不已，扣人心弦。美方最初是想在保留与台湾的实质性关系的前提下，与中国建立外交关系，立场十分强硬。但邓小平更加强硬，他不止一次对美方指出，中美关系是战略性关系。中美关系中最重要的是台湾问题，实现中美关系正常化，美国必须做到三条：断绝同台湾的所谓外交关系，撤出在台军事人员，废除美台共同防御协定。做不到这三条，一切免谈。

卡特政府在最后关头接受了中方提出的断交、撤军、废约三原则。中美两国于1978年12月签署并发表了建交公报。中方对中美建交予以高度评价，认为这不仅是改写两国关系的大事，同时也是影响国际关系发展进程的大事。当时，美苏两国签署了战略武器条约，国际上一片喧哗。邓小平指出，这件事远没有中美关系正常化意义重大。他说："我们相信中美关系正常化能为美国用先进的东西帮助我们实现四个现代化创造更有利的条件，这点对美国来说也是有利的。"

正是基于这样的分析判断，1979年1月29日至2月5日，邓小平在两国建交后不久，对美国进行了后来被称作"旋风九日"的友好访问，引起国际社会广泛关注。在卡特总统举行的欢迎宴会上，邓小平发表了热情洋溢又充满理性的演说，他指出："我们两国曾在三十年间相互处于隔绝和对立的状态，现在这种不正常的局面终于过去了。我们两国社会制度不同，意识形态不同，但是两国政府都意识到，两国人民的利益和世界和平的利益要求我们从国际形势的全局、用长远的战略观点来看待两国关系。""我们相信中国人民和美国人民的友好合作，不仅有利于两国的发展，也必将成为维护世界和平，促进人类进步的强大因素。"

中美关系后来的发展历程表明，中方关于社会制度和意识形态差异可能影响两国关系的预见完全正确。中美建交后，美国很快通过《与台湾关系法》，并且不顾中方反对，不断向台湾出售武器，试图把台湾打造成"不沉的航空母舰"，用来牵制中国的发展和崛起。中方为维护自己的核心利益，维护来之不易的中美关系，一方面坚持对美国进行有理有利有节的外交斗争，甚至做出不惜两国关系倒退的最坏打算。另一方面不断在策略上展示善意与灵活，坚持用交流对话与协商谈判方式解决所有问题，促使后来的里根政府与中方签署了关于对台售武问题的《八一七公报》。

1989年，由于国内外某些因素相互叠加和影响，中国一度出现异常复杂的局面。自称中国人民老朋友的老布什总统乘人之危，落井下石，动员所有西方国家对中国进行制裁，为中国制造了黑云压城城欲摧的国际困境。面对这种形势，邓小平义正词严地告诉美国，中国不怕制裁，也不会吞下损害自身主权的苦果，不会拿原则做交易。他请当时秘密访华的总统特使斯考克罗夫特先生转告布什，中国领导人不会轻率采取和发表处理两国关系的行动和言论，现在不会，将来也不会，但在捍卫中国的独立、主权和国家尊严方面也决不含糊！中国就是秉持这样的立场，坚持与美国周旋，最后不但打破了所谓的制裁，冲破了孤立和封锁，反而以不可阻遏的积极态势，全方位地投入地区和国际事务之中，成长为现存国际秩序最有力的参与者、建设者和维护者！

2019年是中美建交40周年。40年来，中美关系栉风沐雨，时进时退，迂回曲折，似乎反复无常，令人感慨万千。40年来，美国在经济、技术层面支持中国的改革开放和现代化建设，同时也一直没有放弃阻挠中国和平统一、干涉中国内部事务、在国际舞台上抹黑中国，对中国实行"以援待变""以压促变"战略。中国也一直没有停止揭露美国霸权主义、反对美国强权政治、抵制美国冷战思维，同时也不断推进两国的交流对话，不断深化双方的互利合作，不断加强在地区和国际事务中的沟通与协作。

40年来，中美之间的结构性矛盾一如当初，未能也无法根本解决。双方在地缘政治领域的矛盾和冲突不时显现，有时还表现得异常激烈和尖锐。但总体上看，中美之间已经形成了发展利益高度融合、人文交流极其活跃、安全关切彼此交织、合作领域愈益广泛的可喜局面。这是两国政府和人民共同努力的结果，它所反映的是相互尊重、彼此开放、包容合作、休戚与共的时代精神，是和平共处、文明互鉴、联动发展、共谋繁荣的历史潮流。

近年来，美国对中国的快速发展心怀忌惮，对中国的和平崛起疑惧陡生。中方推动构建新型大国关系的良好意愿和行动，未能得到美方理解、认同和响应。双方在许多领域的摩擦和冲突呈现与日俱增的消极态势。特朗普入主白宫后，对华发起了令全世界匪夷所思的贸易战，我们将其称为贸易摩擦。为了将这场冲突引发的负面效应控制在最低限度，我们将双方正在进行的谈判称为磋商。我们期望双方共同努力，使中美关系中的消极倾向得到有效遏制，而不是变本加厉，继续朝着更加危险的极端方向发展。

中国共产党是一个执政经验非常丰富的党，处理内外事务进退有度。中华民族久经国际斗争考验，比任何时候都更加成熟。中国政府拥有足够的外交资源和手段，足以应对国际格局深刻变革的冲击和考验，也能够牢牢把握大国关系。我相信，既反对强权政治又谋求平等合作，将来依然是中国处理中美关系的坚定立场和原则。

中美关系是当前世界大变局中的最大变数[①]

矛盾无时不有，矛盾无处不在，这是马克思主义哲学关于矛盾普遍性的主要观点之一。当今世界各种矛盾和冲突广泛存在，反复证明了这一历史唯物主义基本观点的真理性。2008年金融危机在美国等西方国家集中爆发以来，世界形势的不稳定和不确定性，特别是中美两大经济体相互关系的不可测性，比以往任何时候都更加突出。

一、中美关系在跌宕起伏中曲折发展已成历史常态

当今世界正处于冷战结束以来前所未有的深刻变革之中。从全球政治角度看，美国等西方国家与俄罗斯历史形成的地缘政治矛盾，近年来持续升级。俄罗斯与昔日的兄弟国家格鲁吉亚、乌克兰先后爆发冲突，至今仍处于准战争状态。欧盟东扩与自身建设严重脱节，导致内讧不断，没有英国的欧盟与退离欧盟的英国如何相处，欧洲一体化走向何方，一切都不得而知。滥觞于西亚北非的所谓"阿拉伯之春"，由于美等西方国家的策动与推涌，动乱与战乱彼此叠加，大规模难民外溢对亚欧地区秩序造成严重冲击。在中东地区内外势力竞相博弈的大背景下，西方世界与伊斯兰世界的矛盾以及伊斯兰世界内部的各种矛盾，盘根错节，密切交织。以伊斯兰国为突出代表的国际恐怖势力，乘机向整个国际社会发起巨大挑战。

特朗普上台后，美国与外部世界的关系全面重整，与欧盟等传统盟友的关系趋于复杂，国际关系与运行原则受到意想不到的威胁和破坏。受此影响，本来就很不平静的拉美地区风向骤转，右翼势力开始主导巴西等国政局。委内瑞拉局势因为美国深度插手而深陷危机，地区格局变数增多。

[①] 本文是作者2019年2月出席在北京召开的一次研讨会上的发言。

美国军事干预委国局势与俄美两国在拉美展开较量的可能性同步加大。新西兰发生的恐怖袭击，是当今世界广泛存在的族群矛盾与价值观冲突此生彼长的又一突出例证。

在当今世界所面临的百年未有之大变局中，中美关系的发展路径与未来走势备受瞩目。虽然中美之间已经形成的三个重要历史性文件——《上海公报》《中美建交公报》和《八一七公报》，为两国关系的发展奠定了政治基础，但总体上看，中美关系的发展并不顺利。跌宕起伏，一波多折，始终是中美关系发展的突出特点。1979年中美刚刚建交，美国国会就通过了《与台湾关系法》，为艰难起步的中美关系投下了巨大阴影。1989年，美国利用中国出现的内部困难，动员整个西方世界对中国实行严厉制裁，给中国改革开放事业造成重大伤害。1995年台海危机时，美国两艘航母进入台湾海峡，为"台独"势力撑腰，破坏中国统一大业。1999年，美国战机轰炸中国驻南斯拉夫大使馆，造成重大人员伤亡和财产损失。2001年，美国军机又在中国南海上空捣乱滋事，撞毁我军机，导致机毁人亡。此外，美国还经常利用台湾、西藏、新疆等问题粗暴干涉中国内政，对中国指手画脚，说三道四，败坏中国的国际形象，干扰中国与周边国家乃至整个外部世界的良性互动。

二、美国霸权本性决定其必然全力阻碍中国和平崛起

进入21世纪以来，中美关系沿着曲折而动荡的轨迹，继续起伏不定地向前发展。2001年入主白宫的共和党人小布什，曾明确宣布中国和俄罗斯是美国的战略竞争对手，就任总统后很快摆出全面中止对华接触政策的强硬架式。由于"9·11"事件的发生，小布什政府出于反恐需要，才不得不转而实行现实主义的对华政策。竞争与合作相互交织，一度成为中美关系主旋律。民主党人奥巴马执政期间，中美关系总体上维持了既竞争又合作的基本格局。两国关系最终形成了发展利益深度融合、人文交流愈益广泛、安全关切密切交织、协商对话持续推进、相互需求与日俱增的新态势。

中美关系的新态势，有利于国际关系的总体稳定，有利于世界多样化进程，有利于经济全球化健康发展，有利于全球治理有序有效地向前推进。但近年来，受美国国内政治生态和整个国际大环境发展变化的影响，错综复杂的中美关系很快转向了艰难而复杂的发展阶段。特朗普打着"让美国重新伟大"的旗帜当选总统，将美国经济困难的主要原因归结为外贸失衡，并将消除中美贸易逆差视为改变美国对外经济关系的首要选项，悍然对中国发动贸易战。在此基础上，越来越多对华不友好的保守派人士云集到特朗普周围，成为特朗普政府处理对华关系的谋士与高参。美国对华政策全面趋强，渐成难以阻遏之势。

2018年4月，美国商务部对中国中兴公司施加制裁，使中兴公司的全球业务陷入停顿。而后，美国在全球范围内封杀华为公司，围绕5G问题公开组织针对华为的统一战线，同时对两国学术交流进行严格控制。中美关系进入40多年来极为复杂的严峻局面。2019年年初，特朗普政府颁布国家安全战略报告，毫不隐讳地将中国定位为美国的战略竞争对手。受此影响，美国知识界和媒体也越来越倾向于认为，中国崛起将对现有国际秩序，特别是美国的霸权地位构成冲击。中美双方在经济、政治、外交领域的摩擦迅速加剧。

美国发动对华贸易战而引发的中美冲突，正在向纵深发展。美国向中国全面施压，不仅要迫使中国在经贸领域和经济政策方面对美国做出大幅度让步，同时还要迫使中国放弃或改变雄心勃勃的科技发展计划《中国制造2025》，打乱中国在经济和科技领域追赶美国的步伐，中断中华民族走向伟大复兴、走向世界舞台中心的历史进程。美国对中国的偏见与成见早已根深蒂固，遏制中国发展与崛起的意图由来已久，双方因历史文化不同、社会制度不同、意识形态不同、战略利益不同而产生的分歧与差异将长期存在，中美之间的矛盾与冲突将未有穷期。

三、维护并推动中美关系稳定发展已是时代诉求

大国关系历来是国际关系的最重要组成部分，是世界格局重组与安全形势演变的最主要因素。现阶段的中美关系，是大国关系的重中之重，影响着世界局势的阴晴冷暖，牵动着国际关系的总体走势。这是由中美双方的实力地位和国际影响决定的。

美国是当今世界唯一的超级大国。虽然其世界霸主地位和作用较之过去有明显下滑，但综合国力，特别是科技潜能和军事实力，仍是任何其他国家无法比拟的。中国作为世界最大的发展中国家，改革开放以来取得巨大成就，国力大增，国威大振，对外部世界的影响力、感召力大幅提升，客观上对美国的全球霸主地位构成挑战和冲击。尽管中国的经济总量目前不到美国的 2/3，但发展潜力无可限量，在可预见的未来有望成为第一经济大国。

中国是具有数千年文明传承的社会主义国家，具有己所不欲，勿施于人的优良传统。在对外关系领域始终坚持和平共处五项原则、《联合国宪章》精神和国际关系基本准则。虽然近年来中美两国的矛盾与摩擦越来越多，越来越尖锐，但中方始终坚信并反复强调，双方发展利益互补与安全关切互求的局面也在进一步加强。作为世界第一和第二大经济体，中美两国处理相互关系，既要对各自国家负责，也要对世界各国负责。中美关系的健康发展事关整个国际关系的和谐与稳定。

人类社会从来都是利益攸关、命运与共的统一体。在经济全球化持续发展的新时代，各国之间的经济联系愈益广泛，人文交流更加活跃，安全对话日渐深入。中美建交 40 年来，双方在维护世界和平与稳定，推动人类进步与繁荣方面，已经形成广泛的共同利益和责任。两国推进以协调、合作、稳定为基调的新型关系，需要在政治、经济、安全等各个领域坦诚沟通，在地区以及全球层面深化合作，通过有效管控分歧，及时化解危机，持续不已的良性互动，构筑符合时代潮流的大国关系新范式。双方要从世

界格局、力量对比、国际关系演变的新情况出发,把两国关系置于经贸合作、人文交流、安全对话三大基石之上。

深刻变革中的当今世界,期待中美两国本着对历史和现实高度负责的态度,妥善处理两国关系,为整个国际关系的健康发展注入积极因素。中美两国也应当在相互尊重、彼此包容的基础上,求同存异,坦诚合作,共谋未来,为人类和平发展事业做出应有的贡献。

中美两国人文交流与合作仍然不可或缺①

当前国际大环境变得越来越复杂，研究和探讨人类社会新一轮百年变局来临之际，中国如何更好地利用外部资源和条件，利用人类社会创造和积累的一切优秀文明成果，更好地实现自身的优质发展，推进中华民族的加速成长具有重要意义。具体而言，就是在当前中美关系变得越来越紧张的特殊形势下，如何在激烈、复杂、持久的国际人才竞争和综合国力较量中，做好中美两个大国人文交流与合作这篇大文章。

第一，中美关系前景不容乐观，双方战略博弈将是长期、复杂而激烈的。

人类社会从来都是充满差异和矛盾，遍布对立与冲突的统一体。大国关系作为影响国际事务的主要因素，在很大程度上决定着国际关系的阴晴冷暖和世界格局的变革方向。中美关系是当今世界最重要、最敏感的双边关系，在国际关系体系中发挥着牵一发而动全身的特殊作用。中美关系如何发展，不仅事关中美双方的发展利益、安全利益和国际处境，同时也事关世界的和平与发展，事关人类文明的发展进程。目前中美关系正处于剧烈变动之中，两国间不断升级的贸易摩擦已蔓延到政治、金融、科技、人文、安全等诸多领域，影响到非常广泛的地区性与全球性问题。

中美关系之所以出现这样一种局面，主要原因在于近年来新兴经济体国家全面崛起，国际力量对比发生了西方世界特别是美国不愿看到的重大变化。在这一过程中，中国迅速成长为世界第二大经济体，对世界经济增长的拉动作用已经远超美欧日发达国家总和，全面增强并迅猛释放的科技潜力和创新能力，对人类进步发展事业的引领作用超乎寻常，在地区和国

---

① 本文是作者出席第四届21世纪海上丝绸之路国际智库论坛（2019）平行论坛——人才与创新创业论坛时的发言节选。

际事务中的影响力和感召力，在推动新一轮经济全球化，进而推进新型全球治理方面的动员力和协调力迅速提升。中华民族全面复兴与中国走向世界舞台中心已锐不可当，世界权力中心向东方转移的历史大势已不可遏制。

相形之下，作为当今世界头号超级大国的美国在建国之初形成的体制和机制已明显落后于时代，两党恶斗常态化，政治和法律问题堆积如山，经济和社会发展问题积重难返。美国同外部世界的关系，包括同它所主导建立的国际组织体系以及传统盟国的关系，矛盾重重，冲突不断，致使其处理国际事务的能力和手段今不如昔，整个美国社会因此陷入战略惶恐与焦虑状态。正是在这一背景下，集民粹主义、种族主义、利己主义、霸权主义思维于一身的特朗普，高举"美国优先"的旗帜入主白宫。两年多来，特朗普政府全面调整美国对外关系，向现存世界秩序和国际关系准则发起粗暴冲击。

中国因历史传承、文化底蕴、社会制度、价值体系、发展道路、国际战略取向不同于美国，不可避免地被极为保守和偏激的特朗普政府视为最大战略竞争对手，视为美国在全球范围内展开新一轮战略进攻的主要攻击对象。特朗普与前总统卡特通电话时直言不讳地表示，他非常担心中国会领先于美国。显然，无论中方释放多少善意，做出多少努力，中美关系至少在特朗普执政期间难有大的转变。对此，我们要有充分的估计和准备。

第二，中美脱钩论应运而生，其实质是要将中国隔绝于世界进步发展的统一进程。

2018年3月，特朗普政府发起对华贸易战，随后运用非经济手段，重创中国中兴公司，而后又重拳出击，不遗余力地构建封杀华为的技术联盟。面对美方的"新冷战"行为，中方将原则坚定性与策略灵活性高度统一起来，表现出非常坚定的战略定力和十分娴熟的外交技巧。一方面，中方因势利导，积极应对美方挑战，努力争取以谈判方式解决经贸纠纷；另一方面，中方谋势而动，进一步加大对外开放力度，全面提高与世界各国文明互鉴的质量和水平。但美国对中方要价畸高，将两国经贸纷争扩展到政治、科技、金融和人文领域，甚至在台湾、南海等所有涉及中国核心利益的敏感问题上对中国施压，又在香港问题上对中国指手画脚，对华霸凌主义发展到穷凶极恶、令人发指的地步。

由于特朗普身边集中了一批充满冷战思维的政客，他们不遗余力地抹黑中国国家形象，歪曲中美两国关系性质，美国的所谓主流社会，包括共和民主两大政党头目、商界学界精英和媒体大咖，越来越倾向于接受特朗普的思维导向，即将中国视为美国未来的最大威胁和挑战。这种杯弓蛇影式的"忧患"意识、令人啼笑皆非的"恐华"心态，成了美国政府对华政策的思想基础，成了特朗普处理对华关系的行为指南。

2019年，美国开始收紧青年学生赴美留学进修、专家学者赴美学术访问和科研考察的签证。许多已经在美生活工作多年甚至已经入籍的华人专家学者，受到了各种形式的监视、追查和迫害。有迹象表明，中国学者赴美进行学术访问今后将变得越来越难。双方的人文交流与科研合作，将受到越来越严重的干扰破坏。

中美关系呈现"准危机"或"新冷战"状态，导致"中美脱钩论"应运而生。在美国，所谓"脱钩"就是要中止美国与中国的经贸关系，进而中止双方在金融、科技、人文、安全事务等各领域的交流与合作。其险恶用意是要全面孤立中国，阻止中国与世界的良性互动，将中国隔绝于世界和平发展与共同进步的历史大潮之外，彻底阻断中华民族全面复兴与现代化发展即和平崛起进程。日前，特朗普推动中美贸易战再次升级，并且命令美国企业全部撤出中国。虽然他的命令未必能够执行，但"脱钩论"由概念变为行动、变为美国国家意志和政策的危险性在增大。

在我国，有些人出于对美国霸权的强烈义愤，或者出于对美国和平演变战略和颜色革命图谋的担心，也主张断绝或暂停与美国的联系，尤其是人文交流与合作。这种跟着美国思维走的意见和主张是不理智和不可行的，也是非常短视和有害的。其实质是重复当年苏联的平行市场、独立体系、对立阵营、全面抗衡的国际关系理论和实践，后果不难预测，危害可想而知。

第三，维持并扩大对美人文交流，是全面实践中国特色大国外交的战略需要。

无须讳言，中美之间的结构性矛盾和利益相左产生的对立与冲突，是长期的和历史性的，是难以根本化解的。但中国仍然需要坚持不懈地，甚至是积极主动地对美国开展人文交流与合作。

之所以有此必要，是因为在双方这场长期而曲折的历史性博弈中，美国将处于矛盾的主要方面。这不仅是因为美国在战略力量方面仍然拥有非常大的优势，更重要的还在于美国同时还是超级经济大国、超级科技大国、超级教育大国和超级文化影响力大国，也是世界公认的超级人才大国和超级创新创业大国。美国之所以有今天，原因很多，其中重要一点就是重视科技，重视教育，重视创新创业，重视人文交流合作，重视吸引世界各地的优秀人才，善于掠取和利用其他国家的智力资源。换句话说，美国所积累的和正在创造的经济成就和科技成果，并不是美国垄断资本集团的私有财产，本质上是人类社会各种优秀文明成果的集成。因此，在人文领域，美国许多地方值得我们认真研究和借鉴。社会主义就是要在利用人类社会创造的一切优秀成果的基础上发展起来，未来也必须通过文明互鉴为自己开辟新的前进路径。

当然，必须十分清楚的是，我们努力争取保持、扩大和尽可能深化与美国的人文交流与合作，首先要符合中国特色大国外交总体推进的战略需要，要服务于中国走向世界而世界也走向中国的双向互动，服务于新时代中国共产党人倡导民心相通推进文明互鉴的理念与政策。

近年来，随着中国走向世界舞台的步伐不断加大，我国对外开展人文交流与合作的步伐不断加大，并且已经成为我们党和国家乃至整个社会共同参与的一项重大事业，涉及文化、教育、科技、传媒、智库、环境、体育、卫生等诸多部门和领域。其中，加强中国发展道路与治国理政经验传播，在全世界树立中华民族、中国共产党开明开放的良好形象，提升中国特色社会主义的国际影响力至关重要。

此外，在当今世界科技竞争十分激烈、人才争夺也异常激烈的背景下，坚持与美国开展人力资源合作与科研项目合作，特别是教育交流合作、科技项目合作，对我国具有极为特殊的意义和作用。无论从中国经济社会发展现代化的实际需要出发，还是从稳定和改善中美关系的长远考量出发，或是从推动构建人类命运共同体的崇高理念出发，扩大并深化中美人文交流合作，尤其是教育、科技、智库的交流与合作，都不能偏废，不能中止，不能弱化。美国既应该是我国开展对外传播的重要对象，也应该成为我们开展国际科技合作、教育合作、人才合作、创新创业合作的首要伙伴。

中美两国应在相互尊重平等相待的基础上寻求合作

美国是当今世界最大的发达国家,是在经济、科技、教育、文化等诸多领域,特别是军事领域拥有超强实力,对全球事务拥有重大影响的超级大国。中国是当今世界最大的发展中国家,因为选择了符合本国国情的社会主义道路,建立了独特的政治经济制度和社会治理模式,取得巨大发展成就,国际地位持续上升,在国际事务中发挥着越来越重要的作用。

中美两国历史底蕴不同,文化背景不同,制度设计不同,发展路径不同,价值观体系不同,对外战略目标和国际政治思维自然彼此不同,双方认识和判断事物的视角与标准截然有别。观察和处理问题的方式方法,有时相去甚远。这些无法根本调和的结构性矛盾长期存在,深刻地制约中美关系的发展,并且在很大程度上影响整个国际关系,影响当今时代的全球治理和人类社会变革方向。

2019年是中美建交40周年。40年来,中美两国关系错综复杂,冲突不断,有时甚至出现异常深重的危机局面。但中方始终秉承既反强权政治又谋平等合作的原则立场,中美两国形成了激烈竞争与互利合作并存、彼此防范与相互借重同在的大国关系新范式。这种良性互动、健康运行的新型大国关系,给双方人民带来实实在在的福祉,也给世界和平发展提供了难得的机遇。

目前,我们所处的世界已进入冷战结束以来最复杂、最深刻,也许是最剧烈的历史过渡期,开启了第一次世界大战后又一个百年进程。国际政治、世界经济、共同安全、全球治理等诸多领域,矛盾的多发性、尖锐性与联动性有目共睹。在这一大背景下,2018年3月,特朗普政府不顾中方警告与反对,断然发起对华贸易战。中美关系剧烈动荡,跌宕不宁,举世皆惊。

中美关系突如其来的异变,严重地动摇了双方在政治、经贸、人文、安全等双边领域开展合作的现实基础，同时也影响了地区性与全球性问题的解决，不利于国际秩序重构与全球治理体系改革。面对美方"新冷战"式的对华政策，中方表现出足够的外交定力和战略耐心，积极同美国进行对话协商，努力争取以谈判方式解决两国经贸关系中存在的问题。

面对中美关系这种"准危机"状态，或者说"新冷战"局面，双方应将加强协调、促进合作、稳定发展作为两国关系的总基调。只有把握这样一个总基调，中美双方才能更好地解决两国关系中可能遇到的种种问题，才能共同应对各种层出不穷的地区性全球性挑战。亚太地区和全世界的和平稳定与共同发展，才能由理想变为现实。

在这个曲折多变的战略性、历史性博弈中，美国将在相当长一个时期处于矛盾的主要方面。这不仅因为在实力方面美方拥有较大优势，同时还在于中美摩擦与冲突主要是由美方挑起的，美方责任更大。面对这种情况，中方不会简单周旋，不会消极无为，更不会无原则地妥协退让，而是要坚决反对霸权主义和强权政治，坚持以对话谈判方式解决矛盾冲突，大力推动美方与中国相向而行。

中美双方相向而行，就是要共同努力，全面激活并有效利用双方已经搭建的各种交流机制与对话平台，以开拓进取精神谋求彼此尊重、相互包容、求同存异的平等合作关系，努力在战略安全问题上坦诚沟通，在经济技术和人文领域扩大互利合作，对存在重大分歧和蕴含危机的问题实行有效管控，通过坚定不移和坚持不懈的理性互动，规避"修昔底德陷阱"，持续构筑中美关系新范式。

中美两国的结构性差异和矛盾是广泛而深刻的。双方围绕社会制度、发展道路与价值观体系的摩擦与冲突，是难以调和甚至是不可调和的。因此，构建协调、合作、稳定的中美关系，不能单纯以经贸关系为基石，而应置于经贸合作、人文交流、安全对话三大基础之上。尽最大可能推动中美关系回归良性互动与理性发展轨道，既符合中华民族实现全面复兴进而走向国际舞台中心的时代要求，也符合美国维护自身的战略定位，符合人类社会共同进步与安全合作的普遍利益。中美双方对此要有清楚的认识,历史已经证明并将继续证明:中美两国是对世界和平发展、对人类共同安全负有特殊责任的大国,必须以相互尊重为基础,以平等相待为前提,在彼此包容、对话协商的条件下,坚持不懈地寻找互利合作的契合点,千方百计地扩大协商协作的公约数。舍此别无其他选择。

无论未来两国关系面临多么大的困难,双方在地区和国际事务中面临多么大的挑战,双方都要从本国的长远利益出发,从世界人民的共同利益出发,坚持以政治方式、以和平方式、以平等协商与友好协作的方式,解决矛盾,规避冲突,克服危机,寻求共赢。这是中美双方必须做出的选择,也是国际社会对中美两国的最大期待,是时代赋予中美双方的共同使命。

第五篇
"一带一路"建设与文明互学互鉴

中国与东盟:"一带一路"建设的愿景与路径[①]

2013年秋,习近平主席访问哈萨克斯坦时提出了"丝绸之路经济带"合作倡议,访问印尼时提出了"21世纪海上丝绸之路"合作倡议,合称"一带一路"。随后,习主席在中央经济工作会议上称"一带一路"建设是中国腾飞的两只翅膀,为"一带一路"赋予了很高的意义。"一带一路"是以习近平同志为核心的党中央着眼世界格局演变和中华民族伟大复兴提出的重大战略,为中国在新时代实行全方位对外开放指明了方向,成为我国今后较长时期对外开放与对外合作的总战略。"一带一路"是中国向世界提供的最重要的国际公共产品,是目前世界上规模最大的国际合作平台,标志着我国将进一步融入和引领全球化,在周边事务和全球治理中发挥更大作用和影响。

中国与东盟国家关系处于历史上较好的发展时期。作为"21世纪海上丝绸之路"始倡之地,东南亚是我国推进"一带一路"建设的优先地带和重点区域。几年来,"一带一路"国际合作在东南亚地区先行先试,势头强劲,取得重要积极进展,示范带头作用明显。总结起来,主要有以下几个方面。

第一,共建"一带一路"成为地区广泛共识。根据统计,老挝、柬埔寨、越南、缅甸、新加坡、马来西亚、泰国等都与我国签署了共建"一带一路"合作文件,老挝、马来西亚、柬埔寨、菲律宾等与我国签署了产能合作文件。积极参与"一带一路",加强与中国的战略对接,改善本国基础设施、提高经济"造血"能力,成为东盟国家的共识。

第二,基础设施互联互通取得实质进展。基础设施互联互通是"一带

[①] 本文是作者2018年9月在广西大学举办的有关"一带一路"建设问题的国际研讨会上的发言。

一路"建设的核心内容、早期收获的重点领域，也是我们投入最多的领域之一。我们与东盟国家共同打造硬件、软件、人文交流"三位一体"的地区互联互通网络，建设的"旗舰项目"很多，且都进展明显，成效显著。印尼雅万高铁全面开工，全线控制性、重难点工程土地陆续交付使用，项目资本金及银行贷款按照建设需要落实到位。中老铁路进入全面建设施工阶段，中泰铁路项目一期工程动工建设。中缅油气管道项目实现全线运营。中新南向通道建设、中印尼"区域综合经济走廊"合作全面启动。中国—东盟航空运输市场已超越日、韩等国，成为我国在周边最大的国际航空运输市场。

第三，经济走廊建设稳步推进。中巴经济走廊是"一带一路"境外全要素建设进展最快的项目，早期收获项目中22个已开工或完工。孟中印缅经济走廊建设有所进展，四国就合作目标、机制、领域及工作路线图达成共识。

第四，产能合作全面展开。我国与沿线国家的贸易投资合作不断扩大，重要的方面就是在境外建立经贸合作区，为沿线国家培养"造血"功能。截至2018年，我国与沿线国家已建设80多个境外经贸合作区，为当地创造了24.4万个就业岗位。在东盟国家，中柬西哈努克港经济特区，中老磨憨—磨丁经济合作区、万象赛色塔综合开发区，中印尼综合产业园，中马"两国双园"（广西钦州、彭亨关丹）等进展顺利。中越深圳—海防经贸合作区、中马马六甲临海工业园区、中缅皎漂经济特区深水港和工业园区项目均启动并有序推进。

第五，民心相通不断深入。中国是东盟旅游的最大客源国，越、马、菲、缅来华旅游人数年超百万。双方每年人员往来将近4000万人次，每周有2700架次航班往来于中国与东盟国家。中国在东盟国家的留学生达到12万，东盟在华留学生超过8万。中国在东南亚国家设立60余所孔子学院和孔子课堂，还建成30多所中国—东盟教育培训中心。中国强化与东盟各国多层次、多领域的人文交流与媒体合作，推动援外向民生领域及

"一带一路"重大项目沿线倾斜,为各国民众友好交往和商贸、文化、教育、旅游等活动带来了便利和机遇。

第六,机制、平台建设等配套日益完善。一是国家层面的规划出台,顶层设计日趋完善,中央各部门,中央和地方分工协作、合力推进。二是投融资平台为建设提供有力支撑。亚洲基础设施投资银行正式运营,成员已经增至87个,东盟10国全数加入,在印尼等国的首批项目也已出台。丝路基金加快实质性项目投资。中国东盟合作基金增加资金,并且在东盟秘书处设立了专门基金管理团队。国内各类金融机构"走出去"步伐加快,中资商业银行和政策性银行网点布局已经覆盖东盟10国。

"一带一路"的四大重点合作:一是基础设施互联互通,二是能源资源合作,三是产能合作与投资,四是人文方面的合作。同时,这些又离不开四个支撑:一是体制机制的支撑,中央统一领导,各部门、企业等发挥作用,各尽所能,优势互补,形成干事创业的合力。二是政策支撑。政府部门牵头,先与有关国家形成政府间协议,同时对项目审批、财税等方面给予支持和政策倾斜。三是金融支撑,一方面由开发性金融机构牵头操作投资额度大的项目,一方面建立新的投融资平台提供投融资支持,还鼓励和支持企业自筹资金。四是地方合作的支撑。地方合作是国家间合作的重要组成部分,也是具体合作成果惠及基层的重要渠道。截至2017年,北部湾港已建立与7个东盟国家47个港口的海上运输往来,29条外贸航线实现东盟主要港口全覆盖,成为衔接"一带一路"的重要门户。

在看到成绩的同时,我们也要看到随着"一带一路"的深入推进,不可避免会遇到一些风险和挑战,东盟国家的代表性也较突出。

第一,政治风险不可避免。"一带一路"跨越几大洲,涵盖几十个国家,80%处于政治、经济和社会转型阶段,政党轮替频繁,政策稳定性不高,不少还是战乱国家和敏感国家,呈现多文明交汇、多力量交织、安全形势复杂等特点。"一带一路"经过东南亚,主要涉及我国与有关国家在南海的岛礁主权和海权争端,也涉及海盗问题,还有大国对海上战略通道、重要港口准入权、控制权之争，情况非常复杂。

东盟国家大多数对"一带一路"表达了积极态度，但极少数国家还心存疑忌。战略上，大部分东盟国家还秉持着"安全上靠美国，经济上靠中国"的大国平衡战略，不少国家认为"一带一路"是中国的地缘政治大棋局，"一带一路"的推进让他们感到不适应和紧张。实利方面，目前我们在东盟国家投入的多是基础设施、能源资源等大项目，同所在国政治形势密切相关，牵动着他们的政治生态和利益格局，有些项目成为其国内政治斗争的"热点"。有的国家对"一带一路"项目抱有"捞实惠、早得利"等投机心理，相互攀比，坐地起价。

第二，安全风险。一方面反恐斗争取得积极进展，"伊斯兰国"在中东战场被打散打弱。另一方面，组织易毁，思想难除，恐怖活动已经在全球"遍地开花"，恐怖主义回流东南亚的问题突出。我们的项目受关注度越高，恐怖主义带来的直接现实威胁越多。有关动向为我们敲响警钟。

第三，大国的牵制干扰。"一带一路"的顺利推进是有些国家不愿意看到的，美国怕中国借丝绸之路在亚洲坐大，分化、弱化美国在亚太的同盟体系，动摇美国在亚洲苦心经营的威信、规则和秩序，最终将美国"踢出亚洲"。日本对"一带一路"倡议充满了矛盾，既希望搭乘"一带一路"发展的顺风车，分享利益，又不愿意中国主导这个合作。日本提出不在"一带一路"框架下与中国合作，而是在"印太战略"框架下合作。印度对"一带一路"建设疑虑重重，抵触十分明显，是周边大国中唯一缺席"一带一路"国际合作高峰论坛的国家。欧洲一些国家对"16+1"等合作心存疑虑，俄罗斯也担心"丝绸之路经济带"影响其主导的欧亚经济联盟。可以预见，少数大国的焦虑和不安还会上升，防范牵制还会有所发展，会伴随"一带一路"推进的全过程。

第四，负面舆情民意风险。国际话语权"西强我弱"，美国媒体诋毁"一带一路"是"借贷陷阱""掠夺性经济行为"和"新殖民主义""国家资本主义"。一些西方媒体还无中生有地报道，中方通过亚投行转嫁国内债务、输出坏账和"僵尸"企业负担,并批评项目实施不透明,违反劳工、环保、公开采购等国际规则和标准。一些东盟国家媒体借助征地、拆迁、环保、劳工权益等问题攻击中国在当地的重大建设项目。有些老百姓没有从"一带一路"项目中得到实惠,产生不满情绪,在有西方背景的非政府组织和不良媒体的蛊惑下,很容易被推向反面。另外,反华势力及西方非政府组织借助新媒体制造和传播涉华负面舆论,煽动群体性事件。

第五,"水土"的问题。企业在东盟国家经营,要面临不同经济体制机制、营商环境等问题。有的国家保护主义抬头,市场准入限制增多,有的国家法律制度不透明,政策缺乏连续性,产业支撑条件差,贪腐问题严重,有的国家主权信用评级低、负债率居高不下,抗风险能力弱,币值稳定性差。我国企业在跨国经营、风险管控方面存在短板,面临的困难和阻力不小。

"一带一路"建设是一项伟大的事业,是一项系统工程,也是一项艰巨的事业,不要急于求成。"一带一路"在东盟国家已经从开垦播种的起步阶段转入落地生根、开花结果的全面推进阶段,主要体现在如下方面。

第一,夯实基础,深化双边关系。中国的发展需要有一个友好、稳固的周边关系,任何合作都是在双边关系友好的基础上进行的。东南亚是我国周边外交的优先方向,我们要坚持睦邻友好,坚持互利共赢,践行亲诚惠容理念,与东盟国家共享发展机遇。

要因国施策,针对各国不同关切"对症下药"。东南亚各国发展程度不一,经济合作需求不同,我们要展现大国气度,坚持正确义利观,多予少取,更多考虑和照顾合作伙伴的利益,推进"一带一路"与各国经济发展需求深度对接。要遵守亚洲国家在长期互动过程中形成的相互尊重、平等相待、协商一致、照顾各方舒适度的亚洲方式,寻求我们与东盟各国的利益共同点和最大公约数,在此基础上制定出国别合作规划,扎扎实实地推进,真心实意地帮助东南亚国家增强自主发展能力。

要加强区域合作,以多边促双边。中国—东盟关系已经实现了从量的积累到质的飞跃，从快速发展的成长期迈入提质升级的成熟期，进入全方位发展的新阶段。要继续提升与东盟的合作水平，在坚持10+1的同时，展开一些1+X的小多边合作。要坚定致力于自由贸易和区域经济一体化，应对贸易保护主义，并尽快推动达成"区域全面经济伙伴关系协定"（RCEP）。

第二，完善体制机制建设。一是国家与国家之间。除了常规的战略对接、政策协调，还可以考虑建立单独的协调机制，从政府层面解决"一带一路"推进的重大问题、双方各自关切。习主席在第一届"一带一路"国际合作高峰论坛上提出中国将设立"一带一路"国际合作高峰论坛后续联络机制（外交部国际经济司设有专门处室）、成立财经发展研究中心（设在厦门国家会计学院）、建设促进中心（设在发改委）等等。

二是各部门之间、中央和地方之间。中央层面需要顶层设计来完善法律法规和管理体制的问题。各部门之间需要统筹协调问题，首先要分清权责，其次要建立跨部门的协调机制，推动形成一盘棋，齐心协力。地方有个侧重的问题，各地已经制订了实施方案，要落实好这些方案。同时立足当地，发挥比较优势，打造好拳头产品，创立鲜明的地方合作品牌。尤其是各个地方对外都有自己的友好省市，要做好"一对一"的定制合作。"小河有水大河满"，地方合作搞好了，"一带一路"倡议自然就能更好地落实。

三是企业之间。推进"一带一路"，宏观层面是政府引导，微观层面则是企业做主角。目前，我们的企业存在单打独斗、恶性竞争，经营灵活性不强，本地化程度不高，履行社会责任不力，抗风险能力不足等问题。企业要从传统的工程承包向投资、工程、运营综合性开发迈进，要与沿线国家企业加强对接，做到互利共赢。要打造企业"出海"的"航空母舰"，通过明星企业的对外拓展，为"一带一路"开疆拓土。要充分发挥行会、中资企业协会的作用，规范企业的竞争关系，鼓励抱团合作，避免出现恶性竞争。

第三，完善布局，突出重点。从布局来说，我们要以基础设施和产能合作为重点，以资源、能源和金融合作为开拓方向，以人文交流为纽带，扎实推进"一带一路"建设，形成联通东盟各国的交通网、自贸区、产业带、人文圈。

从格局上看，要构建以市场为基础、企业为主体的区域经济合作机制，广泛调动各类企业参与，引导更多社会力量投入"一带一路"建设，努力形成政府、市场、社会有机结合的合作模式，形成政府主导、企业参与、民间促进的立体格局。

从重点看，要抓项目。"一带一路"成不成，项目落地是硬道理。要重点推进中老、中泰铁路，雅万高铁，中新"南向通道"等，争取早日形成泛亚铁路网，打造区域互联互通的典范，起到坦赞铁路这样的示范作用。要着力解决投资贸易便利化问题，加强中老、中马、中缅等产业园建设，打造产能合作的亮点。

第四，做大做强投融资支撑。现在的国际大背景是，美国高举保护主义大旗，减税、加息，促使美元从海外回流，市场上资金紧张，新兴市场国家爆发债务危机、经济危机、汇率危机的概率增大。从这个角度看，东盟国家需要中国。从政策上，一方面，要对无关技术和产业发展的对外投资加强审核监管，另一方面，要算好政治账，在市场化融资模式的前提下，对"一带一路"的重点项目适当放宽贷款条件，亚投行、丝路基金等融资平台也可以适当向东南亚倾斜。从融资安排上，要加强创新，拓宽融资渠道，探索政府、社会资本多元投入模式。要发挥援外资金的先导作用，一些大项目由开发性金融机构牵头，带动和吸引民间资本参与，争取形成合力。

要以"一带一路"为载体推动人民币率先向东盟国家"走出去"，加快双边货币互换及人民币清算在东盟的全覆盖，鼓励东盟国家持有更多人民币资产，推动人民币成为本地区贸易、投资和外汇储备的主要基础货币。

第五，加强民心争取工作。我们常讲"国之交在于民相亲"，做东盟国家高层和精英工作要常抓不懈，深耕基层更是迫在眉睫。要做好"项目外交"，切实投入资源做重大项目所在地政府和民众的工作，规划时就考虑好环保、拆迁等与民众利益相关的民生问题，在高质量建设项目的同时搞好配套的民生工程，发挥好企业社会责任，展现可视化成果，为项目的顺利实施创造良好环境。要用好"援助外交"，借着国家国际发展合作署成立的契机，梳理援外体制机制，完善法律法规，丰富援外资金投入渠道。推动民生援助与"一带一路"大项目统筹规划、配套实施，项目未动，民生先行。要做强"民间外交"，推动有资质的社会组织走出去，补齐我们在境外的非政府组织这个"短板"。积极开展与新媒体和意见领袖的交流合作，用好"外脑""外嘴"，讲好"一带一路"互利共赢的故事，把中国梦与东盟各国人民过上美好生活的愿望同地区发展前景对接起来，让命运共同体意识早日开花结果。

第六，要做到"三个不变"和"三个变"。"三个不变"就是持之以恒、有序推进、内外结合。"持之以恒"是指"一带一路"是个庞大的系统工程，是与京津冀协同发展、长江经济带发展并列的三大发展战略之一，绝不会一蹴而就，需要几代人去奋斗，需要久久为功。"有序推进"是指不能一哄而上，眉毛胡子一把抓，不能什么都放到"一带一路"这个筐里。要量力而行，而不要大包大揽，要遵循经济规律，考虑好投入和产出比；要按照市场规则办事，不能强人所难。"内外结合"是指"一带一路"建设的初心是提供公共产品，让其他国家共享中国发展机遇。中国经济正处于提质升级的关键时期，面临的国际经贸环境有恶化的趋势，投资拉动边际效应递减。我们在履行国际义务，推动资本走出去、基础设施互联互通的同时，不能忘了"对外开放"的初心，要考虑内外结合，发挥内需在经济发展中的作用，优先服务我国中西部和沿边地区对外开放，打通西南、西北方向的通道，推动释放中西部地区的发展潜力。就是要加强同西部开发、东北振兴、中部崛起、东部率先发展、沿边开发开放的结合，带动形成全方位开放、东中西部联动发展的局面。

"三个变",一个是提升标准。这个"标准"包含很多,市场准入、项目环评、产品质量、知识产权等。我们要从严把关,建一个项目就成为一个样板。要把好项目的廉洁标准,不能搞腐败工程,要公开、透明,符合法律程序。还有环保标准,搞好环评,始终贯穿绿色发展和可持续发展理念,向国际标准看齐甚至更高。二是妥善处理与大国的竞争关系。对抹黑要反击,同时要加强沟通协调,消除误解误判。努力扩大合作面,探讨与大国在第三方的合作,在节能环保、人员培训、社会公益等领域实施联合项目,把对方的高端技术、管理能力和我们的设计、施工优势相结合,共同开拓第三方甚至多方市场。三是增强风险防范意识,提高风险防范能力,包括防范投资风险、项目运行风险、人员安全风险等。

互联互通是融合发展与共同繁荣的现实路径[①]

互联互通本是通信领域的专业用语，指的是电信运营网络中不同设备或设施间的物理链路。在美国法律中，互联互通被定义为"两个或多个网络的链路，用于通信流量的双边交换"。近些年来，随着经济全球化不断向前发展，各国各地区之间的联系与交往愈加紧密，互联互通被赋予许多新的含义，成为一个使用频率极高、涵盖范围极广的政治经济学术语，主要是指各种基础设施，特别是交通网络的相互连接，有时也被用于政治、安全、文化等领域，泛指政策理念的相互沟通和体制机制的彼此对接。

第一，互联互通是深化区域一体化与经济全球化的客观需要。

互联互通并非近年产生的新概念，也并非中国独创。2003年，东盟各国决定加快区域一体化步伐，提出了打造共同体的愿景与路径，随后便开始密集讨论彼此间的互联互通问题。2009年，东盟正式发表开展互联互通建设的联合声明，次年通过了包含700多项工程，拟以多元投资方式全面推进的互联互通总体规划。2012年，该规划得以细化，东盟域内的海陆空交通网络化建设全面展开。2016年，《东盟互联互通总体规划2025》正式出台。实现这一规划，未来的东盟不仅会成为更加紧密的统一整体，同时还将普遍提升成员国增长后劲，提升整个东盟与中日韩等国开展合作的潜能，从而拉动整个东亚地区的经济发展。

在非洲，基础设施建设长期滞后，各国间彼此隔绝的问题非常突出，许多资源禀赋很高的国家无法获得发展优势。基础设施互联互通，即"跨区域基础设施建设"成了非洲的热门话题。非统组织20世纪70年代制订的"泛非高速公路网"计划，非洲铁路联盟2004年提出的"十大铁路通道"

[①] 本文发表于《北方经济》2018年第11期。

计划，非洲联盟2005年通过的"非洲行动计划"，特别是2012年非盟首脑会议通过的"非洲基础设施发展规划"，为非洲规划了数十条跨区域"交通走廊"，成为非洲当前开展互联互通建设的指导性文件。

欧盟作为一体化程度相对较高的区域经济共同体，也存在着成员国基础设施建设水平不一，互联互通不能满足共同发展需要的问题。近年来，欧盟内部对此进行了深入讨论。前几年出台的容克投资计划和欧盟2025战略，都涉及上述问题。为此，欧盟还专门开展了泛欧交通运输网络建设，目的就是加强各成员国之间，尤其是经济欠发达的边缘区国家的设施联通，拉紧欧盟的政治经济纽带，以防欧盟分化弱化。2005年召开的第五次欧盟—非洲峰会还郑重宣布：欧非之间要加强合作，通过欧盟/非洲发展新伙伴计划，帮助非洲实现基础设施互联互通。

可见，与基础设施建设密切相关的互联互通，早已成为事关各国自身发展、事关区域一体化、事关经济全球化的重大议题。联合国等国际组织和论坛，已就此问题进行了广泛讨论。2016年2月在上海召开的G20央行行长和财长会议指出，加强互联互通对于最大限度发挥国别基础设施的正面溢出效应并创造更多投资机会，具有重要作用。会议宣布启动全球基础设施互联互通联盟倡议，增强基础设施计划之间的合作与协调。

当然，也有些国家和地区基础设施建设滞后，缺乏互联互通的意愿，但最近几年情况有变。譬如中国的西部邻国哈萨克斯坦，交通系统现代化改造已全面展开，近10年间建设投资约300亿美元。北方邻国俄罗斯，计划2025年前斥巨资解决铁路运输"瓶颈"，甚至准备铺设通往欧洲腹地的客货两用高铁和轻轨，以适应中国开通中欧班列后的货运需求。这些情况说明，超越社会制度和发展水平差异，共同开展基础设施建设，实现国与国以及地区与地区的互联互通，作为加快区域一体化并推动经济全球化健康发展的理性选择，已经被国际社会普遍认可和接受。

第二，中国为世界各国基础设施互联互通做出重要贡献。

中国是一个处于发展中状态同时又肩负重大国际责任的国家，这一历史定位决定了中国始终高举多边主义外交旗帜，积极推动建立开放型世界经济。近些年来，中国不但自身基础设施建设规模宏大，成就显著，同时还为周边各国，为世界其他地区的基础设施建设投入了巨大的人力物力和财力。

中国与东盟早就建立起战略合作伙伴关系，双方多次强调，互联互通是中国与东盟合作的优先领域和重点方向。2002年建立的交通部长会议机制，成为双方开展基础设施和互联互通合作的有效平台之一。2013年10月，中方有关部门向东盟发出了深化互联互通合作的具体建议，主要内容是：第一，为互联互通合作搭建政府主导、企业参与的沟通协调机制；第二，推动成立由亚洲人管理并为亚洲服务的投融资平台，以支持本地区基础设施互联互通建设；第三，做好中国交通运输发展规划与《东盟互联互通总体规划》衔接工作，推动建立双方基础设施一体化网络体系，提高互联互通基础设施服务保障水平；第四，加强政策引导和产业带动，鼓励有实力的企业直接参与互联互通项目投资、建设和营运；第五，加快实施东盟的重点港口项目，加大双方航空协定拓展力度，把海空合作打造成双方合作新亮点；第六，同等重视中国与东盟之间以及东盟成员国之间的内部联通，进一步增强本地区交通基础设施网络的联通性。

在中亚地区，中国大力推进与哈萨克斯坦、吉尔吉斯斯坦和塔吉克斯坦三个接壤国的互联互通，成就显著。中哈之间已开通两个铁路口岸。始发于中国的中欧班列，大部分是通过哈国进入欧洲腹地的。此外，中国与哈吉塔三国共开通了8个陆路口岸，各方人员交流与货物运输总体上保持了通畅和便捷。中国与中亚所有国家实现了全方位的航运合作，油气管道建设和运营态势良好，前景可观，哈国石油和土库曼斯坦天然气，通过中哈石油管道和中国—中亚天然气管道，源源不断地输往中国。各国通过基础设施建设合作，获得了实实在在的好处，也增强了互联互通合作的意愿。

非洲大陆是世界上发展中国家最集中的地区。基于中非传统友谊，同时也基于双方现实需要，中国积极参与非洲基础设施建设，全力推动互联互通。十多年前中方两次为非洲提供总额150亿美元优惠贷款，90%用于基础设施建设。截至2013年年底，中国企业在非洲累计签订承包工程合同额近4000亿美元，为非洲铺设铁路超过2200公里，修筑公路超过3500公里。2013年3月习近平访问南非时明确表示，金砖国家一方面要加强相互间基础设施建设合作，实现互联互通；另一方面应把共同推动非洲基础设施建设作为国际发展合作优先领域，共同参与非洲跨国大项目建设。为了表达中国在南南合作框架内向非洲基础设施领域倾斜的坚定决心，习近平还指出，中方愿同非洲国家建立跨国跨区域基础设施建设合作伙伴关系；帮助非洲开展互联互通及资源普查的咨询规划、可行性研究和方案设计等前期工作；每年为非洲培训培养300名基础设施领域各类管理和技术人员；通过投融资、援助、合作等多种方式鼓励中国企业和金融机构参与非洲跨国跨区域基础设施建设和运营管理。据统计，2000—2015年，非洲国家共向中国融资940亿美元左右，主要用于机场、铁路、公路、港口等基础设施建设。

中国不仅在周边国家和非洲地区，同时也在全球范围内倡导并积极参与基础设施建设，推动互联互通。2013年11月，习近平在APEC马尼拉峰会上提出，亚太经合组织要顺应潮流，做好互联互通这篇大文章，构建覆盖太平洋两岸的亚太互联互通格局，以此带动建设各次区域经济走廊，进而打造亚太大市场，保障本地区生产要素自由流通。此外，还要打通制约互联互通建设的瓶颈，建立政府、私营部门、国际机构广泛参与的投融资伙伴关系，在区域和国际合作框架内推进互联互通和基础设施建设，用互联互通促进亚太地区人民在经贸、金融、教育、科学、文化等各领域建立更紧密联系，加深彼此了解和信任。正是在中国的倡导和推动下，会议通过了《互联互通框架文件》和基础设施投资建设若干年计划。2014年APEC北京峰会期间，习近平主席进一步阐述了亚太地区经济发展与解决互联互通建设瓶颈的问题。由于中国强力推动和有效工作，本次峰会不但提出了APEC成员互联互通蓝图，同时还规划了各方未来10年在软件、硬件和人文交流方面所要达到的目标，解决了基础设施建设所涉及的融资机制、跨境教育、人员往来、规制建设等软联通问题。

第三，互联互通始终是"一带一路"建设的核心内容。

"一带一路"倡议首次提出于2013年9—10月间。习近平指出，"一带一路"建设，就是为了使各国经济联系更加紧密、相互合作更加深入、发展空间更加广阔，逐步形成区域大合作，在此基础上，完善跨境交通基础设施，逐步形成连接东亚、西亚、南亚的交通运输网络，为各国经济发展和人员往来提供便利。2015年3月国务院授权有关部委发布白皮书，提出了打造六大经济走廊的工作方向和目标。自此，广泛参与基础设施建设，大力推进互联互通，密切中国与外部世界的关系，成为落实"一带一路"倡议的核心任务。

从推进基础设施建设，实现全面互联互通的角度看，中国—中亚—西亚经济走廊建设任务艰巨而繁重。因为这条经济走廊涉及国家最多，空间距离最大，工程项目最杂，国与国之间以及本地区与外部世界之间的关系，也最为复杂，有些国家长期动荡，有些国家战乱不宁，但可喜的是，目前中国与伊朗、土耳其、沙特阿拉伯等地区大国在基础设施建设领域合作不错，成果不少，各方合作意愿不断增强。该地区一些重要能源输出国一方面成为中国可靠的能源合作伙伴，另一方面希望中国更积极地参与其基础设施建设和互联互通合作。中方任重而道远。

从"一带一路"示范作用和项目本身的战略意义上看，始于中国新疆喀什，终于巴基斯坦瓜达尔港的中巴经济走廊前景最好。这条全长3000余公里的经济走廊，不仅包括铁路、公路、光缆和油气管道等交通运输设施，同时还包括电站、物流中心、工业园区等生产型和生活服务型基础设施。2014年巴方发表《中巴经济走廊远景规划》，以政府文件方式确认了这个项目的经济价值。正是在这条经济走廊项目的带动下，巴国经济增速从2013年的3.5%升至2016年的5.7%。目前，中方对这条经济走廊项目的支持力度还在进一步增大，投资规模已经超过620亿美元。

从政治影响和发展潜力上看，中蒙俄经济走廊因三国共同制定建设规划纲要而备受瞩目。实现这份纲要，三国发展战略广泛对接，发展利益深度交融。目前，中蒙俄之间不但有多条铁路、公路、航线相通，中俄之间还修建了石油管道和天然气管道，界河大桥建设也在加紧进行。河运、海运和空运的规模在不断扩大。三国规划中的和正在实施的基础设施项目很多也很大，如能顺利实施，有望在高水平互联互通基础上，形成相互依存的发展共同体和安全共同体，成为最终走向命运共同体的典范。

从互联互通的受益面和普惠程度上看，中国—中南半岛经济走廊建设的规模和成就可圈可点。该走廊以中国云南广西为前沿，经越老缅三国进入东南亚，中方企业在相关国家从事公路铁路建设、工业园区建设、管道及配套设施建设，如火如荼。作为大湄公河次区域经济合作参与方，中国与各方商讨区域包容性和可持续发展问题，达成许多合作协议。南方各省区与越方共谋"两廊一圈"发展大计，亦有突破性进展。2018年中国—东盟基础设施互联互通合作联合声明发表，标志着这条经济走廊建设的条件更加成熟，要做的项目和工程难以计数。

新亚欧大陆桥经济走廊建设，应当说任务主要在国内。随着2011年重庆经新疆驶向欧洲的渝新欧班列开通，这条连接亚欧地区两大经济圈、沟通太平洋和大西洋的"钢铁运输走廊"，从此活力四溢。"中欧班列"品牌标志、全程价格、运输组织、服务标准、经营团队、协调平台"六统一"问题提上日程。围绕这条国际联运大通道而开建的基础设施和各种工贸园区，令人目不暇接。关于这条经济走廊如何对接中国—中亚—西亚、中蒙俄两大经济走廊，如何形成相互策应协同发展大格局，还要深入研究，认真规划。

近年来，在中国—新加坡互联互通示范项目框架下，以重庆为运营中心，以西南西北相关省区为关键节点，综合利用铁路、公路、水运、航空等多种运输方式，打造连接中国西部与东南亚的南向通道，引起国内外各方广泛关注。花大气力做好顶层设计和实施规划，扎扎实实地推进南向通道建设，打造又一个对外开放的经济走廊，不仅可以开启中国走向世界与世界走向中国的新路径，同时也有助于西部各省区加快自身基础设施建设，完善相互之间，以及与东部地区的互联互通，更好地形成陆海内外联动、东西双向互济的开放格局。

"一带一路"经济走廊建设中问题最多、难度最大、进展迟滞的当数孟中印缅经济走廊。2013年5月"一带一路"倡议发出之前，中方即已提出共同建设孟中印缅经济走廊的动议。此后不久，孟中印缅联合工作组曾在昆明开会，讨论四国间基础设施建设、相互投资、商务合作、经贸关系、人文交流等问题。但因相关国家政治互信度低，这条经济走廊的建设尚未全程运转。在这种情况下，继续加大外交工作力度，适时启动中缅经济走廊建设，同时将中巴经济走廊引入阿富汗，或可起到特殊效应。

第四，要充分认识境外基础设施建设与互联互通的复杂性。

"一带一路"倡议源于中国，但共建"一带一路"，通过基础设施互联互通走向融合发展与共同繁荣的事业，属于全世界。

在亚洲，据亚洲银行估计，2030年以前每年需要1.7万亿美元用于基础设施建设。在非洲，2000—2014年中国总共提供了860多亿美元贷款，2015年又承诺提供600亿美元，这些贷款主要用于基础设施建设和互联互通。另根据非盟2012—2020年非洲基础设施发展计划，未来非洲基础设施建设预计投资679亿美元。中国为3000多个大型基础设施提供资金。在拉美，2018年1月召开的中—拉论坛部长级会议对"一带一路"向该地区延伸表示赞赏，开启了中拉大规模基础设施建设合作的新篇章。在欧洲，2013年，欧盟内部通过"连接欧洲设施"计划，决定2020年前投资293亿欧元，用以加强欧盟国家在交通、能源和电信等领域基础设施的互联互通。中东欧16国中，有13国与中方签署了"一带一路"合作文件。就连疑虑重重的欧盟，也准备斥巨资在中东欧开展基础设施建设，并且和中方签署了关于建设互联互通平台的谅解备忘录，意在加强中国"一带一路"倡议与欧盟互联互通倡议之间的协同合作。

大量信息表明，与基础设施建设紧密相关的互联互通作为"一带一路"建设重要组成部分，成就令人振奋；正在规划和既将实施的项目与工程，前景可期。"一带一路"大有可为，"互联互通"大有可为，中国企业"大有可为"。与此同时，我们还必须清醒地认识到，无论在周边地区还是在其他地方，开展基础设施建设和互联互通合作，都是长期而复杂的系统工程。

习近平主席2014年11月在加强互联互通伙伴关系对话会上指出，互联互通应该是基础设施、制度规章、人员交流三位一体。2017年5月，习近平主席在第一届"一带一路"国际合作论坛上指出，设施联通是合作发展的基础，我们要着力推动陆上、海上、天上、网上四位一体的联通，聚焦关键通道、关键城市、关键项目，联结陆上公路、铁路道路网络和海上港口网络。

"一带一路"国际合作的丰富经验揭示，互联互通的三位一体与基础设施建设的四位一体，并不单纯是经济、金融、技术、标准之类的发展问题，同时也涉及国家发展战略、对外关系理念，涉及国家主权、安全、环境、文化社会心理等诸多问题。推进基础设施建设、开展互联互通合作，特别是我国跨境基础设施建设和周边互联互通合作，必须以高水平的政策沟通为引导，以坚实可靠的资金融通为保障，以诚实可信的民心相通为依托，以充分便捷的贸易畅通为目标。脱离政策沟通、贸易畅通、资金融通和民心相通的综合考量与整体布局，以单打独斗的方式开展境外的或跨境的基础设施建设，参与互联互通项目合作，是不可取的，甚至是危险的。

此外，我们还必须清醒地认识到，国际关系中的不稳定不和谐不确定因素很多，国际合作中的不可测性亦将长期存在，有时还会相当突出。当前，区域一体化和经济全球化在艰难曲折中继续向前发展，但反一体化、反全球化倾向伴随着极端民族主义、粗陋的民粹主义、贸易和投资中的保守主义逆势来袭。特别是特朗普政府打着美国优先的旗帜，大行单边主义，不惜以贸易战方式挑战全球经贸关系和秩序，给我们继续推进"一带一路"

国际合作，继续参与全球基础设施建设，推动互联互通进程带来许多风险和挑战。对此，我们要有足够的认识和准备。对于个别国家因政权更替而造成的合作意愿变化风险、我国企业因与合作伙伴国拒绝主权担保而面临的金融风险、恐怖袭击和恶性犯罪对我国走出去企业构成的安全风险等，都要有所防范和准备。

产能合作:"一带一路"行稳致远的重要引擎[①]

2013年秋,习近平主席出访中亚东南亚,向周边国家和整个国际社会发出了共建"丝绸之路经济带"和"21世纪海上丝绸之路"倡议,即"一带一路"重大倡议,开启了我国与"一带一路"沿线国家共同发展,带动整个世界联动发展的历史新时代。在这一过程中,我国推进国际产能合作的步伐不断加快,领域不断拓展,伙伴不断增加,成果不断显现。中国企业与中国制造走向全世界、开创共享经济新格局的道路越走越宽广。

一、国际产能合作是全球化时代必不可少的经济现象

自资本主义生产关系诞生时起,资本便为利益趋使而奔走全球。随之出现的,自然是生产技术、工艺流程、管理方式乃至制造业链条整体出走。可见,产能合作是人类社会经济活动不断扩张的必然产物,也是全球化时代持续发展并且不以人的意志为转移的经济现象。因此,产能合作也就不单纯是制造业技术转移,同时也是对外投资、产品交换、金融合作、全球价值链重组、世界经济关系再造等系列经济活动的总和。

不同的是,资本主义早期时代的国际产能合作,带有显而易见的殖民掠夺色彩,通常与西方列强争夺原料产地、廉价劳动力以及产品倾销市场密切相关。当今时代的国际产能合作,虽然仍不免带有殖民主义和帝国主义经济扩张的遗痕,但在经济全球化普惠发展、社会主义国家和新兴经济体参与国际竞争的背景下,超越社会制度差异和意识形态分歧寻求合作发展是大势所趋。不同发展水平的国家互通有无,调剂余缺,通过优势互补谋求合作发展,进而实现互利共赢的特点较以前鲜明。

---

① 本文发表于《丝路瞭望》2018年第04期。

国与国之间的产能合作，在当代世界经济发展进程中势如潮涌，锐不可当。一般说来，国际产能合作包括产业转移与投资合作，通常做法是通过引入或输出生产设备、先进技术和管理方式，使基础设施与产业结构落后一方加快工业化进程，提升现代化水平。国际产能合作，既可以是双边的，也可以是多边的；既可以通过技术输出方式实现，也可以表现为产品输出。因而，国际贸易属于国际产能合作的范畴，涉及资源开发、交通运输、园区建设、民生设施建设的对外投资活动，属于国际产能合作的重要内容，也可纳入国际产能合作范畴。

广大发展中国家，包括中国，由于经济发展水平较低，长期处于世界经济分工的末端，在全球产业链中一直处于微不足道的地位，过去根本无法积极主动地参与国际产能合作，更谈不上装备、技术与资本输出。即使经历过某种国际产能合作，也是西方国家对本国的产能转移、资本输出和商品倾销。中国改革开放初期，制造技术较为发达、资金相对充裕的外企纷纷来华投资办厂，也是一种国际产能合作。中方虽是被动参与，有时是被迫接受，但经济发展有了新动能，学到了很多新知识、新技能。

进入21世纪后，中国经济由于多年迅猛发展，制造业规模不断扩大，产能富足和过剩问题逐渐显现。在"开辟两个市场、利用两种资源"的思想指导下，中国企业开始走出国门。中国装备、技术、产品和某些标准，随之走向世界。中国进入与世界开展产能合作的新阶段。当然，我们的产能合作伙伴这时主要是发展中国家，产能合作项目以工程承包为主。自发性、粗放性、同质性、水平与效益的低下性较为明显，更没有制定完整的国家政策。

二、产能合作既是我国自身发展需要也是当今时代潮流

在推动和支持企业"走出去"的过程中，中国政府深切地感受到发展中国家对产能合作、制造业合作的巨大需要，感受到通过合作发展走向共同繁荣的无限机遇和可能。

2013年秋，习近平访问哈萨克斯坦时指出，倡导丝绸之路经济带，目的就是要使欧亚各国经济联系更加紧密、发展空间更加广阔。他建议各国就经济发展战略和对策进行充分交流，协商制定推进区域合作的规划和措施，主张共同探讨完善跨境交通基础设施，逐步形成连接东亚、西亚、南亚的交通运输网络。他在访问印尼时又指出，中国愿支持本地区发展中国家包括东盟国家开展基础设施互联互通建设，愿通过扩大同东盟国家各领域务实合作，互通有无，优势互补，同东盟国家共享机遇，共迎挑战，实现共同发展，共同繁荣。

中亚国家与东盟各国对中方谋求合作发展的真诚意愿和决心反应良好，与中国合作信心增强。我国与"一带一路"沿线各国开展产能合作与装备制造业合作，就这样顺理成章地提上日程。

2014年12月，李克强总理访哈，与哈方探讨了将中国优势产能与哈方基础设施建设需求相互对接的可能性，中哈产能合作应运而生。次年3月，李克强访问印尼，建议双方在基础设施建设和推进工业化方面深度合作，以经贸对话机制为基础建立产能合作机制。此后，他向亚美尼亚表示，中方愿契合亚方新发展规划，开展铁路、公路、核电、电力等领域合作，同时帮助亚方建设多种生产线，就地取材开展基础设施建设，促进亚方的工业化进程。他还对斯里兰卡表示，中方愿继续鼓励中国企业赴斯投资兴业，参与斯基础设施和工业建设，帮助斯提高工业化水平。

中方与"一带一路"沿线国家开展产能合作的建议和构想，无一例外地得到积极响应。哈萨克斯坦总统纳扎尔巴耶夫曾将中哈产能合作命名为"李计划"。2015年春，中哈签署33份产能合作文件，涵盖领域极广，项目总额达236亿美元。为支持两国产能合作走向深入，中国丝路基金还出资20亿美元，设立中哈产能合作基金。

2017年5月第一届"一带一路"国际合作峰会召开时，中哈双方不仅有政府间产能合作协议，同时还建立了常态化合作机制，确定了总额270亿美元的重点合作项目。首批34个项目如期完工，包括铜选矿厂、电解铝厂、沥青厂、水泥厂等。石油深加工、钢化玻璃、大口径螺旋焊钢管等另外43个重点项目进展顺利。在乌兹别克斯坦，中国企业实施的聚氯乙烯项目成为该国最大的单体工程承包项目。中哈产能合作产生了超乎预期的示范效应。

2017年5月首届"一带一路"国际合作峰会召开时，我国已在30多个国家展开了不同规模的产能合作。在多边层面，中方推动发表了《中国—东盟产能合作联合声明》《澜湄国家产能合作联合声明》等文件，通过产能合作引领区域次区域合作向更高水平迈进。印尼雅万高铁项目、马来西亚350万吨钢铁厂，南亚大陆中巴经济走廊等各种形式的产能合作在稳步推进。在非洲，首条海外全中国标准铁路、投资38亿美元的肯尼亚蒙内铁路正式通车。在东欧，中国与塞尔维亚产能合作的样板斯梅代雷沃钢铁厂投入运营，中方参与建造的匈牙利至塞尔维亚高铁开始动工。

为了推动中国对外产能合作扎实推进，实现可持续发展，中方不仅出资设立了中哈产能合作基金，同时还设立了同样由中方出资、规模100亿美元的中非产能合作基金，规模300亿美元的中拉产能合作基金，总规模1000亿元人民币的中俄地区合作发展基金，另外与阿联酋合资设立了规模100亿美元的中阿共同投资基金。宁夏回族自治区和国内有关企业和机构，联手部分海湾国家，设立了中阿产业投资基金会。中国倡导和推动的"一带一路"国际产能合作方兴未艾，格局初成。

三、加强顶层设计和政策引导，明确合作方向和目标

为了加强对国际产能合作的总体规划和政策指导，国务院2015年5月印发《关于推进国际产能和装备制造合作的指导意见》（以下简称《意见》），阐明了开展国际产能和装备制造合作的指导思想、基本原则、目标任务和政策措施。文件指出，在全球产业结构加速调整、我国经济发展进入新常态的背景下，推进国际产能和装备制造合作可以实现四个有利于，即有利于我国优势产能对外合作，增强企业核心竞争力；有利于推动经济

结构调整和产业转型升级,促进我国经济中高速增长和迈向中高端水平;有利于推动新一轮高水平对外开放,增强国际竞争优势;有利于深化我国与有关国家的互利合作,促进当地经济和社会发展。

《意见》特别强调,对外开展产能和装备制造业合作,应坚持"企业主导、政府推动、突出重点、有序推进、注重实效、互利共赢、积极稳妥、防控风险"的基本原则,并要兼顾两个重点:一是要把那些与我国装备和产能契合度高、合作愿望强、合作条件好的发展中国家作为重点国别,同时积极开拓发达国家市场;二是要把钢铁、有色金属、建材、铁路、电力、化工、轻纺、汽车、通信、工程机械、航空航天、船舶和海洋工程等作为重点行业。《意见》明确提出,要加强统筹协调,注重体制机制创新,坚持开放合作发展,健全服务保障体系。推进国际产能和装备制造合作,归根结底,是要"拓展产业发展新空间,打造经济增长新动力,开创对外开放新局面"。

2016年2月,商务部等七部门又联合发文,要求相关部门和产业"牢固树立创新、协调、绿色、开放、共享的发展理念,主动适应经济发展新常态,以建设贸易强国为目标,以创新发展为核心,坚持市场导向,加快提升我国产业在全球价值链中的地位,支撑制造强国建设,推进供给侧结构性改革,实现发展动力转换,为经济社会发展做出更大的贡献"。

2017年10月,习近平在党的十九大报告进一步指出:"中国坚持对外开放的基本国策,坚持打开国门搞建设,积极促进'一带一路'国际合作,努力实现政策沟通、设施联通、贸易畅通、资金融通、民心相通,打造国际合作新平台,增添共同发展新动力。"2018年8月,在推进"一带一路"建设工作五周年座谈会上,习近平总书记就如何做好"一带一路"这篇大文章,又阐述了新的构想,提出了新的指示,要求我们把"一带一路"由"大写意"变成"工笔画"。这些重要指示,为我们在"一带一路"已经取得非凡成果、国际经济形势和经贸关系趋于复杂的大背景下,进一步推进国际产能合作及装备制造合作,提供了更为强劲的思想指南和精神力量。

四、扩大国际产能合作关系网，推进境外生产力新布局

目前，世界经济秩序和力量对比已发生深刻变化，广大发展中国家，特别是以中国为代表的新兴经济体，经济发展步伐加快，对外合作能力显著增强。西方发达国家主导和垄断国际产能合作的局面已一去不复返。

面对国内国外新形势新任务新要求，我国"走出去"的企业注意发挥市场主体作用，坚持按商业原则和国际惯例，参与和推进国际产能和装备制造合作。在继续发挥传统工程承包优势的同时，积极探索"工程承包＋融资""工程承包＋融资＋运营"，以及建设—经营—移交、政府和社会资本合作等各种新的合作模式，创造了不少新范式，积累了不少新经验。

更重要的是，虽然总体上说，"一带一路"沿线国家仍属于世界经济体系中的弱势群体，仍处于国际产业链条的中下端，但发展中国家现代化诉求旺盛，城镇化进程普遍加快，发达国家基础设施需要更新换代，补齐短板，国际上产能合作和装备制造合作需求一如既往。中国作为世界头号制造业大国，有数百种工业品产量稳居世界第一。这些优质而富余的产能，构成了中国持续推进国际产能合作的物质技术基础。中国借助"一带一路"合作平台，不断拓展对外产能合作与装备制造合作，在境外形成新的生产力布局，建立更广泛、更坚实的产能合作伙伴关系网，空间广阔，大有可为。

2018年9月，"一带一路"倡议发出5周年之际，"中哈产能与投资合作论坛"在北京举行，中哈产能合作促进中心正式揭牌。2018国际产能合作论坛暨第十届中国对外投资洽谈会在北京举行，论坛期间举行了中国—拉丁美洲国际产能合作专题论坛、中国—东盟产能与合作投资论坛、中国—非洲国际产能投资合作论坛、"一带一路"产业园区论坛。10月19日，中国中部国际产能合作论坛在武汉举行，来自94个国家的757位专家学者和企业人士参与了论坛研讨，论坛期间签署的合作文件多达65份，协议金额超过1427亿元人民币。

近来，从国家部委到地方政府，从大型国企到民营资本，都在认真谋划和推进国际产能合作和装备制造合作。不少省区还专门出台文件，就本地区对外产能合作做出具体规划和部署。我国"以点带面，逐步扩展""分类实施，有序推进"的国际产能合作总思路，正在得到认真贯彻和落实。中国产品、装备、技术、标准走向世界的步伐进一步加快，相关国家基础设施建设和工业生产能力进一步提升，国际产能合作有利于共同发展与繁荣的国际共识，也在进一步增强。

当然，我们还要清楚地看到，中国对外产能合作仍处于初始阶段。促进产能合作体制机制不健全，促进国际产能合作政策不配套，政策支持和服务体系建设不同步等问题有待解决。中国企业缺乏国际合作经验，不善于运用国际国内两种规则，合规经营意识较差，风险应对手段比较单一，国际化本土化程度低下等问题，必须在实践中认真研究和解决。

国际产能合作和装备制造合作，同时也应是中国走向世界而世界也进入中国的双向互动进程。二者不可分割，也不可偏废。即便未来我国现代化水平大幅度提升，优质产能大面积增加，国际产业链"尺有所短，寸有所长"的局面不会改变，互有需求和优势补充的格局也不会改变。所以，严格意义的国际产能合作应包括外国优质产能、先进设备及标准、理念走进中国，融入中国经济，被中国市场消化吸收。

推动"一带一路"高质量发展任重而道远[①]

第二届"一带一路"国际合作高峰论坛于 2019 年 4 月 25—27 日在北京成功举行。此次论坛是在"一带一路"历经五年多实践成果丰硕,中国特色大国外交凯歌行进,但中美关系变数增多,整个国际关系愈加复杂,世界和平与发展面临诸多新挑战的情况下召开的。习近平总书记在论坛上阐述的高质量推进"一带一路"国际合作的重要思想和主张,与会各方领导人深化"一带一路"建设的新共识新建议,不但为"一带一路"国际合作这一前无古人的伟大事业开辟了更多、更加广阔的发展机遇和前景,同时也为世界各国超越社会制度差异、跨越经济发展鸿沟,共同应对全球化曲折发展的新挑战,构建相互依存并安危与共的命运共同体,提供了无可替代的历史性选择和切实可行的实现路径。

一、高质量发展的新理念与新主张对推进"一带一路"国际合作、深化中国改革开放具有双重引领和指导作用

2017 年 5 月,第一届"一带一路"国际合作高峰论坛在北京举行,国际社会反响十分热烈,参与度非常高。来自 29 个国家的国家元首和政府首脑以及联合国、世界银行、国际货币基金组织、上海合作组织等诸多国际机构负责人,同中国领导人一起,围绕"加强国际合作,共建'一带一路',实现共赢发展"这一论坛主题,就对接发展战略、推动互联互通、促进人文交流、实现共同发展等重大议题,广泛深入地交换了意见,达成许多新的共识。首届论坛成功举办,为"一带一路"国际合作在更大范围内全面推进,注入了强大动力。

[①] 本文发表于《丝路百科》2019 年第 1 期(创刊号)。

2019年举行的第二届"一带一路"国际合作高峰论坛，以"共建'一带一路'、开创美好未来"为主题，契合国际关系大变革大调整大发展的时代潮流。议题设计更为鲜明，涉猎范围更加广泛，思想交流更加活跃。除各方领导人参加的圆桌峰会以及高级别会议外，此次论坛还另外设立了12个分论坛，召开了企业家大会。包括中方在内，40个国家和国际组织领导人，5000余名来自世界各地的政商学界代表、文化名流与媒体人士，就推进互联互通、加强政策对接、实现产能转移、促进绿色发展、坚持可持续发展等共同感兴趣的问题，进行了充分讨论、交流和磋商。论坛的规模、影响与后续行动效果，大大超过了第一届。

习近平主席在论坛开幕式上的开幕词、主旨演讲和其他一系列精彩讲话，向国际社会传递出一个重要信号，这就是：中国愿同各方一道，以绘制"工笔画"的精神，共同推动共建"一带一路"合作走深走实、行稳致远，实现高质量发展，开创更加美好的未来，更好地造福于各国人民。

按照习近平主席在此次论坛上提出的推动"一带一路"高质量发展的新构想，各方要在继续坚持"共商共建共享"三大原则的基础上，秉承开放、绿色、廉洁理念，追求高标准、惠民生、可持续目标。具体而言，就是要在支持联合国2030年可持续发展议程，并将其融入"一带一路"建设全过程的同时，统筹推进经济增长、社会发展与环境保护。中国将和各方一道，一方面要继续聚焦于基础设施的互联互通，另一方面要深化智能制造、数字经济等前沿领域的合作，实施创新驱动发展；要扩大市场开放，提高贸易和投资便利化程度，建设多元化融资体系和多层次资本市场；要开展内容丰富、形式多样的人文交流，实施更多民生项目。

中国主办第二届"一带一路"国际合作高峰论坛的宗旨和目标，简而言之，就是要在"一带一路"建设已经取得重大成就和丰富经验的基础上，在中国全面参与并积极引领新一轮经济全球化的历史新阶段，通过深化和扩大"一带一路"国际合作，打造世界各国基础设施全方位互联互通的大格局，推动形成基建引领、产业集聚、经济发展、民生改善的全球性综合效应,目标极为宏大和辉煌。

二、中国将在"一带一路"国际合作高质量发展过程中加大自身改革开放力度,担负更多的国际责任和义务

为了将"一带一路"国际合作高质量发展的新构想新理念真正落到实处,在今后相当长一段时间内,中国将同相关各方共同努力,搭设、丰富和强化多种合作机制与平台,构建、拓展和深化互联互通的伙伴关系。要在共同推动建设开放型世界经济的大前提下,共同反对保护主义、孤立主义、单边主义和强权政治,推动实现"一带一路"建设与各国发展战略、各种区域性国际性发展议题有效对接,力求协同增效。要通过双边合作、三方合作和多边合作等多种形式,鼓励更多国家、更多国际组织和企业深度参与"一带一路"框架下丰富多彩的国际合作,扎实推进"一带一路"国际合作的机制化、规范化与廉政化,为多主体宽领域全方位长久性的务实合作,提供坚实的普遍认可的政治和体制保障。

中国积极倡导并持续推进全方位的"一带一路"国际合作,归根结底是要联合世界各国人民和所有进步力量,共同应对经济全球化新发展带来的新问题和新挑战,是要共同解决困扰国际社会的发展不平衡、全球治理滞后与生态环境恶化等重大问题。

正因如此,习近平主席在本次论坛上特别强调,"一带一路"建设要积极对接普遍接受的国际规则准则;要始终坚持以人民为中心的发展思想;要始终把基础设施建设作为互联互通的基石;要在顺应第四次工业革命发展趋势的前提下,探寻新的增长动能和发展路径,包括经济的数字化、网络化和智能化,新技术、新业态和新模式;要始终从发展的角度看问题,将可持续发展理念融入"一带一路"的方方面面;要积极架设不同文明互学互鉴的桥梁,深入开展各领域人文合作,支持并鼓励民生合作;要共建"一带一路"国际智库合作委员会、新闻合作等新机制,汇集各方面的智慧和力量。

为推动实现"一带一路"国际合作的高质量发展，中国必须加强自身的制度性结构性安排，促进更高水平的对外开放，即更大范围地扩大外资市场准入，更大力度地加强知识产权保护国际合作，更大规模地增加商品和服务进口，更加有效地实施国际宏观经济政策协调，更加重视对外开放政策贯彻落实。由此可见，推动"一带一路"国际合作高质量发展的过程，也必然是中国改革开放进一步向纵深发展的过程，是中国走向世界与世界走向中国进一步协调统一、中国与外部世界良性互动进一步增强与扩大的过程。

正如习近平主席所说，此次论坛的最大成就在于与会者在思想碰撞中得到启迪，同时也感受到了肩头上沉甸甸的历史责任。大家普遍感到，面对当今时代各种挑战，世界各国"应从丝绸之路的历史中汲取智慧，从当今时代的合作共赢中发掘力量"，通过"发展全球伙伴关系，开创共同发展的光明未来"。站在百年未有之大变局的历史转折当口，面对充满机遇和挑战的复杂形势，世界各国"没有退却的理由，只有前进的选项"。唯有如此，所有与会者才能不负人民重托，不负时代使命。

习近平主席在此次论坛上做出这些铿锵有力的表态，是中国共产党人对历史做出的又一个庄严承诺。他不仅是说给与会各国领导人和各方代表，说给国际社会的，同时也是说给中国共产党人、中国政府和全体中国人民的。这些坚定有力的郑重表态和庄严承诺，既是引领未来"一带一路"国际合作向更高质量发展的重要思想动力，也是指导中国改革开放和现代化建设向更高阶段迈进的强大精神指南。

三、国际社会对"一带一路"国际合作的认识理解更趋客观和积极，许多新思考新建议值得认真研究和借鉴

习近平主席在本届"一带一路"国际合作高峰论坛上提出的一系列新思想和新主张，受到了与会各方领导人的高度赞赏与认同。与会各方领导人和整个国际社会，对"一带一路"国际合作的时代价值与历史意义，认

识与理解也更加客观、理性和积极，更有建设性。

作为中国的最大邻国和全面战略协作伙伴关系国，俄罗斯联邦总统普京的表态掷地有声。他表示，共建"一带一路"倡议同国际和地区组织的发展合作规划对接，同各国发展战略对接，也可以同俄罗斯倡导和推动的欧亚经济联盟计划对接。该联盟致力于同所有相关国家和机构进行广泛的合作，首先是与中国合作。欧亚经济联盟成员国一致支持推动欧亚经济联盟与"一带一路"倡议对接。

哈萨克斯坦是中国在中亚地区的最重要邻国。作为中国人民的老朋友，在位期间数十次来华访问，并与习近平主席建立了良好的个人关系的该国首任总统纳扎尔巴耶夫表示，"一带一路"推动了非常广泛的一体化进程，前景广阔，未来会有更多国家加入"一带一路"。他还特别指出，哈萨克斯坦从一开始积极支持"一带一路"，并将哈萨克斯坦的"光明之路"计划与"一带一路"倡议进行对接。他认为，"一带一路"倡议不仅提供了新发展机遇，同时也提出了全球化新模式，因而成为稳定、发展和繁荣之路。

巴基斯坦是中国的"全天候"好朋友，中巴两国共同建设的"中巴经济走廊"是"一带一路""六大经济走廊"中的"旗舰项目"。该国总理伊姆兰·汗认为，如此多的领导人齐聚北京商讨"一带一路"国际合作，证明各方选择的是希望与合作，而不是绝望和对抗，这是历史性的巨大成就。他强调，巴方是最早最积极参与共建"一带一路"的国家之一，"中巴经济走廊"建设作为"一带一路"国际合作的"旗舰项目"，在走廊沿线打造各种经济特区，为双方和世界各国的企业创造了投资机会。据他透露，作为"中巴经济走廊"建设新阶段的重要支撑，双方正在商签自贸区升级版。双方合作的重点项目瓜达尔港，已经由一个小渔村发展成为繁忙的商业枢纽，瓜达尔新机场也将成为巴基斯坦国内最大的国际化机场。

奥地利是欧盟的主要成员国之一。库尔茨总理2018年曾与该国总统一道，率领大批企业界人士联袂访华，在当代世界外交史上留下一段广为传颂的佳话。2019年，他又专程来华参加第二届"一带一路"国际合作峰会论坛。峰会期间，他以2018年中国成都正式开通至奥地利首都维也纳班列为例，高度评价中国与奥地利、亚洲与欧洲相互连通的重大意义，在欧盟内部和整个欧洲引起积极反响。

联合国是当今世界最大、最权威、最具代表性的政府间合作组织。作为联合国组织首要代表，连续两次出席"一带一路"国际合作高峰论坛的古特雷斯秘书长表示，"一带一路"倡议既有利于中国的经济增长，也契合国际经济的发展需要，更能推动共建人类命运共同体，因而为全世界带来重要机遇。

国际社会对"一带一路"国际合作的认识和理解更趋客观理性，非常集中地反映在论坛结束后各方通过的联合公报中。这份重要文件旗帜鲜明地表示："加强多边主义对应对全球性挑战至关重要""构建开放、包容、联动、可持续和以人民为中心的世界经济，有利于促进共同繁荣。"公报再次确认了习近平主席在首届"一带一路"国际合作峰会上所阐明的古丝绸之路精神，即和平合作、开放包容、互学互鉴、互利共赢精神，期待通过"一带一路"倡议及其他合作框架与倡议，重振古丝绸之路精神。公报还高度评价了"一带一路"国际合作已经取得的积极成果，确认这些合作为经济增长开辟了新动力，为各国经济社会发展增加了新潜力，为实现联合国可持续发展目标做出了新贡献。

立足当前，展望未来，论坛参与者们在公报中共同表示，各方要坚持共商共建共享，坚持开放绿色廉洁，追求高标准惠民生可持续，决心通过"一带一路"关系，在次区域、区域和全球层面加强国际合作，开创共同繁荣的美好未来。公报特别强调，各方支持以世界贸易组织为核心，坚持以规则为基础，建设开放、透明、非歧视的多边贸易体制，在加强发展政策对接、加强基础设施互联互通、加强可持续发展、加强务实合作、加强人文交流五大方面，阐述了各方的原则立场和政策主张，并以附件形式，公布了将由互联互通带动和支持的经济走廊和其他项目（35项）、专业领域多边合作倡议和平台（14项）；参与方提交其他倡议和举措（15项）。

论坛成果清单分为六大类，分别是：一、中方打出的举措或发起的合作倡议（26项）；二、在高峰论坛期间或前夕签署的多双边合作文件（42项）；三、在高峰论坛框架下建立的多边合作平台（27项）；四、投资类项目及项目清单（17项）；五、融资类项目（4项）；六、中外地方政府和企业开展的合作项目（16项）。

四、持续推进"一带一路"国际合作高质量发展，中国的任务艰巨而繁重

第二届"一带一路"国际合作高峰论坛成果显著。论坛期间达成了六大类283项务实合作成果，所签项目合同额多达640多亿美元，另外还有一系列政府间的合作协议或部门间的合作文件。对于中国来说，实现这些重要任务和愿景目标，任重而道远。

具体而言，中方将同各方一道，以新亚欧大陆桥等经济走廊为引领，以中欧班列、陆海新通道等大通道和信息高速路为骨架，以铁路、港口、管网等为依托，共建互联互通网络；中方将继续发挥共建"一带一路"专项基金、丝路基金、各项专项投资基金的作用，发展丝路主题债务，积极支持多边开发融资合作中心有效运作，同时也欢迎多边的各国金融机构参与"一带一路"建设的投融资活动，鼓励开展第三方合作，通过多方参与实现共同受益的目标；中方要继续推动贸易和投资的便利化与自由化，旗帜鲜明地反对保护主义，推动经济全球化朝着更加开放、包容、普惠、平衡、共赢的方向发展；中方还将同更多国家商签高标准的自贸协定，加强海关、税收、审计监管等领域合作，建立"一带一路"税收监管合作体制，加强推广国际互认合作；中国将继续推进共建数字丝绸之路、创新丝绸之路，继续实施"一带一路"科技创新行动计划，继续推进上次论坛宣布的"科技人文交流、共建联合实验室、科技园区合作、技术转移"四大举措。

中国是"一带一路"建设的倡议国和首推国，也是"一带一路"框架下多种合作项目的先行国与先试国。未来5年，中国要积极实施科技创新人才交流项目,将支持5000人次的中外创新人才开展交流培训与合作研究,将支持各国企业合作推进信息通信基础设施建设,以提升互联互通质量和水平。

在合作机制与平台建设方面,中方制定了《"一带一路"融资指导原则》,发布了《"一带一路"债务可持续性分析框架》,意在为"一带一路"融资合作提供指南。在此前提下,中方将同各方一道,共建"一带一路"可持续城市联盟、绿色发展国际联盟;要制定《"一带一路"绿色投资原则》,启动共建"一带一路"生态环保大数据服务平台,继续实施绿色丝路使者计划。要同有关国家一道,实施"一带一路"应对气候变化南南合作计划,将深化农业、卫生、减灾、水资源等领域合作;要发起"关爱儿童、共享发展、促进可持续发展目标实现"合作倡议,加强与联合国在发展领域的合作,缩小发展差距;要举办第二届进口商品博览会,为各国产品进入中国市场搭建更大平台,提供更多的机遇和可能。

"一带一路"是中国倡导的前无古人的国际合作伟业,是人类社会与人类文明继往开来的一段重要历程,"路漫漫其修远兮,吾将上下而求索"。面对机遇与挑战并存、期望与困难同在的历史性考验,中国共产党人与中华民族只有不畏风险,砥砺前行,攻坚克难,才能在"一带一路"国际合作中众志成城,披荆斩棘,破浪远行,才能在实现中华民族伟大复兴的进程中,大踏步地走向世界舞台中心,为人类社会的共同发展和进步做出独特的、新的和更大的贡献。

"一带一路"国际合作的时代价值与历史意义

中国倡导和推进"一带一路"国际合作以来，建设成果超出预期，国际反响超出想象。一方面，这份体现中国智慧的公共产品，给很多国家带来有目共睹的现实成果，诸如现代化的基础设施、工业园区、民生工程以及贸易繁荣、投资增长、就业增加等；另一方面，在保守主义、孤立主义、单边主义大行其道，反全球化、反区域合作逆势来袭，国际经贸秩序和世界发展大势受到危害的背景下，和平崛起的中华民族为国际社会提供了意义重大、影响深远的新理念，这就是新发展观、新合作观与新文明观。

第一，新发展观为解决共同发展难题指明了前进方向。

任何民族、任何国家，都必须以发展作为繁衍生息并走向未来的基本条件。但在不同时代、不同国际环境下，不同国家对发展的理解往往不尽相同，发展的路径和结果甚至会相去甚远。这是世界经济不平衡、人类进步不同质的主要原因。

我们所处的当今世界，面临百年未有之大变局。各种各样的矛盾纷争令人眼花瞭乱，但谋求经济发展与社会进步，始终是各国人民的主流诉求。中国倡导并全力推动"一带一路"建设，目的不仅是要充分利用国内外两种资源和两个市场，全面实践打开国门搞建设的发展思路，进一步提高我国自身的发展质量和水平，同时也是要实现中国与周边国家的共同发展，联动发展，进而促进世界上所有地区和国家实现开放发展，合作发展。这样的发展，不只是各个国家之间基础设施互联互通，也不只是在诸多领域开展高质量产能合作的发展，同时也是"一带一路"框架下相关国家发展战略、区域规划、政策法规、管理方式、检疫检验、安全标准直至机制体制的有机结合与对接。

遵循这样的发展理念，世界上所有的民族、国家和地区，最终都将从独自发展转向联动发展,从封闭发展转为开放发展,从粗放发展转为绿色发展,从无序发展转为均衡发展,从不稳定发展转为可持续发展,从低水平发展转为高质量发展。这样的发展观,在国际上得到广泛认可并且被推而广之,显然是人类发展史上的一个巨大进步。

第二,新合作观为世界各国休戚与共指明了实践路径。

人类社会进入近现代以来,彼此间的联系与交往日益广泛和深刻,相互依存并密切合作是大势所趋。进入21世纪后,随着经济全球化不断向纵深发展,人类社会休戚相关命运与共的特点变得更加突出。但在西方国家主导下的经济全球化早期阶段,各国各地区的经济联系、人文交流与安全政策协调,并非真正意义的平等合作,而是带有鲜明的帝国主义、殖民主义色彩。即使在冷战结束后,以西方发达国家领衔的经济全球化,也明显带有霸权主义和强权政治印迹。广大发展中国家曾深受其害,并为此付出了沉重代价。

中国在倡导和推动"一带一路"建设的过程中,始终以新的合作观为指导,坚持以相互尊重、平等合作为重要基础,以机遇共沾、成果共享为首要前提。坚持这样的合作观,就是要始终秉承共商共建共享的基本原则,既不强人所难,也不勉为其难;就是要充分尊重合作伙伴的意愿和选择,坚持以企业为行为主体,以市场规律为主要依循;就是要不附加任何政治前提,不把自己的主张强加于人,不包办代替合作伙伴的事务;就是要讲求义利兼顾,义字当头,以义为先。这种既考虑自身利益,又考虑伙伴利益,既考虑长远需要,又考虑现实可能的合作方式,为"一带一路"建设全面推进提供了重要保障,产生了非常积极和无可比拟的示范效应。

中国倡导和实践的这种新型合作观,摈弃了基于阵营对抗理论而形成的平行市场模式,也超越了基于地缘政治利益而构建的势力范围模式,完全符合时代进步的潮流。这种合作既可以是双边的,也可以是多边的;既考虑伙伴双方的利益,也兼顾相关各方的利益;既着眼于经济社会民生等领域的实际需要,也综合考虑环境文化安全等多方面因素;既要为当代人着想，还要为子孙后代负责。总之，超越社会制度差异，超越意识形态分歧，超越地缘政治局限，超越发展水平鸿沟，是"一带一路"框架下新型合作观的核心要义。

第三，新文明观为不同文明互学互鉴开辟了广阔前景。

国际社会从来都是充满矛盾和冲突的对立统一体。处于不同发展阶段和不同表现形态的人类文明，既彼此有别又相互影响，既彼此独立又相互联结。中国在倡导和推进"一带一路"建设的过程中，一开始就旗帜鲜明地提出了完全有别于西方各种文明论的新型文明观。这种文明观强调，文明多元平等是人类社会的基本特征，也是世界进步的重要源泉。文明没有高下、优劣之分，只有特色、地域之别。文明差异不应该成为世界冲突的根源，而应该成为人类文明进步的动力。

坚持和秉承这样的文明观，中国在推动"一带一路"过程中，从来不搞并且也坚决反对所谓的经济扩张；不会重走西方列强抢占国际市场掠夺别国资源的老路；不会效仿超级大国营造势力范围的冷战思维，强行构建地缘政治小圈子；不会输出价值观体系和发展模式，将自己的意志强加于人。一言以蔽之，中国倡导和推动"一带一路"国际合作，既不是谋求地区事务主导权，更不是争夺全球事务影响力，而是要推动处于不同发展阶段和发展水平的国家，在更大范围内实现互联互通，促使不同社会制度和不同文明形态的国家，实现更高水平的互学互鉴。归根结底，是要推动各国人民携手并肩，风雨同舟，走向相互依存、安危相关、繁荣与共的命运共同体。

6年来，中国与共建"一带一路"国家的贸易总额已经超过6万亿美元，对这些国家的投资超过了800亿美元，增长幅度超过全球平均水平。同"一带一路"沿线国家共建了80多个不同形式和规模的合作园区，创造出30多万个就业机会。"一带一路"的新理念与新实践，为持续推进的南南合作开辟了新境界，同时也为徘徊不前的北南合作树立了新标杆，为国际社会共同落实联合国2030议程积累了新成果和新经验。中华文明通过"一带一路"国际合作，为整个人类文明的可持续发展做出了新贡献！

第四，"一带一路"国际合作之路必将越走越宽广。

2019年4月，举世瞩目的第二届"一带一路"国际合作高峰论坛在北京举行。包括中方在内，总共40个国家领导人和许多国际组织负责人坐在一起，共商"一带一路"高质量发展大计。论坛达成六大类283项务实合作成果，签署合作项目合同总额达640多亿美元，共签署百余件多边与双边合作文件。中国倡导和推进的以"一带一路"国际合作高峰论坛为重要平台、以基础设施互联互通与人类文明互学互鉴为两大前进动力的全球性联动发展与互利合作新体系，正在悄然形成。可以说，这是世界百年未有之大变局的主要特点和趋向之一。

当前，各种矛盾彼此交织，多种因素相互作用，国际关系中的不稳定不确定和不可预测性较以前突出。中美关系进入了两国建交以来最为严峻的历史时刻。两国在贸易领域中的纠纷和摩擦已经蔓延到人文、科技、金融、安全以及地区和国际事务等诸多领域，形势不容乐观，但毋庸置疑的是，无论前进之路多么艰辛，无论困难与挑战多么巨大，"一带一路"作为中国与外部世界良性互动的重要途径，作为中华文明与世界文明优势互补的重要桥梁，作为人类社会走向命运共同体的必由之路，必将进一步提升中国在世界格局中的地位，加强中国在世界格局中的作用，推动人类社会在和平发展合作共赢的道路上行稳致远。"一带一路"国际合作的朋友圈只会越做越大，"一带一路"建设只能越做越辉煌。中国需要世界，世界也需要中国，将会成为更加广泛的国际共识。中国融入世界，世界走进中国，将是不可改变的历史大势。

为世界联动发展与文明互鉴开辟新境界

2018年7月26日,中国、南非、俄罗斯、印度和巴西五国领导人在南非首都约翰内斯堡举行金砖国家领导人第十次会晤,共商五大新兴市场国家合作与发展的根本大计。此会召开,时逢金砖合作启动10周年,在金砖国家关系史上无疑具有承前启后、继往开来的重要意义。次日举行的"金砖+"领导人对话会,沿袭了2017年9月厦门峰会期间金砖国家领导人、主要发展中国家领导人及国际组织负责人平等协商、共议人类发展大业、共谋全球治理之道的做法和机制。从习近平和各方领导人的政策性演说、两个会议形成的政治共识和国际社会的总体反应看,刚刚走过10年发展历程的金砖合作,未来前景将更加广阔。金砖合作不但有望成为提升南南合作水平、推动建立新型国际关系的新范式,同时也会带动世界各国联动发展、开辟文明互通互鉴新路径。

第一,本届金砖峰会和"金砖+"对话会的召开适应了国际社会呼唤新的合作范式的共同需要。

近几年来,国际形势发展变化中的不稳定性、不确定性和不可测性,分外突出。西亚北非地区的动乱与战祸久拖不决,欧洲一体化进程严重受挫,国际恐怖主义与极端民族主义激烈碰撞,发达国家对外政策中的保护主义与其国内生活中的民粹主义相互推涌。联合国、WTO等国际组织和机构的作用,受到明显的冲击和削弱。特朗普政府打着"美国优先""美国第一"的旗帜,恣意推行新冷战政策和单边主义,不但通过"退群""毁约""骂战""制裁"等方式破坏现在的国际体制和国际关系准则,甚至不惜以发动全球贸易战的方式挑战国际经贸秩序,为国际事务中的孤立主义和反全球化逆流推波助澜。人类和平与发展的共同事业,面临冷战结束以来未曾有过的严峻局面。

世界战略格局和地缘政治环境的这些新变化，一方面反映出世界经济新旧动能转换尚未完成，南北方关系失衡与西方世界内部矛盾凸显等深层次、结构性问题还将长期存在；另一方面反映出当今世界正在经历更大范围、更深层次的科技革命和产业变革，各国各地区之间的发展利益和前途命运将更加紧密地连一起，更加深刻地相互交融。

上述这一切，直接影响到新兴市场国家和发展中国家发展外部环境。以金砖五国为突出代表的广大发展中国家，比以往任何时候都更加需要协调立场，增进团结，加强合作，共襄和平发展。国际社会也比任何时候都需要更新合作模式，建立新型国际关系，推动人类在命运与共的道路上共克时艰。此次金砖峰会与"金砖+"对话会的召开，完全适应了这一时代要求。

第二，深化经济关系是确保金砖合作持续发展并不断发挥良好示范效应的不竭动力。

经济合作是金砖五国最基本、最重要，也是最成功的合作领域之一。据统计，目前金砖成员国经济合作总体形势很好，国与国之间的相互贸易和投资都在持续增长，对世界经济稳定和增长的集体贡献率不断上升。鉴于五国工商界在金砖合作中始终发挥主力军和生力军作用，工商领导人论坛自然而然地成为历届金砖峰会的重要前戏。习近平2018年7月25日在金砖国家工商论坛上发表题为《顺应时代潮流 实现共同发展》的重要讲话，强调过去10年金砖合作为世界经济企稳复苏并重回增长之路做出了突出贡献，呼吁金砖国家未来10年"把握发展机遇，合力克服挑战，为构建新型国际关系、构建人类命运共同体发挥建设性作用"。

习近平在工商论坛上所提建议，主旨是坚持合作共赢，建设开放经济；坚持创新引领，把握发展机遇；坚持包容普惠，造福各国人民；坚持多边主义，完善全球治理。其核心主张是坚定建设开放型世界经济，反对单边主义和保护主义，促进贸易和投资自由化便利化，共同引导经济全球化朝着更加开放、包容、普惠、平衡、共赢方向发展；帮助新兴市场国家和发展中国家有效参与国际产业分工,共享经济全球化红利;积极推动国际发展合作,把金砖国家同非洲的合作打造成南南合作的样板;继续推进全球治理改革,提高新兴市场国家和发展中国家的代表性和发言权。

习近平的讲话,充分体现了中方对于金砖国家工商合作、金砖合作总体合作、金砖国家与广大发展中国家全方位合作的高度重视,同时也反映了中方对于全球治理,对于经济全球化以及国际发展方向等重大问题的深入思考和战略预期。

第三,金砖国家要为构建相互尊重、公平正义、合作共赢的新型国际关系做出独特贡献。

根据当前国际关系发展变化的基本特点和非洲大陆进步发展的客观需要,此次金砖峰会主题为"金砖国家在非洲:在第四次工业革命中共谋包容增长和共同繁荣"。习近平在金砖国家领导人会议上高度评价了该主题的现实意义,同时以人类社会三次工业革命发展历程为依据,得出了颠覆性的科技革新"从根本上改变了人类历史的发展轨迹"的科学论断。这一新论断不仅受到与会各方领导人的赞许,同时也使整个国际深受启迪。

金砖合作的目标、任务、指导原则和前进方向,是此次峰会讨论的最主要议题。习近平呼吁金砖国家在当今世界正在经历更大范围、更深层次的科技革命和产业变革等复杂形势下,把握历史大势,深化战略伙伴关系,继续推进和加强经济贸易、政治安全、人文交流三大领域合作。为此,各方不但要在贸易投资、财金、互联互通等领域把合作蛋糕做大做实,同时还要坚持创新引领,通过建设新工业革命伙伴关系,加强宏观经济政策协调,实现发展战略深度对接,在相互砥砺中加速新旧动能转换和经济结构转型升级。此外,还要广泛开展人文交流,筑牢金砖合作民意基础,通过拓展"金砖+"合作,扩大金砖"朋友圈",推动构建广泛的伙伴关系。

金砖国家是当前国际关系变革的重要推动力。金砖合作应以国际事务中密切配合与全面协作为依托。对此,习近平明确主张,金砖国家要在联合国、二十国集团、世贸组织等框架内,坚定维护多边贸易体制,旗帜鲜明地反对保护主义；要继续高举多边主义旗帜，维护《联合国宪章》宗旨和原则，敦促各方遵守国际法和国际关系基本准则；要充分发挥外长会晤等机制的作用，发出金砖声音，提出金砖方案，共同构建相互尊重、公平正义、合作共赢的新型国际关系。这些具有很强原则性、针对性和可操作性的建议和主张，受到其他金砖国家领导人的充分肯定，也引起了国际社会的高度关注。就连某些西方国家的政治家和媒体也都表示高度理解和认同。

第四，金砖国家与广大发展中国家的团结合作将呈现更加紧密、更有成效的新格局。

中国是世界上最大的发展中国家，在国际事务中始终站在广大发展中国家一边，并且始终将发展中国家视为国际斗争的重要盟友和战略资源。习近平出席对话会并发表讲话，重申了中国政府对发展中国家的一贯立场，同时也提出了一些新的建议和主张。他指出，当今世界正处于大发展大变革大调整时期，新兴市场国家和发展中国家面临共同的机遇和挑战，新兴市场国家和发展中国家加强团结合作愈显重要。

对于中国等新兴国家加强与广大发展中国家的合作，习近平提出四点主张：一是以"金砖+"合作为契机，建设开放包容、合作共赢的伙伴关系，打造深化南南合作的平台；二是共同挖掘发展新动能，通过建立金砖国家新工业革命伙伴关系，抢占面向发展制高点，把互补优势和协同效应充分释放出来，实现创新、联动、包容发展；三是共同营造有利外部环境，共同维护多边贸易体制，建设开放型世界经济，继续推动全球经济治理改革，提高新兴市场国家和发展中国家代表性和发言权；四是共同构建新型国际关系。总而言之，新兴国家与广大发展中国家要共同坚定维护多边主义，推动国际秩序朝着更加公正合理的方向发展；共同落实《2030年可持续发展议程》，坚持南北合作为主渠道、南南合作为补充的国际发展合作格局。

非洲大陆是世界上发展中国家最集中的地区，某种程度上也是中国与发展中国家真诚合作、互利共赢的示范区。在"金砖+"对话会上，习近平不但呼吁金砖国家以这次对话会为契机，全面深化金砖国家同非洲国家的伙伴关系，同时还情真意切地回顾了中非之间的"好朋友、好伙伴、好兄弟"关系，高度评价了中非全面战略合作伙伴关系以及全方位、多层次、宽领域合作格局的时代价值。他再次表示，未来无论国际格局如何变化，中方都将秉持真实亲诚理念和正确义利观，继续支持非洲发展振兴。包括广大发展中国家，国际社会普遍认为，以中非互利合作为标志，金砖国家与广大发展中国家的团结合作，未来将呈现更加紧密、更有成效的新格局。

第五，金砖合作将以财经合作、政治安全和人文交流"三轮驱动"为依托行稳致远。

金砖合作过去10年所取得的成就，国际社会有目共睹。五国领导人也一致表示满意，认为是金砖合作追求和平和谐、共同发展和共同繁荣的有力体现。譬如，峰会期间会议东道主南非总统拉马福萨呼吁金砖国家加强合作，维护多边秩序，维护联合国的中心地位，维护世界贸易组织规则。他还表示，南非支持金砖国家建立新工业革命伙伴关系，期望把握好第四次工业革命带来的机遇，在金砖合作第二个"金色十年"实现更好发展。俄罗斯总统普京主张，面对当前复杂多变的国际环境，金砖国家要团结协作，坚持多边主义和国际规则，共同致力于维护经济秩序，推动高质量、平等的发展和通过政治手段妥善解决地区热点问题。印度总理莫迪也表示，金砖国家是世界增长的重要引擎。面对保护主义抬头、多边体系面临挑战，金砖国家要积极参与完善全球治理，弘扬多边主义，促进自由贸易，推动全球化向普惠方向发展，更好维护发展中国家利益。

金砖国家领导人在此次峰会和"金砖+"对话会上达成的新共识，在约翰内斯堡宣言中得到集中体现。五国重申要秉持互尊互谅、主权平等、民主包容的原则，继续致力于深化金砖战略伙伴关系，巩固财经合作、政治安全和人文交流"三轮驱动"的合作格局。在能源、环境、农业、循环经济、水资源、灾害管理、生物多样性、海洋经济、人口问题、网络安全、航空、税务、海关、应急储备安排、债券发行、创新发展融资路径、加强金融监管、科技创新、知识产权、脱贫减贫、职业培训、反腐执法等各领域扩大和深化合作。同时要在联合国内，就维和事务进一步加强沟通合作，就全球安全环境、反恐、网络安全、重大国际和地区热点、跨国有组织犯罪、维和行动、国家安全和发展的关系等问题增进共识，加强议会交流和人文交流，诸如建立智库理事会、学术论坛、民间社会组织论坛、青年外交官论坛、青年峰会和青年科学家论坛、建立金砖国家外交部发言人论坛，在常驻多边机构中加强代表团定期会晤，等等。

在全球事务领域，五国重申要致力于世界和平与稳定，支持联合国的核心作用和《联合国宪章》宗旨和原则；尊重国际法，促进民主和法治；支持多边主义，平衡协调推进经济、社会和环境三大领域的公平、包容、开放、全面、创新和可持续发展；推动国际政治经济秩序朝着更具代表性、民主、平等、公平和公正的方向发展，共同应对传统和非传统安全挑战；致力于强化全球治理的多边机构，反对采取单边主义措施行为；强调任何国家不应以牺牲别国安全为代价促进自身安全；呼吁所有国家充分落实《巴黎协定》，建立真正广泛的全球反恐联盟，所有成员遵守世贸组织规则，致力于共同努力通过政治和外交手段和平解决争端，等等。

金砖国家领导人本次会晤和"金砖+"本次对话会形成的广泛共识，强烈地反映出发展中国家在国际形势复杂多变形势下共克时艰的坚定意志，有力地回击了当前国际关系中日益猖獗的新冷战政策和单边主义思维，顺应了和平发展与合作共赢的时代潮流和普遍诉求。实践已经证明并将继续证明，未来无论世界格局如何演变，无论国际关系怎样发展，金砖合作都将为各国人民之间友好交往与联系开辟新的道路，都将为人类社会加强文明互通互鉴开辟新的里程！

第六篇
打造新型合作范式,推进多边主义外交

■ 大国格局

完善全球治理的中国方案与路径①

我们所生活的当今世界，正处于冷战结束以来最为剧烈而复杂的历史过渡期。一方面，人类的科技进步日新月异，各国之间的经济联系愈益紧密，人文领域中的交流合作极为活跃，发展利益与安全利益相互交融呈现前所未有的新局面；另一方面，国际力量对比持续变化，新旧世界格局艰难转换，地区冲突和各种热点问题此起彼伏，传统安全与非传统安全问题相互交织，不同形式的反进步反文明反人类行为浊浪翻腾，人类面临的共同性挑战和威胁层出不穷。围绕着如何认识当今世界形势，如何应对全球性问题，如何推动全球化健康发展进而完善全球治理，中国方案和路径具有不可低估的重要意义和影响。

一、中国倡导并推动共建人类命运共同体引起国际社会广泛关注

中华民族是国际大家庭的重要成员。作为一个正在走向全面复兴、正在加快现代化建设、对全球事务负有重大责任的发展中大国，中国领导人的所思所想，比以往任何时候都更为国际社会所瞩目。近年来，习近平主席就当今世界格局演变与国际关系走向、不同发展道路与文明类型互通互鉴、人类社会发展进程及其未来前景等重大问题，提出了许多卓有见地的新思想、新观念、新主张、新建议，引起了国际社会的广泛关注和深入思考。

首先，习近平深刻揭示了和平与发展的时代主题面临巨大考验这一严峻现实，提出了人类社会共同努力构建命运共同体的新理念。他指出："今天，和平与发展已经成为时代主题，但世界仍很不太平，战争的达摩克利斯之剑依然悬在人类头上。"为了世界的和平与安宁，他一方面号召世

---

① 本文根据作者2018年9月29日在上海大学二十国集团智库会议上的发言整理而成。

各国要牢固树立人类命运共同体意识，共同维护以《联合国宪章》宗旨和原则为核心的国际秩序和国际体系，积极构建以合作共赢为核心的新型国际关系，共同推进世界和平与发展的崇高事业；另一方面庄严承诺："中国将高举和平、发展、合作、共赢的旗帜，恪守维护世界和平、促进共同发展的外交政策宗旨，坚定不移地在和平共处五项原则基础上发展同各国的友好合作，推动建设相互尊重、公平正义、合作共赢的新型国际关系。"他还表示，中国无论发展到哪一步，都永远不称霸，永远不搞扩张，永远不会把自身曾经经历过的悲惨遭遇强加给其他民族。他呼吁世界"各国人民同心协力，构建人类命运共同体，建设持久和平、普遍安全、共同繁荣、开放包容、清洁美丽的世界"。

其次，习近平深刻阐明了经济全球化持续向前而不以人的意志为转移的历史大势，指出了"构建人类命运共同体，实现共赢共享"的历史路径。他指出，当今世界的确存在许多问题，但不能把这些问题都归咎于经济全球化，那样"既不符合事实也无助于问题的解决"。要解决当前世界存在的全球经济增长动力不足、全球经济治理滞后、全球发展失衡三大矛盾，最根本的办法是要国际社会普遍树立人类命运共同体意识，"携手努力，共同担当，同舟共济，共渡难关"。他所提出的"四个不要"，即在全球化面临困难时"不要埋怨自己，不要指责他人，不要放弃信心，不要逃避责任"，警示了整个国际社会。他所阐述的伙伴关系、安全格局、经济发展、文明交流、生态建设相辅相成、"五位一体"的行动方略，切合绝大多数国家的实际需要，因而具有很强的可操作性。

最后，习近平全面阐述了中国坚定不移地推动建立开放型世界经济，推动贸易和投资自由化便利化的一贯原则和立场，旗帜鲜明地表达了反对单边主义和保护主义的意志和决心。在当前世界急需新的发展思路和新的治理方案的形势下，习近平提出了以"四个坚持"打造"四个模式"的建议，这就是坚持创新驱动，打造富有活力的增长模式；坚持协同联动，打造开放共赢的合作模式；坚持与时俱进，打造公正合理的治理模式；坚持公平包容，打造平衡普惠的发展模式。这与他以往提出的有关世界各国联动发展、合作发展、包容发展、共赢发展的建议和主张一脉相承，既彼此呼应，又充满新意，既符合当今时代发展潮流，也符合世界各国的现实诉求。为了带头实践这些倡议，习近平承诺，中国不仅要做经济全球化的参与者，同时还要做经济全球化的推动者和贡献者。未来几年，中国将进口8万亿美元商品，吸收6000亿美元外资，对外投资75000亿美元。从政策层面说，就是要大幅度降低市场准入标准，积极营造更加良好的吸引外资的内部环境、加强知识产权保护，主动扩大商品进口规模。这些承诺，不但意味着中国要在新一轮经济全球化中发挥更大作用，同时也意味着中国要对人类进步与发展的共同事业做出新的更大贡献。

二、G20 已成为中国推动经济全球化并参与全球治理的重要平台

我们所生活的时代，是一个既充满希望也充满挑战的时代。人类社会的发展与进步，本质上是世界各国广泛参与、相互联系、互利合作、同舟共济的进程。无论过去、现在还是未来，"没有哪个国家能够独自应对人类面临的各种挑战，也没有哪个国家能够退回到自我封闭的孤岛"。遗憾的是，长期以来国际社会对此缺乏统一的认知。对于广大发展中国家在世界经济进程中的地位、作用与诉求，国际社会的认识尤显不足。2008年国际金融危机的爆发，已经充分证明了这一点。也就是从这时起，发达国家开始同新兴经济体国家坐在一起，共谋世界经济发展大事，共议世界治理难题，G20 机制应运而生。多年来，G20 各国领导人就世界经济、国际金融、全球治理等共同性问题和挑战，进行了广泛而深入的交流对话，取得了很多共识，也达成了一些有影响的文件。作为当今世界最有代表性、最具包容性和权威性的经济对话机制和全球治理平台，G20 的作用得到了国际社会的普遍认可，中国是 G20 的创始成员，一开始就积极参与 G20 框架下的各种活动。2016 年 9 月中国主办的 G20 杭州峰会，在世界经济发展与全球治理进程中留下了浓墨重彩的一页。

第一，习近平在会上提出中国方案，为重振各国人民的信心，激发世界经济活力，推动务实全球合作，开出了"中国药方"。其核心思想是，G20各方应加强宏观经济政策协调，全力促进全球经济增长，维护全球金融稳定，创新发展方式，挖掘增长功能，完善全球治理，夯实机制保障，建设开放型社会经济，继续推动贸易自由化和投资便利化，落实好联合国《2030年可持续发展议程》，促进包容性发展。峰会综合中方倡议和其他各方想法，形成了包括杭州行动计划、二十国集团创新增长在内的一系列重要文件。国际社会认为，习近平所开具的"中国药方"，点到了世界经济低迷不振的痛点，切中了国际事务中的很多时弊，为解决当今世界发展难题、突破治理困境贡献了中国智慧。

第二，中方借助G20峰会组织了一系列配套会议，如央行行长与财长会、专业部长会、工商峰会以及妇女组织、青年组织、社会团体和智库会议。另外还与金砖国家领导人举行非正式会晤，搭建了金砖国家高层接触的新平台。习近平呼吁金砖国家保持协调，加强配合，与各方一道共同努力，把G20这个大的国际合作平台建设好、维护好、发展好；同时又为金砖国家保持定力、加强合作提出了四个新思路，即共同创新增长方式，共同完善全球治理，共同维护国际公平正义，共同促进国际合作发展。这"四个共同"，推动金砖国家在参与世界经济复苏、打造全球化新格局方面提出新举措，采取新行动，取得新成果，同时也使广大发展中国家从经济全球化的旁观者受害者变为参与者和受益者。

第三，中国与G20的良性互动将为整个世界的联动发展提供可资借鉴的成功经验。人类社会是个密不可分的整体，中国的发展离不开世界，世界的发展也离不开中国。中国与外部世界的关系持续改变并不断向好，主旋律就在于发展的联动性、理念的包容性、利益的兼顾性和安全的统一性。在全球化不断走向纵深的历史新时代，中国的发展利益、安全利益和世界各国人民的共同利益、根本利益是紧密交织的。在杭州峰会上，习近平指出，中国的现代化既是中国走向世界的过程，同时也是世界走向中国的过程。此外，他还就G20自身发展问题提出一些具体建议。他呼吁二十国集团要共同维护和平稳定的世界环境，共同构建合作共赢的全球化伙伴关系，共同完善全球经济治理，把G20建设成高效运转的"行动队"，而不是坐而论道的"清谈馆"。

2017年在德国汉堡召开的G20峰会，中方同样予以高度重视。会上，习近平以《坚持开放包容 推动联动增长》为题发表演讲，再次阐明了他对世界经济、全球治理等重大问题的看法。他指出，世界经济出现向好势头，同二十国集团的努力分不开。与此同时，世界经济中深层次问题尚未解决，仍然面临诸多不稳定不确定因素。他充分肯定汉堡峰会把"塑造联动世界"作为主题，认为这与杭州峰会确定的方案"建设创新、活力、联动、包容的世界经济"一脉相承。他特别强调，二十国集团要把这些理念化为行动：第一，要坚持建设开放型世界经济大方向，坚持走开放发展、互利共赢之路，发挥世界主要经济体领导作用，支持多边贸易体制，为应对共同挑战找到共赢的解决方案。第二，要共同为世界经济增长发掘新动力，在数字经济和新工业革命领域加强合作，共同打造新技术、新产业、新模式、新产品。第三，要携手使世界经济增长更加包容，继续把经济政策和社会政策有机结合起来，解决产业升级、知识和技能错配带来的挑战，使收入分配更加公平合理。第四，要继续完善全球经济治理，特别要加强宏观政策沟通，防范金融市场风险，发展普惠金融、绿色金融，推动金融业更好服务实体经济发展。

在汉堡峰会上，习近平特别提到了国际社会广泛关注的"一带一路"国际合作。他指出，各方本着共商、共建、共享精神，在促进政策沟通、设施联通、贸易畅通、资金融通、民心相通上取得丰硕成果，努力打造治理新理念、合作新平台、发展新动力，这同二十国集团的宗旨高度契合。峰会期间，习近平主持召开了金砖国家领导人非正式会晤，为推动金砖合作提出了"四个毫不动摇"的新理念，即毫不动摇构建开放型世界经济，毫不动摇奉行多边主义，毫不动摇加强全球经济治理，毫不动摇推动共同发展。中方提出这"四个毫不动摇"的新理念，不仅为金砖合作的未来发展指明了方向，同时也对其他所有新兴经济体积极参与全球化进程、参与全球经济治理产生积极影响。

三、中方应与各方共同努力支持布宜诺斯艾利斯峰会取得成功

2018年的G20峰会在拉美国家阿根廷首都布宜诺斯艾利斯举行。在美国退出一系列国际合作机制、肆无忌惮地发动全球贸易战、全面冲击现有世界经济秩序和国际关系准则的特殊历史时刻，国际社会对G20布宜诺斯艾利斯峰会、对新一轮经济全球化和全球经济治理的前景充满期待，同时也对发达国家与新兴经济体的对话与合作翘首以待。另一方面，我们也要看到，由于美国政府在经济全球化问题上采取非常消极的有害立场，对待WTO和现有多边经贸秩序甚至实行破坏性政策，而中美两国作为当今世界两个最大经济体，在许多问题上立场迥异，甚至针锋相对，国际社会对会议最终能否达成积极成果不无疑虑。

国际关系总体态势和美国发动的全球贸易战，出现了许多更为复杂的新动向与新变化。8月27日，美国和墨西哥两国就双边贸易达成新协议。9月25日，美国、欧盟和日本的贸易部长在纽约就WTO改革联合提案一事达成协议。虽然欧盟表示要派代表到中国听取意见，但美欧日已经形成的文件在很大程度上满足和体现了特朗普政府的意愿。他们公开呼吁，"自称为发展中国家的发达世贸组织成员，在当前和未来的世贸组织中承担全部承诺"，矛头明显对准了中国。他们在联合声明中提出要制定关于工业补贴的国有企业的新规则，显然是要利用改革WTO之机共同对付和限制中国。

9月26日，美国众议院通过了一部名为《2018年善用投资促进发展法》的新法案，意在合并美国海外私人投资公司和美国国际发展署，设立规模更大的美国国际发展金融公司，通过为全球落后地区和国家提供资金，帮助其发展基础设施来对抗中国提出的"一带一路"倡议。提出该法案的

美国议员毫不掩饰地表示，他们的目的就是要遏制中国的"一带一路"倡议。美国参议院和白宫都已经表示支持该法案。

9月28日，美国政府汇总了美日两国有关印太战略合作的文件，详细列举了美国和日本拟对"中国试图加强影响力"的印太地区各国提供支持的措施清单，涉及能源、基础设施、网络安全、海洋安保、防灾减灾等重点领域。美日两国的意图在于，通过日美战略能源伙伴关系，与美国的"亚洲EDGE（通过能源增进发展和增长）"倡议相协调，联手支持印太地区的能源发展，同时确保基础设施建设将印太战略联系在一起，另外也使美国和日本"共同努力，以促进印太地区的数字经济可以充满活力和弹性，确保一个安全的网络未来"。为实现这一目标，美国和日本已于2018年9月为东盟地区和其他印太国家开展工业控制系统联合培训，为太平洋岛国提供网络能力建设和技术支持。

10月1日，加拿大外长与美国贸易代表莱特希泽发表联合声明，宣布美墨加达成新的贸易协定，2018年11月底，特朗普将签署该协议并将其提交国会审议，以取代已运转24年的北美自由贸易协定。此前对美国贸易战一直采取强硬立场的加拿大政府，到美国确定的最后一天妥协让步了。

长期以来，同当今世界其他一些国际组织与机构一样，G20也存在着高谈阔论、言多行少、效能低下、形式主义的流弊。不仅历次峰会宣言，就连部长们在工作性会议上做出的决议，往往也得不到认真执行。中方已经看到并已严肃提出，G20急需自我革新。在使各方充分认识到，只有实现自我革命，不断与时俱进，G20才能逐渐摆脱"清谈误世"的魔咒，才能真正成为既适应时代发展潮流又符合时代进步需要的全球治理工具，才能成为战胜单边主义和保护主义、推进世界各国联动发展的互利合作平台。

"上海精神"指引上合组织与世界同行[①]

上海合作组织成员国元首理事会第十八次会议在青岛隆重召开并圆满落幕，与G7峰会在争吵不休中艰难举行最后无果而终形成了鲜明对照。国际社会不仅对东道国中国超乎寻常的影响力、感召力、凝聚力和动员力表示高度赞佩，同时还对上合组织表现出的旺盛生命力和广阔发展前景，对成员国之间良好的协调合作精神，对该组织推动地区和平发展与进步、处理国际事务并参与全球治理的巨大潜能刮目相看。

上海合作组织起源于苏联解体后中国、俄罗斯、哈萨克斯坦、吉尔吉斯斯坦和塔吉克斯坦为解决历史遗留的原中苏边界问题，缓和原中苏边境地区紧张局势而建立的五国领导人上海会晤机制，时称"上海五国"。"上海五国"在实践中形成的"上海精神"，即"互信、互利、平等、协商，尊重多样文明，谋求共同发展"，被五国视为无比珍贵的思想财富和价值瑰宝，同时也得到了乌兹别克斯坦等地区相邻国家的认可和支持。2001年6月，随着乌兹别克斯坦正式加入，以"上海精神"为基本指导思想与核心价值取向的区域合作机制上海合作组织在中国诞生了。

和平与发展的时代大潮滚滚向前，合作与共赢成为国际社会普遍诉求，世界形势沿续着冷战结束以来大发展大变革大调整的基本轨迹，但不稳定不确定不可测性等特点愈加突出。旧的国际格局瓦解引发的矛盾和冲突相互交织，非传统安全领域的问题和挑战层出不穷，国际力量对比关系改变导致的权力中心转移和大国关系重组令人始料不及。

在国与国之间政治互信与经济互利严重缺失，国际关系中的平等原则与协商精神遭到漠视，人类文明多样性得不到应有尊重，共同发展进步与

[①] 本文发表于《人民政协报》2018年6月14日。

繁荣举步维艰的历史性拷问面前，中国与上合组织成员国，齐心协力，共济时艰，始终不渝地践行"上海精神"，将"互信、互利、平等、协商"作为处理相互关系和解决所有问题的基本准则，将"尊重多样文明，谋求共同发展"作为携手并肩、砥砺前行的不懈追求，作为矢志不移的努力方向和奋斗目标。

正是在"上海精神"指引下，中国与俄罗斯、哈萨克斯坦、吉尔吉斯斯坦成功地解决了历史遗留的所有边界问题，长达7000多公里的原中苏边界，成了和平与合作的纽带。上合组织成员国签署了共同打击恐怖主义、分裂主义、极端主义公约，缔结了长期睦邻友好合作条约，形成了一系列多领域务实合作文件及其实施纲要，并且建立了包括元首峰会、政府首脑会晤以及总检察长会议、外交部长会议、国防部长会议等涵盖所有部门的对话平台和协商机制。设在北京的上合组织秘书处和设在塔什干的上合组织地区反恐机构，始终保持良好高效的运行状态。

上合组织青岛峰会是印度、巴基斯坦两国由观察员国转为正式成员国后，该组织举行的首次峰会，国际社会格外关注。这时，上合组织成员国已由六国发展为八国，人口总量多达31亿，约占全球总数40%。八国GDP总量亦相当可观，占全球总量20%以上。此外，该组织还有蒙古国、阿富汗、伊朗、白罗斯四个观察员国和阿塞拜疆、亚美尼亚、柬埔寨、尼泊尔、斯里兰卡、土耳其六个对话伙伴国。如此庞大的区域合作组织与时俱进，不断壮大，本身就是"上海精神"符合时代潮流、符合时代要求、被广泛认同接受并不断发扬光大的鲜明例证。

在青岛峰会上，习近平主席以上合组织峰会东道主的身份庄严宣告："我们要进一步弘扬'上海精神'，提倡创新、协调、绿色、开放、包容的发展理念，践行共同、综合、合作、可持续的安全观，秉持开放、融通、互利、共赢的合作观，树立平等、互鉴、对话、包容的文明观，坚持共商共建共享的全球治理观"，并且为上合组织规划了更加宏伟的发展蓝图和奋斗目标，这就是构建上合组织命运共同体，推动建设新型国际关系，携手迈向持久和平、普遍安全、共同繁荣、开放包容、清洁美丽的世界。

习近平提出的上述主张和构想，得到了所有成员国和与会各方的广泛支持，并在峰会最终成果联合宣言中得到了具体体现。联合宣言分析了当前世界形势，确认"国际社会迫切需要制定共同立场，有效应对全球挑战"，明确表示上合组织要遵循"上海精神"，成为当代世界国际关系体系中极具影响力的参与者；要恪守《上合组织宪章》和《上合组织至2025年发展战略》，确立构建人类命运共同体的共同理念。实践已经证明并将继续证明，以"上海精神"为引领的上合组织，不仅与时代同行，还将与整个世界同在，为世界各国人民争取人类和平发展与普遍安全的共同事业做出自己的独特贡献。

中国与 APEC 的相互影响将持续增大

诞生于冷战结束之际的亚太经济合作组织（APEC），是当今世界规模最大的、机制化并且很有影响力的跨区域经济论坛，也是目前亚太地区最高级别的政府间对话与合作组织。中国是 APEC 最早的和最重要的成员之一。进入 21 世纪后，中国综合国力迅速上升，参与地区和国际事务的力度不断加大，在 APEC 中的作用和影响日益突出。近年来，APEC 不仅成为中国参与亚太区域对话与合作的重要平台，同时也是中国展示负责任大国良好形象的主要平台。

一、区域合作大潮催生 APEC，中国审时度势做出了正确选择

1989 年冷战结束之际，国际形势总体上趋于缓和，世界经济全球化进程加快，贸易和投资自由化以及区域集团化趋势渐成潮流。在这一背景下，欧洲一体化进程迅速加快、北美自由贸易区雏形初现。亚太地区在世界经济中的比重明显上升，但区域合作势头明显落后于欧美。在这一背景下，1989 年 1 月，澳大利亚总理霍克提议召开亚太地区部长级会议，以讨论加强相互间经济合作问题，很快得到美国、加拿大、日本和东盟的积极响应。同年 11 月 6—7 日，澳大利亚、美国、日本、韩国、新西兰、加拿大及当时的东盟六国在堪培拉举行亚太经合组织首届部长级会议，标志着亚太经合组织即 APEC 正式诞生。

APEC 成立之时，中国改革开放只有 10 余年历史，参与区域交流与对话的经验还相当有限。但中国看到了 APEC 在推动区域贸易和投资自由化、加强经济技术合作方面的特殊作用，经过积极的外交努力，于 1991 年正式成为 APEC 成员。

2001 年 10 月，中国作为东道主，成功地在上海举办了 APEC 第九次领导人非正式会议。江泽民主持会议，并以《加强合作，共同迎接新世纪的新挑战》为题发表讲话，全面阐述了中国对当时世界和地区经济形势的看法，提出了继续推进APEC合作的政策主张。由于中方全力推动，各方在许多问题上达成重要共识，会议通过的《领导人宣言：迎接新世纪的新挑战》《上海共识》和《数字亚太经合组织战略》，在很多问题上吸收和反映了中国政府的立场和建议。

同年9月11日，美国遭受了震动世界的恐怖主义袭击。受此事件冲击，美国总统布什被迫取消了所有的出访计划，但考虑到此次会议为中国主办，因而仍抽出时间到上海参会并会晤了中国领导人。中国在当时全球安全形势异常紧张的情况下，成功地举办此次会议，并且"搬动了"困境中根本不想出国的美国总统，在国际上产生了积极反响。在中方的主持下，参会各方领导人利用午餐会的机会，讨论了国际反恐问题，发表了《APEC领导人反恐声明》，在共同应对恐怖主义威胁方面给予了美国特别期望的同情和支持，形成了APEC成立以来质量最好的一批文件。中国承办大型国际会议的水平，赢得了国际社会的普遍认可。中国主导多边外交事务的能力，令世界刮目相看。

二、随着APEC自身不断发展，中国的参与力度不断加大

APEC成立后，世界多极化不断推进，经济全球化加速发展，各国各地区经贸投资合作与科技文化交流更加紧密，亚太地区各经济体领导人深化思想沟通和政策协调的必要性进一步凸显。APEC作为一个复杂的系统化机制化多边平台，自身也在不断发展和完善。

除领导人非正式会议外，部长级会议即"双部长"会是APEC的一个重要决策机制。参与者通常为各成员体的外交部长，每年领导人非正式会议之前举行工作会议，主要任务是为领导人非正式会议进行前期准备；贯彻执行领导人会议通过的各项指示；讨论区域内的重要经济问题；决定APEC的合作方向和内容。

APEC 高官会议作为该组织协调机构始于 1989 年，通常由当年举办领导人非正式会议的东道主主办，次数不定，主要负责执行领导人非正式会议和部长级会议所通过的决定，审议各工作组和秘书处的活动，筹备部长级会议、领导人非正式会议及其后续行动。

1995 年 11 月，第三次 APEC 领导人非正式会议决定设立常设机构，APEC 工商咨询理事会应运而生，其主要任务是针对 APEC 贸易投资自由化、经济技术合作以及创造有利的工商环境等问题提出设想和建议，并向 APEC 领导人非正式会议和部长级会议提交咨询报告。

APEC 工商领导人峰会是该组织系列会议的重要组成部分，自 1996 年起每年举行一次，意在为本地区工商界领袖提供一个与 APEC 成员领导人、政府官员及专家学者开展对话的交流平台。1997 年，第一次名为 APEC 工商领导人峰会的会议在加拿大温哥华举行。此后，作为该组织系列会议之一，APEC 工商领导人峰会每年与领导人非正式会议同时同地举行。

2010 年 APEC 第十八次领导人非正式会议在日本横滨举行时，发端于欧美地区的国际金融危机持续发酵，世界经济增长和区域合作走势低迷，反对经济全球化、反对区域一体化的保守主义、孤立主义和盲目排外的极端民族主义开始在发达国家蔓延滋长。在这种情况下，中国将多边活动与双边活动有机协调，既着眼于参与和推动亚太区域经济合作，又注意增进中国同有关国家的交流合作，以展示中国的负责任大国形象。

会议期间，胡锦涛提议更高水平和更高层次上实现亚太地区经济又好又快发展，引起各方重视。他主张全面而客观地看待亚太新兴市场国家，鼓励新兴市场国家承担力所能及的国际责任，为新兴市场国家与各国共同发展营造良好环境，起到了积极的政治导向作用。他指出，亚太新兴市场国家同各方一道应对金融危机、气候变化、公共卫生安全等全球性挑战，积极参与南南合作，为国际发展事业，促进各国共同发展做出贡献。国际社会也应该看到，亚太新兴市场国家自身处于发展阶段，能力资源有限，要求他们承担超出能力和发展阶段的义务，不但无助于世界发展事业，还损害亚太新兴市场国家自身发展。

三、中国特色大国外交运筹有序，APEC成总体布局中的重要环节

中共十九大的召开，标志着中国特色社会主义进入一个新的历史时代，以构建人类命运共同体为最高理想，以合作共赢为基本理念的中国外交，由此进入新的发展阶段。在2014年召开的中央外事工作会议上，习近平明确提出，中国的大国外交应该有中国特色、中国风格、中国气派。

2013年10月，第二十一次APEC领导人非正式会议在印度尼西亚巴厘岛举行。会议主题为"活力亚太，全球引擎"，核心议题是推动亚太地区的贸易自由化以及各成员经济体之间的互联互通建设。习近平以国家元首身份首次参加此会，全面参与各项活动，以前所未有的建设性姿态展示了中国领导人对多边外交、对APEC事务的高度重视，同时也生动而具体地诠释了中国特色大国外交卓而不群的独特风格和魄力。

会议开幕当天，习近平发表两场演说，一是在工商领导人峰会上所做的压轴讲话，题目为《深化改革开放 共创美好亚太》，另一是在APEC领导人非正式会议上，题目为《发挥亚太引领作用 维护和发展开放型世界经济》。第一篇讲话的重点是向APEC成员以及整个国际社会传递信息，即中国将进一步坚定改革开放的信心，中国绝不能在根本问题上出现颠覆性错误。此外，习近平还阐述了他对"合作发展"这一时代命题的理解。他指出，亚太经合组织各成员经济，相通则共进，相闭则自困……不能各家自扫门前雪，莫管他人瓦上霜。

这时，习近平已经提出了中国与中亚国家共建丝绸之路经济带、与东盟国家共建21世纪海上丝绸之路的倡议，并且非常明确地把基础设施互联互通作为"一带一路"倡议的核心任务。因此，他在第二篇讲话中提出，APEC要顺应历史潮流，做好互联互通这篇大文章：一是要构建覆盖太平洋两岸的亚太互联互通格局，以此带动建设各次区域经济走廊，打造覆盖21

个经济体、28亿人口的亚太大市场，保障本地区生产要素自由流通，稳步提升太平洋两岸成员协同发展水平，实现一体化；二是要打通制约互联互通的瓶颈，建立政府、私营部门、国际机构广泛参与的投融资伙伴关系，中国愿意为此而筹建亚洲基础设施投资银行；三是要在区域和国际合作框架内推进互联互通和基础设施建设，各成员应该秉持互利互惠、优势互补理念，坚持开放透明、合作共赢原则，加强沟通交流，积极参与合作；四是要通过互联互通，促进亚太地区人民在经贸、金融、教育、科学、文化等各领域建立更加紧密的联系，加深彼此间的了解和信任。

由于中方与各方密切配合，积极推动，此次会议发表的领导人宣言明确表示，各成员对新型贸易壁垒保持高度警惕，以前做出的不采取新的贸易保护主义措施的承诺延长到2016年年底。

2014年11月，中国作为东道主在北京举办了第二十二次APEC领导人非正式会议。中国举办这次会议的背景与13年前首次举办APEC会议有很大不同。第一，此时亚太地区人口占世界40%，经济总量占全球57%，贸易总量占全球48%，经济活力持续增强；第二，中国已经成为世界第二大经济体，国际影响力、感召力和动员力已得到普遍认可，特别是广大发展中国家，对中国在世界经济进程中的建设性作用期望增大，但西方世界和周边地区某些国家对中国快速发展的疑虑也在上升；第三，习近平的中国特色大国外交理念，已经成为中国外交的思想指南，多边外交，特别是主场条件下的多边外交活动，在中国外交总体布局中的位置格外突出。在这种情况下，中国根据国际形势的发展变化，首先是亚太地区经济发展与务实合作的实际需要，与各方沟通协商，将会议主题确定为"共建面向未来的亚太伙伴关系"。

11月5—11日，中方按惯例首先主导召开APEC高官会议和部长级会议，为领导人非正式会议取得成功做了充分准备。领导人非正式会议召开前举行的APEC工商领导人峰会，围绕"推动区域经济一体化""促进经济创新发展、改革与增长""加强全方位基础设施建设与互联互通"三大议题展开了热烈讨论。习近平作为东道国领导人在峰会上发表讲话指出,时代需要大格局,大格局需要大智慧:"我们要共同建设互信、包容、合作、共赢的亚太伙伴关系""我们要携手打造开放型经济格局""我们要精心勾画全方位互联互通蓝图"。针对国际社会有关中国经济发展前景的种种揣测,习近平介绍了中国经济的运行特点和经济发展的新常态,明确指出新常态给中国经济发展带来了新机遇,也带来了新问题和新矛盾,但中国经济发展总体向好的基本面没有改变。

习近平在领导人非正式会议第一阶段所做的主旨演讲,是这次 APEC 会议的最大亮点。他分析了世界经济复苏面临的许多不稳定、不确定因素,同时也指出亚太的发展进入了既有机遇也有挑战的新阶段,强调要破解区域经济合作碎片化风险,必须做到深入推进区域经济一体化,打造有利于长远发展的开放格局;全力推动改革创新,发掘新的增长点和驱动力,打造强劲可持续的增长格局;加快完善基础设施建设,打造全方位互联互通格局。

习近平高度评价 APEC 并指出了该组织的发展方向。他认为,APEC 是一个大家庭,打造发展创新、增长联动、利益融合的开放型的亚太经济格局,符合所有成员的共同利益,APEC 所有成员应共建互信、包容、合作、共赢的亚太伙伴关系,为亚太地区和世界经济发展增添动力。为此,他提出"四个共同"的新建议:一是共同规划愿景;二是共同应对全球性挑战;三是共同打造合作平台;四是共同谋求联动发展。

国际社会对中国提出的"一带一路"倡议产生了极大兴趣,也存在许多疑虑和误解。习近平在讲话中明确表示,"一带一路"倡议由中国提出,但这个倡议属于整个世界,本质上是中国为人类社会提供的公共产品。他宣布,随着综合国力的上升,中国有能力有意愿向世界和全球提供更多的公共产品,中国愿同各国一道推进"一带一路"建设,更加深入地参加区域合作进程,为亚太互联互通、发展愿景做出新贡献。

中国主办的 2014 年 APEC 会议,成果主要体现为《北京纲领:构建融合、创新、互联互通的亚太——亚太经合组织领导人宣言》和《共建面向未来的亚太伙伴关系——亚太经合组织成立25周年声明》两项文件。此外，会议批准了《亚太经合组织互联互通蓝图》，决定在2025年前实现硬件、软件和人员交流互联互通的远景目标。会议同时决定启动亚太自由贸易区进程，批准了相关路线图，这是APEC历史上意义重大而深远的一步。

四、多边外交与双边外交相得益彰，APEC成为中国特色大国外交重要平台

APEC会议及其相关机制，既是拓展和深化大多边外交的重要平台，同时也是开展"会外会""会间会"等小多边活动，创新双边关系、开辟领导人高层交往特殊渠道的重要机遇。中国在利用这个平台和渠道开展"小多边"外交、安排领导人举行正式和非正式会晤方面，善于把握机遇，技巧运用娴熟，努力让"大多边外交"与"小多边活动"相互补充，"访问外交"与"会议外交"有机统一并相得益彰。

2012年APEC海参崴会议期间，胡锦涛不仅会见了东道主俄罗斯总统普京，而且还以不同方式会见了印尼、加拿大、越南、文莱等国领导人，就中国与这些国家的双边关系和共同关心的其他问题交换意见。

2014年APEC北京会议期间，美国总统奥巴马根据双方事前商定的计划，利用参会之机对中国进行访问。中美领导人就双边关系和共同感兴趣的问题，在中南海内进行了长时间的深度交流和对话，双方不仅达成一些新共识，而且在共建新型大国关系方面有新举措。此外，习近平主席还会见了俄罗斯、墨西哥等其他国家的与会领导人，其中包括日本首相安倍晋三。中日关系因多年紧张，两国领导人正式会见时机不到，但利用日本领导人来华参加多边会议这一特殊机会，习近平作为东道主与其短暂交流，不失为理性安排。这样做既符合外交礼仪，也是双方的共同需要。利用这个机会，习近平向日方阐明了中方对中日关系的原则立场，敦促日方妥善处理两国间的有关问题。这样的会见和会谈对双方来说效果是好的，在国际上的影响也是积极的、正面的。

2014年APEC会议在北京召开时，世界各国，特别是周边地区对"一带一路"倡议广泛关注。借此机会，习近平邀请伊朗、老挝、蒙古、缅甸、塔吉克斯坦、柬埔寨等多国领导人来中国，出席"加强互联互通伙伴关系"东道主伙伴对话会，亲自做宣介工作。他强调，我们要的互联互通是基础设施、规章制度和人员交流三位一体，是政策沟通、设施联通、资金融通、贸易畅通和民心相通五大领域齐头并进。为此，他提出：第一，以亚洲国家为重点方向，率先实现亚洲互联互通；第二，以经济走廊为依托，建立亚洲基础设施互联互通的基本框架；第三，以交通设施为突破口，实现互联互通的早期收获；第四，以建设速效平台为抓手，打破亚洲互联互通的瓶颈；第五，以人文交流为纽带，夯实亚洲互联互通的社会根基。这次对话会开得十分及时，主题设计相当精准。后来中国推进"一带一路"建设总体顺利，筹备亚投行超出预期的良好效果，与这次小多边活动成功举办不无关系。

五、亚太力量对比持续改变，中国与APEC双向作用进一步彰显

APEC第二十三次和二十四次领导人非正式会议，分别于2015年11月和2016年11月在菲律宾马尼拉、秘鲁利马举行。马尼拉会议的主题是："打造成包容性经济 建设更美好世界"。习近平主席在题为《深化伙伴关系 共促亚太繁荣》的演讲中呼吁各成员：要着眼长远，完善亚太中长期合作战略框架；要保持合作的战略性、前瞻性、进取性，确定重点领域的目标、举措和时间表；要改革创新，为亚太经济寻找新的增长动力；要推进发展方式转变、经济结构调整，加快创新步伐；要扩大和深化在城镇化、互联网经济、蓝色经济等具有巨大潜力领域的合作，打造成新的经济增长点；要尽早建立亚太自由贸易区，在推进区域贸易协定的过程中，维护多边贸易体制；要大力推进互联互通蓝图，解决亚太发展的瓶颈等问题。

利马会议召开时，正值中国参与APEC合作25周年。中国外交部和

商务部积极参与部长级会议的工作，促使会议确定了推动区域经济融合的新协作倡议，发表了旨在促进开放的世界贸易，反对保护主义的联合声明。会议通过的《APEC服务业竞争路线图》以及《亚太自由贸易区集体战略研究报告》等文件，为领导人非正式会议圆满成功提供了重要保证。

在这次会议上，习近平阐述了中国促进亚太和世界经济增长的新立场和新主张，这就是通过"四个促进"，切实推动互联互通方面的全新伙伴关系：促进经济一体化，建设开放型经济；促进互联互通，实现联动发展；促进改革创新，增强内生动力；促进合作共赢，深化伙伴关系。

在利马会议上，习近平针对特朗普当选美国总统、英国决定退出欧盟导致欧洲离心主义倾向蔓延、政治生态民粹化极端化保守化带来的冲击和挑战，大力倡导"四个坚定不移"，用以提振国际社会的信心，这就是坚定不移地引领经济全球化进程，坚定不移地提升亚太开放型经济水平，坚定不移地破解区域互联互通瓶颈，坚定不移地打造改革创新格局。他重申，中国主张促进基础设施、规章制度、人员交流三个方面的互联互通，主张构建全方位、复合型的互联互通网络，主张加强"一带一路"与各方发展战略及合作倡议的对接。在讨论可持续发展问题时，习近平强调，APEC应通过"三要"来推动可持续发展。"三要"即，要促进包容发展，使人民共享发展成果；要推动绿色发展，提高发展质量和效益；要加强互联互通建设，促进联动发展。

2017年11月，APEC第二十五次领导人非正式会议在越南岘港举行。此次会议是在世界经济略有回暖，但经济关系持续变动、发展合作面临新挑战的形势下召开的。会议以"打造全新动力，开创共享未来"为主题，主要讨论促可持续、创新和包容性增长以及深化区域一体化、加强中小微企业竞争力与创造力、发展可持续农业以应对气候变化等问题。

习近平出席此次峰会，是中共十九大后中国领导人参与的第一场多边外交活动，也是中国特色大国外交十九大后的"首秀"，国内国外高度关注。习近平在工商领导人峰会上发表的题为《抓住世界经济转型机遇，谋求亚太更大发展》的讲话，确认亚太地区是全球经济最大板块，同时是世界经济增长的一个主要引擎。他所提出的"四个继续"，即继续坚持建设开放型经济，努力实现互利共赢；继续谋求创新发展，挖掘发展新功能；继续加强互联互通，实现联动发展；继续增强经济发展包容性，让民众共享发展成果，与美国新一届总统宣扬的孤立主义、保守主义、单边主义以及蔑视国际规则、蔑视多边机制、挑战合作共赢理念的新霸权主义，形成了极为鲜明的对照。

在领导人会议上，习近平发表的讲话题为《携手谱写亚太合作共赢新篇章》。他以把脉亚太经济走势为基础，提出四项新的主张，即坚持不懈推动创新，打造强劲发展动力；坚定不移扩大开放，创造广阔发展空间；积极践行包容性发展，让民众有更多获得感；不断丰富伙伴关系内涵，实现互利共赢。习近平的上述建议和主张，包括他所提出的科技与制度"两个创新一起转"，市场和技术"和谐共振"，让新技术新业态新模式最大限度"释放发展能量"，在会议内外引起较为强烈的反响。

鉴于此次会议是在越南举行，而越南是东盟重要成员国，习近平利用此次会议机会，专门阐述了APEC与东盟的合作问题。他提出了"三个共同推进"，一是共同推进区域经济一体化；二是共同推进互联互通建设；三是共同推进包容可持续发展。这"三个共同推进"所包含的重要思想，特别是推动形成平等协商、共同参与、普遍受益的区域合作框架的思想，以及让东盟在区域全面经济伙伴谈判中发挥核心作用，推动"一带一路"为亚太联动发展和共同繁荣注入新动力等，赢得了更多的掌声和欢呼声。

当前，国际力量对比，特别是亚太地区的力量对比，仍处于深刻变革之中。世界的权力中心正在向亚太地区转移，而中国正以锐不可当之势，阔步走向世界舞台中心。国际社会越来越清醒地认识到，在美国显然处于孤立的情况下，亚太地区"出现了中国填补空白的局面"，中国领导人习近平正在将中国塑造成全球化的捍卫者。无须讳言，中国在推动建立新型国际关系、推动建立人类命运共同体的过程中，将更加重视APEC这样的多边舞台的作用，中国在APEC中的影响和APEC对于中国的作用将同步增强。

中阿合作论坛：文明对话与互鉴的成功路径

阿拉伯世界共22个国家，人口众多，历史悠久，宗教文化独特，战略位置重要。中国改革开放后，与阿拉伯世界的关系全面发展。进入21世纪以来，中阿在政治、经济、能源、人文及国际事务中的合作，力度不断加大，机制不断创新。在这一过程中，中国通过与阿盟（阿拉伯国家联盟）、海合会（海湾阿拉伯国家合作委员会）开展集体交流与对话，进一步拓展和深化了互利合作。在此基础上形成的中阿合作论坛，在推动中国与阿拉伯世界关系发展方面发挥了重要作用。

中国与阿盟的关系始建于2004年1月。当时，中国国家主席胡锦涛访问了设在埃及首都开罗的阿盟总部，会见了阿盟秘书长和阿盟22个成员国的代表[①]，这是中方与阿拉伯国家举行的首次集体对话。会见后，双方成立了"中国—阿拉伯国家合作论坛"，该论坛以加强对话与合作、促进和平与发展为宗旨，以部长级会议为长期机制，每两年在中国或阿盟总部，或任何一个阿拉伯国家举行，讨论中阿各领域合作的有关情况，并就共同关心的地区和国际问题交换意见和看法。除部长级会议外，中阿论坛还设有高官委员会会议，每年召开一次例会。另外设有中阿企业家大会、中阿关系暨中阿文明对话研讨会、中阿友好大会、中阿能源合作大会、中阿新闻合作论坛、中阿互办文化节等多种机制。

中阿合作论坛部长级会议首次会议于2004年9月在开罗举行，会议形成了《中国—阿拉伯国家合作论坛宣言》和《中国—阿拉伯国家合作论坛行动计划》两份文件。第二届会议于2006年5月在北京举行，主题是建立中阿新型伙伴关系，双方同意在政治磋商、能源、人力资源开发和环

[①] 除西亚北非地区的阿拉伯国家外，黑非洲地区的阿拉伯国家毛里塔尼亚、吉布提、苏丹、索马里、科摩罗也是阿盟成员。

保等领域推动建立合作机制。第三届会议于2008年在巴林举行，主要讨论投资问题。第四届会议于2010年在天津举行，双方在论坛框架下建立了全面合作、共同发展的战略合作关系。

中阿合作论坛第五届部长级会议于2012年在突尼斯举行，会议讨论了"深化战略合作，促进共同发展"问题。中方在这次会议上提出了到2014年将中阿贸易额提高到3000亿美元、接待100名阿拉伯国家青年精英访华、为阿拉伯国家培训人才等务实合作新建议。双方签署了中阿合作论坛2012年至2014年行动计划等合作文件。

2013年以来，中国与阿拉伯世界的关系全面推进，中阿合作论坛框架下的交流对话与务实合作又有更大发展。2014年6月，中阿合作论坛第六届部长级会议在北京举行。习近平主席集体会见各国代表团团长，出席会议开幕式并发表讲话，他提议中阿共同弘扬丝绸之路精神，为发展增动力，为合作添活力。他指出，弘扬丝绸之路精神，就是促进文明互鉴，尊重道路选择，坚持合作共赢，倡导对话和平。他还提议中阿构建"1+2+3"合作格局。"1"是以能源合作为轴心，"2"是以基础设施建设、贸易和投资便利化为两翼，"3"是以核能、航天卫星、新能源三大高科技领域为突破口。他主张双方共同努力，争取10年内将中阿贸易额增加到6000亿美元，同时将中方对阿投资增加到600亿美元以上。

这次会议总结了论坛成立10年来中阿关系发展的经验，规划了未来10年双方关系发展的方向和目标，形成了《中阿合作论坛第六届部长级会议北京宣言》《中阿合作论坛2014年至2016年行动执行计划》《中阿合作论坛2014年至2024年发展规划》等多份文件。

中阿合作论坛第七届部长级会议2016年在卡塔尔首都多哈举行。会议围绕共建"一带一路"倡议、深化中阿战略合作两大议题，展开研讨，达成许多共识。会议通过了《多哈宣言》和《中阿合作论坛2016年至2018年行动执行计划》，就中阿合作18大类36个领域进行了具体规划。互联互通、产能合作和人文交流，被确立为建设"一带一路"三大支柱。

合作重点是文明对话、企业家大会、能源合作论坛、新闻合作论坛、友好大会、互办艺术节六大机制化活动。广电合作、卫星合作、北斗合作三个新论坛也被写入了合作计划。

中阿之间卓有成效的集体性对话与集群式合作，以中阿合作论坛为基本框架，随着形势的发展变化而不断拓展和创新。

金砖合作——中国特色多边外交的重要成果

西方国家之间的关系，特别是具有全球影响力的主要大国之间的关系，在世界格局中的作用举足轻重。但是，历史和现实同时也表明，某些地区性大国或国际舞台上的次大国，对国际事务的影响不可低估。冷战结束以来，随着世界经济发展态势发生重大变化，发展中大国与主要发达国家的发展差距明显缩小，新兴经济体中的杰出代表中国、俄罗斯、印度、巴西和南非五国共同组成了金砖合作机制，并且开始在国际力量对比新变化、世界格局大调整、经济全球化再起航中发挥积极作用，因而受到广泛关注。

一、金砖合作是发展中国家集体崛起的重要标志

冷战结束以来，国际社会特别是西方国家，出于政治经济文化安全等多种考虑，通常把中国、俄罗斯、印度、巴西、南非、土耳其、印度尼西亚、墨西哥等二十几个经济发展较好并且具有较大潜力的国家定性为"新兴经济体"或"新兴大国"。

在这二十几个新兴大国中，中国综合国力的增长速度对世界经济增长的贡献率在地区和国际事务中的作用和影响，明显超过了其他新兴经济体或新兴大国。国际上甚至有人认为，中国早就不是发展中国家，中国已经是仅次于美国的世界第二超级大国。但实际上，中国是一个经济结构不尽合理，地区发展很不平衡，潜在的矛盾和问题比较多，国土尚未完全统一，并且还面临分裂主义威胁的国家。总体上看，中国正处于将富未富、似强未强这样一个特殊的发展阶段。因此，中国的自我定位仍然是"世界上最大的发展中国家"。中国不排斥国际社会关于中国是"新兴经济体""新兴大国"的提法。

2001年，美国高盛公司的首席经济师吉姆·奥尼尔突发奇想，将巴

西、俄罗斯、印度、中国四个国家的英文国名首个字母"B""R""I""C",组合到一起,形成了"BRIC"一词,以集中表述这四国在当今世界经济中的独特地位和作用。由于这个新词发音与英文"bricks"(砖)发音极为相近,人们觉得用"金砖国家"来代指巴俄印中四国颇有创意,这个新颖别致而内涵深刻的政治经济学新概念在国际上得到了普遍认可,并且被广泛使用。

中国、俄罗斯、印度和巴西也都认可了"金砖国家"这一概念,并且愿意借助"金砖国家"这个新概念,彼此之间建立一种特殊形态的新型合作关系,以推动各自国家的发展,同时也为开拓世界经济新格局,引导国际关系新趋势做出独特贡献。2006年秋,四国外长在联合国大会期间举行了首次外长会,正式拉开了金砖国家交流与合作的序幕。此后,金砖四国有关部门开始举行系列会议,就密切相互间的合作,建立对话与交流机制等问题进行深入磋商。2008年5月和9月,金砖四国外长在俄罗斯远东城市叶卡捷琳堡举行了两次会谈。在这两次会谈中,各方除讨论了联合国千年发展目标、南南合作、能源与粮食安全等共同议题外,还达成了金砖四国今后要在国际舞台上开展全面合作的重要共识。

2008年7月,"金砖四国"领导人应邀出席了八国集团在日本洞爷湖举行的系列会议①。同年11月,四国财长在巴西圣保罗举行会议,一致呼吁改革现有的国际金融体系,以适应世界经济的新形势。这时,"金砖国家"已经由一个单纯的政治经济学概念,具化为新兴大国务实合作的代名词。中俄印巴四个新兴大国建立新型合作机制的条件和时机基本成熟。

这时候,俄罗斯已经摆脱了叶利钦统治时期的"病态进程",进入奋力复兴的"普京时代"。政治稳定、经济向好成为俄罗斯社会发展的主要趋向。在印度,政权掌握在传统大党国大党手中,辛格政府创造了经济多

---

① 最初为七国集团,由欧美地区6个发达国家即美国、加拿大、德国、法国、英国、意大利、西班牙加日本所组成。俄罗斯后来应邀加入,该集团改称八国集团。2013年乌克兰危机爆发后,俄罗斯与西方关系恶化,被开除八国集团,该集团复称七国集团。

年快速增长的奇迹,印度的发展潜能开始得到国际社会的普遍重视。在巴西,执政的是左翼政党领袖卢拉。由于国际市场上原材料价格此时畸高,以原材料出口为依托的巴西经济获得了强大动因。尽管该四国的社会制度和发展道路相互有别,经济状况和发展水平差异很大,但四国领导人在扩大与深化合作方面有着坚定共识,向国际社会传达了金砖国家将加强合作,力求在国际秩序大变革中发挥较大作用的明确信号。

2009年6月,根据俄罗斯总统普京提议,"金砖四国"领导人在俄罗斯远东城市叶卡捷琳堡举行了首次会议。在这次会议上,四国领导人针对国际金融危机暴露出来的诸多问题,以及发展中国家的共同关注,强烈呼吁国际社会共同落实二十国集团伦敦金融峰会达成的共识,推动国际金融机构改革,提高新兴市场国家和发展中国家在国际金融机构中的发言权和代表性,改善国际贸易和投资环境,遏制贸易保护主义,支持能源供给多元化,开展气候变化对话。

胡锦涛出席了此次会议,他在会上阐明了中方对于金砖国家合作的原则立场。他指出,中俄印巴四国作为国际社会一支重要力量,既面临新的发展机遇,也面临前所未有的挑战,因而应把握历史机遇,加强团结合作,共同维护发展中国家整体利益。为此,胡锦涛建议四国之间增强政治互信,深化经济合作;推进人文交流,提倡经验互鉴;共同致力于推动世界经济复苏,致力于推动国际金融体系改革;落实联合国千年发展目标,致力于粮食安全和能源安全。在发言中,胡锦涛还介绍了中国应对国际金融危机的主要经验及其影响。他说,中国为应对国际金融危机冲击,保持经济平衡较快发展,采取果断措施,取得初步成果。这些措施和成果,"不仅对本国经济而且对区域经济乃至世界经济都将产生积极影响"。①

金砖国家领导人叶卡捷琳堡峰会,一方面就会议成果发表了联合宣

---

① 《胡锦涛文选》第三卷,人民出版社2016年版,第220页。

言,另一方面就国际社会当时特别关心的粮食安全问题发表了领导人专项声明。这次峰会作为金砖国家领导人首次聚会,震动了世界。四国领导人就国际社会面临的重大问题集体发声,意味着西方少数大国垄断世界经济事务、控制国际金融秩序的时代已经结束。正在群体性崛起的新兴经济体,特别是发展中大国金砖国家,已开始显示全面参与全球治理,参与经济秩序重构、引导世界平衡发展的共同意愿。

二、中国为金砖合作走向成熟做出重要贡献

2010年4月,金砖国家第二次峰会在巴西首都巴西利亚举行。当时,四国领导人就世界经济形势、国际金融体系改革等问题交换了意见,讨论了推动金砖四国加强协调与合作的具体措施和主要领域,发表了反映四方共同立场的联合声明。当时,国际上对金砖国家如此迅速地形成新的国家集团感到疑惑,特别是西方国家针对金砖合作出现了许多误读和歪曲。有鉴于此,中国政府通过外交部及时发声,明确表示:"这四个国家走到一起是为了寻求发展经济、互利合作、增进彼此间的友好,而不是为了寻求跟别的国家对立甚至对抗。所以,四国的合作是开放透明的,并不针对任何第三方。"

胡锦涛在此次峰会上的发言集中反映了中国政府的上述立场和原则。他的发言以《合作 开放 互利 共赢》为题,建议推动各方继续巩固世界经济复苏基础,努力解决全球经济治理结构不平衡问题,继续推进贸易自由化和便利化,完善国际金融监管体系,增强各方的责任感和道义感。针对国际社会对中国未来发展的关注,胡锦涛还郑重宣告:"中国的发展任重道远";"中国的发展只能是也必然是和平的发展";"中国的发展是开放共赢的发展";"中国的发展是负责任的发展"。

正由于金砖国家的合作是开放的,2010年4月至8月,南非总统祖马访问了巴西、印度、俄罗斯和中国,表示南非愿加入金砖国家合作机制。此时的南非,经济发展水平和综合实力在非洲处于领先位置。在地区和国

际事务中的影响力，也是非洲其他国家无法比拟的。金砖国家认识到，与南非合作将会大大加强本国与整个非洲大陆的经贸关系，并且会使金砖国家在国际舞台上更好地反映非洲对国际事务的立场，增强金砖国家整体参与国际事务的能力。

2010年11月，中俄印巴四国领导人应邀出席二十国集团在韩国举行的峰会。同时应邀参与此会的南非领导人在会议期间正式提出了加入金砖国家合作机制的申请。同年12月，经各方协商同意，南非被吸收到金砖国家中来。"金砖四国"从此成为中国、俄罗斯、印度、巴西和南非共同组成的金砖五国。五个新兴大国的跨区域对话与合作机制，五个新兴经济体创建的新兴大国的新型合作模式就这样形成了。

"金砖五国"分属于亚、欧、非、拉美四大洲，领土占全球陆地总面积30%，人口占全球42%，区域代表性强，发展潜力大。根据国际权威机构统计，2010年金砖五国GDP总量占全球18%，贸易总量占全球15%。加强金砖五国合作，不仅对这些国家的自身发展以及南南合作意义重大，对整个国际关系的发展变化也有不可估量的积极影响。

这一年，中国的经济总量已经超过日本，成为世界第二大经济体。巴西经济持续走强，成为世界第七大经济体。俄罗斯抓住国际能源价格居高不下的大好时机，继续改善国家财政状况，外汇和黄金储备跃升到世界第三位。印度继续保持年均6%的增长率，有望成为世界上经济增速最高国家之一。基于这些新的情况，世界银行和国际基金组织出台改革方案，拟将金砖国家在世行中的投票权增加到13.1%，将金砖国家在国际货币基金组织中的份额提高到14.81%。

所有这一切，进一步增强了金砖国家扩大和深化相互合作的意愿和决心。2011年4月，金砖国家领导人在三亚举行第三次峰会，这也是南非加入金砖国家合作机制后的首次峰会。会议主题是"展望未来，享受繁荣"。在胡锦涛主持下，五国领导人就国际形势、世界经济和金融、发展与合作等议题深入交换意见，共同规划了金砖国家的未来合作。胡锦涛在发言中阐述了中国对国际重大问题和金砖国家合作的基本立场和主张，提出三点建议：一是要继续坚持团结互信、开放透明、共谋发展的原则；二是要在金融和发展领域加强协调，继续坚定维护"金砖国家"的共同利益；三是要继续深化务实合作，夯实"金砖国家"合作的基础。

金砖国家三亚峰会关于未来合作的新规划，涵盖了国际货币和金融体系改革、经济贸易合作、全球气候变化、大宗商品交易市场监管、粮食安全、核能安全利用国际合作等诸多方面。会议主张21世纪应当成为和平、和谐、合作和科学发展的世纪，主张国际社会同舟共济、加强合作、共同发展，主张加强全球经济治理，推动国际关系民主化，提高新兴国家和发展中国家在国际事务中的发言权。这些重要成果不仅表现为联合宣言，同时还反映在各国签署的一系列合作文件中。

三亚峰会期间，作为配套措施中方还主持召开了金砖国家经贸部长会议。会后，中方根据三亚峰会确定的行动计划，主办了卫生部长会议、首届金砖国家友好城市暨地方政府合作论坛、国家统计局局长会议、第二届国际竞争大会、安全事务代表第三次会议、农业合作专家工作组会议和第二届农业部长会议，等等。

金砖国家由四国扩大为五国后，英文拼法改为"BRICS"，但英文的金砖之意未变。中国在金砖五国框架内，进一步加强与俄罗斯、印度、巴西、南非的全方位合作，继续探索构建既不同于传统的西方大国关系，也不同于一般发展中国家关系的新兴大国关系。

金砖国家第四次峰会，即金砖五国领导人新德里会议，于2012年2月在印度首都新德里举行。五国领导人围绕"金砖国家致力于全球稳定、安全与繁荣的伙伴关系"这一主题，讨论了全球治理、可持续发展以及金砖国家合作问题。胡锦涛在会上表示，当今世界正处于大发展大变革大调整时期，新兴市场国家和发展中国家抓住机遇，加快发展，在团结中促合作，在合作中谋发展，日益成为促进南南合作、南北合作的重要力量，这将提高人类社会生产力整体水平，有利于世界经济更加平衡、国际关系更加合理、全球治理更加有效、世界和平更加持久。为扩大和深化金砖国家合作，胡锦涛提出四点新建议：一是坚持共同发展，促进共同繁荣；二是坚持平等协商，深化政治互信；三是坚持务实合作，夯实合作基础；四是坚持国际合作，促进世界共同发展。峰会期间，印度依循惯例，同时举行了金砖国家经贸部长会议、工商论坛和金融论坛三场配套活动，发布了《金砖国家联合经济研究报告》和《金砖国家联合统计手册》。

2012年之后，由于国际金融危机的消极影响以及自身经济结构不合理等因素相互叠加，金砖国家普遍出现经济增长放缓趋势。俄罗斯的增长率由2010年的4.3%下降到2013年的2.3%，印度同时期的增长率由7.4%下降到4.7%，巴西则从7.5%下降到1.5%。①国际上一时响起了"金砖退色"之说。但是，金砖国家经济暂时下滑和国际上关于金砖国家发展前景的悲观估计，并不能动摇和瓦解金砖国家相互合作的意愿和决心，金砖国家仍在坚持不懈地努力扩大和深化各领域合作。

三、金砖合作既注重机制建设又谋求务实发展

2013年至2016年间，金砖国家第五、六、七、八次峰会分别在南非、巴西、俄罗斯和印度举行。习近平提出的建设中国特色大国外交的理念，使多边外交在中国外交全局中的地位进一步上升，中国对金砖国家合作的关注和投入越来越大。

2013年3月，金砖国家首次在南非城市德班举行领导人会晤。这是金砖国家领导人的第五次峰会，也是习近平以中国国家元首身份参加的首次会晤。习近平除参加小范围、大范围会谈外，还按惯例出席了金砖国家工商界领导人早餐会，参加了金砖国家领导人与非盟领导人以及部分非洲国家领导人的集体对话会。对于金砖国家合作，习近平在讲话中强调了三点：坚定捍卫国际公平正义，维护世界和平稳定；大力推动建立全球发展伙伴

---

① 《金砖国家发展报告（2014）》，社会科学文献出版社2014年版，第2页。

关系，促进各国共同繁荣；深化互利合作，谋求互利共赢。对于金砖国家与非洲的合作，他提出四点建议：一是共同推动非洲基础设施建设成为国际发展合作的优先领域；二是共同参与非洲跨国大项目建设，使其成为非洲深化经济一体化、改善民生的拉动力；三是共同促进对非洲的金融合作，通过支持多边开发银行加大对非洲投入，为非洲基础设施建设提供支持；四是本着可持续发展理念开展基础设施建设，使非洲既能实现经济快速发展，又能保护生态环境。

习近平以中国国家主席身份首次亮相金砖国家峰会，出席金砖国家领导人与非洲国家领导人集体对话，同时对南非、津巴布韦等非洲国家进行正式访问，给国际社会留下了深刻印象。正是这次非洲之行，他宣布，中国处理对非事务要秉承义利兼顾、以义为先的新"义利观"；中国将向非洲国家提供200亿美元贷款额度，每年为非洲国家培训300名管理和技术人才。这些对非友好举措，受到了非洲国家的热烈欢迎。

金砖国家第六次领导人会议于2014年在巴西福塔莱萨召开。习近平主席除参加小范围、大范围会谈并与其他四国领导人分别举行会见外，还出席了金砖国家领导人与南美国家领导人的集体对话会。他在会上发表的题为《新起点 新愿景 新动力》的讲话，总结了金砖国家第一轮合作历程，指出"我们五国虽相距遥远，但同声相应，同气相求，志之所趋，穷山距海不能限"。为进一步扩大和深化合作，他建议金砖国家未来合作要做到"四个坚定不移"，即坚定不移地推动经济可持续发展，坚定不移地形成全方位经济合作伙伴关系，坚定不移地塑造有利的外部环境，坚定不移地提高金砖国家道义感召力。在与拉美国家领导人对话时，他提议金砖国家与南美洲两大市场实现对接，开展互利共赢的投资合作。

习近平提出的上述建议和主张，得到其他领导人的认同和支持，并在会议成果中得到鲜明体现。会议决定成立金砖国家开发银行，初始资金为1000亿美元。行长由印度人担任，总部设在上海，同时在南非设立非洲区域中心。另外建立应急储备安排，以帮助成员国应对可能发生的流动性压力，防范东南亚国家曾经发生的金融危机，实现和维护集体金融安全。中国在这一金融合作框架中的投票权为39.9%，俄罗斯、巴西、印度各为18.1%，南非为5.75%。会议还决定，加强成员国在保险和再保险领域加强合作，并在打击税基侵蚀和税收情报交换全球讨论中心加强合作，同时还在海关领域加强合作。

随着新兴经济体特别是金砖国家对世界经济增长的贡献不断增大，此次峰会对世界经济秩序和经济治理中存在的问题大胆发声。对国际货币基金组织改革方案无法落实，会议宣言表示失望和深度关切，认为这对该组织的合理性、可信性和有效性带来负面影响，敦促国际货币基金组织必须实现治理结构现代化，以更好地反映新兴市场国家和发展中国家在世界经济中不断增加的权重。会议宣言还呼吁建设更有助于解决发展挑战的国际金融架构，表示要积极参与完善国际金融架构，同时欢迎制定金砖国家更紧密经济伙伴关系框架及金砖国家经济合作战略。宣言重申，支持联合国作为最主要的多边国际组织及全球治理的多边主义核心，认为包括安理会在内的联合国改革，应更有代表性、合法性，更有效率。

金砖国家领导人第七次峰会于2015年7月在俄罗斯远东城市乌法召开。习近平主席除出席小范围和大范围两场会谈、发表讲话并会晤各国领导人外，还出席了领导人与金砖国家工商领袖的对话会，出席了与欧亚联盟、上合组织成员国及观察员国以及受邀国①领导人的集体会谈。他在正式会议上发表《共建伙伴关系 共创美好未来》的讲话，再次总结了金砖国家的合作历程和经验，倡导建立"维护世界和平""促进共同发展""弘扬多元文明""加强全球治理"的"四大伙伴关系"。会议除通过《乌法宣言》及行动计划外，还批准了成员国共同制定的《金砖国家经济伙伴战略》。

金砖国家2016年10月在印度著名旅游城市果阿举行第八次领导人会议。对中国而言，是继G20杭州峰会后的又一场重大多边外交活动。习近

---

① 接受东道主俄罗斯邀请专门参加此次峰会的非金砖国家。

平主席在会上发表了题为《坚定信心 共谋发展》的讲话。他结合 G20 杭州峰会成果，再次回顾了金砖国家十年合作历程，向各成员国发出了"五个共同"的倡议：共同建设开放世界，共同勾画发展愿景，共同应对全球性挑战，共同维护公平正义，共同深化伙伴关系。

在果阿，各国领导人围绕峰会确定的"打造有效、包容、共同的解决方案"这一主题，各自表达了本国政府的立场、观点和主张，最后形成了广泛共识。五国领导人一致强调，各国要基于共同利益和关键性优先领域，进一步加强相互间的团结合作；要秉持开放、团结、平等、相互理解、包容、合作共赢精神，进一步增强战略伙伴关系。五国领导人对金砖国家开发银行成功发放首批贷款和成功发行首批人民币绿色债券表示热烈欢迎；决定举办金砖国家领导人与环孟加拉湾多领域经济技术合作组织①对话会，加强双方发展战略的对接；重申忠于《联合国宪章》准则，呼吁国际社会共同努力应对全球性安全挑战和威胁，反对歪曲"二战"成果；强调安全具有不可分割性，任何国家不应以牺牲局部利益和愿望为代价加强自身安全。

果阿峰会对联合国在中东、阿富汗、非洲以及反对国际恐怖主义问题上的立场表示支持，对联合国《2030 年可持续发展议程》亦表示支持，同时高度评价 G20 杭州峰会的积极成果，欢迎人民币被纳入特别提款权货币篮子，支持地区经济一体化，支持多边贸易体制和世界贸易组织的中心作用，赞赏《金砖国家经济伙伴战略》，强调制定 2030 年金砖国家贸易、经济、投资合作路线图的重要性。会议期间，各方还共同签署了关于建设金砖国家农业研究平台的谅解备忘录，以及《金砖国家海关合作委员会章程》等新文件。

四、金砖合作步入下一个黄金十年快车道

2017 年，金砖合作机制进入自身发展的第二个十年。金砖国家未来如

---

① 包括孟加拉国、不丹、印度、缅甸、尼泊尔、斯里兰卡、泰国。

何发展,金砖合作机制走向何方,成为世界热议的重要话题。这时候,金砖五国的经济总量比10年前增长了179%,贸易总额增长了94%,城镇化人口增长了28%。五国经济总量在全球经济中的比重超过30%,对全球经济增长的贡献率超过30%。贸易总额在全球的比重也从11.8%提升到16.4%。这样的比重和贡献率远远超过了发达国家组成的七国集团(G7)。国际货币基金组织的数据则显示:2016年金砖国家经济平均增速为5.0%,比新兴市场国家与发展中国家平均经济增速高出0.9个百分点,比发达经济体经济增速高出3.3个百分点。

金砖国家令人瞩目的发展成就和相向而行的合作意愿,不仅表现在经济领域,同时还表现在政治安全领域。在有关人类前途命运的重大问题上,金砖国家开始协调立场,注意集体发声。特别是在反对国际恐怖主义、应对气候变化、打击网络犯罪、应对地区和国际安全问题方面,金砖国家不断相互沟通,交换意见,增进共识,以共同维护世界和平与安全,共同弘扬国际公平与正义。在俄罗斯因乌克兰危机被逐出"八国集团",而西方世界内部矛盾也日益凸显,欧盟一体化进程严重受挫,美国与欧盟的裂痕也在不断加大的国际环境下,金砖国家作为一个有着30多亿人口的新型国家集团,正加速成为世界多极化进程中举足轻重的特殊力量。

在这样一个大背景下,2017年9月3—5日,以"深化金砖伙伴关系,开辟更加光明未来"为主题的第九届金砖国家领导人会晤,在中国厦门隆重召开。这是中国第二次主办金砖国家领导人会晤。为确保此次峰会成功,中方在议题设置、日程安排、文件准备等诸多方面,做了巨大努力。2017年7月G20峰会在德国汉堡召开时,习近平与金砖国家领导人举行非正式会晤,为即将举行的厦门峰会进行"政治预热"。他在会晤中明确提出,金砖合作要坚持"四个毫不动摇":一是毫不动摇构建开放型世界经济;二是毫不动摇奉行多边主义;三是毫不动摇加强全球经济治理;四是毫不动摇推动共同发展。8月初金砖国家经贸部长在上海举行会议时,中方积极推动,引导会议取得多项成果,为厦门峰会取得成功"做足功课"。其中最重要的是形成和批准了《金砖国家服务贸易合作路线图》《金砖国家投资便利化合作纲要》和《金砖国家电子商务合作倡议》等文件。

由于各方共同努力，厦门峰会不仅金砖国家领导人大小范围会晤非常成功，新兴市场国家与发展中国家的对话会、工商论坛以及其他各种配套论坛，也都取得了预期成果。习近平主席作为东道主发表了一系列重要讲话，他在讲话中总结了金砖合作机制形成以来十年间取得的主要成就，指出过去的十年是探索进取，谋求共同发展的十年，是务实为先，推进互利合作的十年，也是敢于担当，力求在国际舞台上有所作为的十年。这十年历程给金砖国家以及国际社会昭示的三点重要启示：一是平等相待、求同存异；二是务实创新、合作共赢；三是胸怀天下、立己达人。

在精辟地总结了金砖合作十年成就，深刻地揭示了金砖合作核心精神的基础上，习近平严正而有力地驳斥了"金砖失色"论和"金砖褪色说"，并就金砖国家如何共同开创第二个"金色十年"提出了新的建议和主张。这就是，深化金砖合作，助推五国经济增加动力；勇担金砖责任，维护世界和平安宁；发挥金砖作用，完善全球经济治理；拓展金砖影响，构建广泛伙伴关系。

在随后举行的金砖国家领导人厦门会晤大范围会议上，习近平进一步阐释和论述了他的上述建议和主张。他指出，国际社会期待金砖国家维护世界和平，推动共同发展，因此，金砖国家应再接再厉，全面深化伙伴关系：第一，致力于推进经济务实合作；第二，致力于加强发展战略对接；第三，致力于推动国际秩序朝更加公正合理方向发展；第四，致力于促进人文民间交流。在提出这些政策性的建设和主张的同时，习近平还代表中国政府，宣布了一系列旨在拓展并深化金砖合作的新举措，譬如，中方将设立首期5亿元人民币金砖国家经济技术合作交流计划，用于加强经贸等领域政策交流和务实合作；将向新开发银行项目准备基金出资400万美元，用以支持银行业务运营和长远发展。

如同以往历次会晤一样，中国有关金砖合作的新思考新建议和新主张，连同金砖国家其他领导人的新共识一起,被全部吸纳进会晤最终成果《金砖国家领导人厦门宣言》(以下简称《宣言》)中。金砖国家领导人厦门《宣言》共包含四大部分,总计71条,长约12 000字,涉及金砖国家经济务实合作、全球经济治理、国际和平与安全、加强人文交流合作等多个方面。习近平所阐明的金砖国家本着共商共建共享原则,寻找发展政策和优先领域契合点,继续向贸易投资大市场、货币金融大流通、基础设施大联通目标迈进的新思想,他所提出的金砖国家坚定奉行多边主义,推动构建新型国际关系,为各国发展创造和平稳定环境,推动开放包容普惠平衡共赢的经济全球化,支持多边贸易体制,反对保护主义,推进全球治理改革,提高新兴市场国家和发展中国家的代表性和发言权等新主张,都得到了较为完整的体现。

厦门会晤的成功之处还在于,习近平主持召开的新兴国家与发展中国家对话会,为金砖国家迫切需要并且在国际上议论很久的"金砖+",指出了发展方向和现实前景。这次对话会的成功举行再一次表明,金砖国家合作绝不是中国一家独大的独角戏,也不是金砖五国自娱自乐的小圈子。它无意取代现有的发展中国家交流与对话的平台和机制,也无意形成与G7即七国俱乐部分庭抗礼的新集团。金砖国家合作中所践行的以互尊互谅、平等相待、团结互助、开放包容、互惠互利为核心内容的金砖精神,不仅是金砖国家永久的价值追求,同时这一伟大精神作为金砖国家为人类社会共同进步事业做出的重大贡献,也应当成为整个国际社会的共同财产。

金砖合作这一21世纪国际关系中的新事务,是世界多极化、经济全球化、力量均衡化、模式多样化、利益交融化深度发展的必然产物,是新兴经济体和广大发展中国家集体奋起并广泛参与全球治理的客观进程。它所形成的以领导人会晤为引领,以安全事务高级代表会议、外长会议等一系列部长级会议为支柱,在经贸财金、政治安全、科技人文等各领域全方位合作的机制化安排,在未来十年有望得到进一步巩固和发展。事实已经证明并将继续证明,在金砖国家已经形成和正在形成的各种机制中,中国的动员和协调作用越来越大。中国与各方的相互配合与支持日益紧密并富有成果。金砖合作将与上海合作组织一道，成为提升中国大国地位和作用，拓展中国话语权和影响力的多边平台之一。

人类社会发展进步的历程从来都是复杂多变的，未来的国际社会将一如既往地充满矛盾和冲突。金砖国家之间以及每个国家内部，也会因为发展理念不同、利益取向不同而不时出现这样或那样的问题。但是，不管国际形势如何变幻，不管前进的路上有多少困难和挑战，始终恪守和平发展与和平崛起理念的中国，会坚定不移地同金砖伙伴国一道，继续努力，把以往的合作成果和新的合作共识有机地结合进来，积极探索务实合作的新领域和新方式，不断拉紧彼此间的联系纽带，使金砖国家在未来的金色十年里，形成更加强劲的发展动力和更为密切的伙伴关系，使金砖合作在推动国际社会走向发展共同体、安全共同体和命运共同体的进程中，不断取得新成果，创造新经验。

高质量推进区域合作是中国与东盟的共同责任[①]

第三届中国—东南亚商务论坛以"一带一路 创新合作 共谋发展"为主题，既符合论坛初创时设定的"一带一路 互联互通 区域一体化"这一永久主题，也符合第二届"一带一路"国际合作高峰论坛的共识。习近平主席提出的高质量推进"一带一路"建设的新思想新主张，与会各方深化"一带一路"建设的新共识新建议，为中国和东南亚各国共同应对区域合作新挑战，构建互利发展安危与共的命运共同体提供了无可替代的历史性选择。

一、精确把握"一带一路"高质量发展的核心要义，全力提高中国与东南亚区域合作水平

2017年5月召开的首届"一带一路"国际合作高峰论坛，以"加强国际合作，共建'一带一路'，实现共赢发展"为主题。与会各方就对接发展战略、推动互联互通、促进人文交流、实现共同发展等重大议题，达成许多共识，为广泛开展"一带一路"国际合作注入了强大动力。第二届"一带一路"国际合作高峰论坛，以"共建'一带一路'、开创美好未来"为主题，契合国际关系大变革大调整大发展的时代潮流，围绕推进互联互通、加强政策对接、实现产能转移、促进绿色发展、践行廉政理念等重大问题，思想交流与时俱进，项目对接有的放矢。论坛的规模、影响与后续行动大大超过第一届。

推动"一带一路"建设高质量发展，核心要义就是要坚持共商共建共享三大原则，秉承开放绿色廉洁三大理念，追求高标准惠民生可持续三大

[①] 本文是作者2019年6月出席第三届中国—东南亚商务合作论坛时的讲话。

目标，实现经济增长、社会发展与环境保护三大统筹。为此，中国和东南亚各国应与国际社会一道，继续聚焦于基础设施建设，深化智能制造和数字经济等前沿领域合作，实施创新驱动发展；要进一步提高贸易和投资便利化程度，建设多元化融资体系和多层次资本市场；要广泛开展内容丰富、形式多样的人文交流，实施更多民生项目。

中国和东南亚各国，应在"一带一路"建设已经取得重大成就和丰富经验的基础上，进一步深化和扩大"一带一路"框架下的合作规模和范围，打造本地区各国基础设施全方位互联互通大格局，推动形成基建引领、产业集聚、经济发展、民生改善、持久繁荣的综合效应，在新一轮经济全球化大潮中树立以联动发展带动区域合作的新样板。

二、中国将为"一带一路"在东南亚高质量发展担负更多的国际责任

为了将"一带一路"国际合作高质量发展落到实处，今后相当一段时间，中国要同各方共同努力，搭设、丰富和强化多种合作机制与平台，构建、拓展和深化互联互通的伙伴关系。要在共同推动建设开放型世界经济的大前提下，共同反对保护主义、孤立主义、单边主义和强权政治。要推动"一带一路"建设与各国发展战略、各种区域性国际性发展议题有效对接，力求协同增效。要通过双边合作、三方合作和多边合作，鼓励更多国家、更多国际组织和企业深度参与"一带一路"建设，扎实推进"一带一路"国际合作的机制化、规范化与廉政化。要为多主体宽领域全方位长期性的务实合作，提供普遍认可的政治规范和体制保障。

中国倡导并持续推进全方位"一带一路"国际合作，归根结底是要联合包括东南亚国家在内的世界各国，共同应对经济全球化曲折发展、世界经济深度调整带来的新问题新挑战；是要共同解决困扰国际社会的发展不平衡、全球治理滞后以及生态环境恶化等重大问题。正因如此，中国与东南亚国家的合作发展，要积极对接普遍接受的国际法原则和国际关系准则；要始终坚持以人民为中心的发展理念；要始终把基础设施建设作为互联互通的重要基石；要顺应第四次工业革命发展趋势，探寻增长新动能和发展新路径；要从发展的角度出发，将可持续发展理念融入"一带一路"建设全过程；要积极架设不同文明互学互鉴的桥梁，深入开展各领域人文合作，支持并鼓励民生合作；要在建设和完善新机制新平台的过程中，汇集各方面的智慧和力量。

为推动"一带一路"国际合作高质量发展，中国首先要加强自身的制度性结构性安排，在更高水平上推进对外开放，其中包括对东南亚地区的开放，即更大范围地扩大外资市场准入，更大力度地加强知识产权保护国际合作，更大规模地增加商品和服务进口，更加有效地实施国际宏观经济政策协调，更加重视对外开放政策的贯彻落实。由此可见，"一带一路"是东南亚地区高质量发展的过程，同时也是中国与东南亚各国不断深化互利合作与联动发展的过程，是中国的发展与东南亚的发展协调统一的过程，更是中国与整个周边地区良性互动进一步提质升级的过程。

三、中国推进"一带一路"高质量发展的任务异常艰巨而繁重

第二届"一带一路"国际合作高峰论坛成果显著。论坛期间达成了六大类283项务实合作成果，所签项目合同额多达640多亿美元，另外还有一系列政府间的合作协议或部门间的合作文件。实现这些重要任务和愿景目标，任重而道远。

对于中国而言，中方将与各方共同努力，着力开展如下五方面工作。第一，以新亚欧大陆桥等经济走廊为引领，以中欧班列、陆海新通道等大通道和信息高速路为骨架，以铁路、港口、管网等为依托，共建互联互通网络；第二，中方将继续发挥共建"一带一路"专项基金、丝路基金、各项专项投资基金的作用，发展丝路主题债务，积极支持多边开发融资合作中心有效运作，同时也欢迎多边的各国金融机构参与"一带一路"建设的投融资活动，鼓励开展第三方合作，通过多方参与实现共同受益的原则；第三，中方要继续推动贸易和投资的便利化与自由化，旗帜

鲜明地反对保护主义，推动经济全球化朝着更加开放、包容、普惠、平衡、共赢的方向发展；第四，中方还将同更多国家商签高标准的自贸协定，加强海关、税收、审计监管等领域的合作，建立"一带一路"税收监管合作体制，加强推广国际互认合作；第五，中国将继续推进共建数字丝绸之路、创新丝绸之路，继续实施"一带一路"科技创新行动计划，继续推进"科技人文交流、共建联合实验室、科技园区合作、技术转移"四大举措。

在合作机制与平台建设方面，中方已制定《"一带一路"融资指导原则》和《"一带一路"债务可持续性分析框架》，意在为基础设施建设中的融资合作提供指南。在此前提下，中方将同各方一道，共建"一带一路"可持续城市联盟、绿色发展国际联盟；制定《"一带一路"绿色投资原则》，启动共建"一带一路"生态环保大数据服务平台，继续实施绿色丝路使者计划；要同有关国家一道，实施"一带一路"应对气候变化南南合作计划，将深化农业、卫生、减灾、水资源等领域的合作；发起"关爱儿童、共享发展、促进可持续发展目标实现"合作倡议，加强与联合国在发展领域的合作，缩小发展差距。所有这一切，为中国与东南亚各国提供更多了合作机遇和可能。

四、中国与东南亚各国将在推动区域合作高质量发展进程中并肩前行

东南亚是当今世界经济发展相当活跃、区域合作水平比较高、与中国务实合作非常广泛、在地区和国际事务中的作用持续增强的一个地区。据有关机构预算，2018年中国与东盟的贸易总额已经超过5900亿美元。2019年前5个月，双方贸易额超过中美贸易额。到2035年，东南亚地区人口将达7.5亿，GDP总体规模约为8万亿美元。作为区域一体化楷模的东盟，在推动地区共同体建设、加强区域一体化方面将有更大作为和更多建树。

中国与东盟早在1991年即已开启对话进程。1996年，中国成为东盟全面对话伙伴国，与东南亚各国的睦邻友好与务实合作进入新阶段。1997

年，双方确定要共同建设面向21世纪的睦邻互信伙伴关系，2003年决定建立面向和平与繁荣的战略伙伴关系，中国作为域外国家率先加入《东南亚友好合作条约》。2004年，中国与东盟签署争端解决机制协议。中国—东盟自贸区于2010年如期建成。当时，双方共同宣布了扩大和深化合作的一系列重大举措，发表了关于中国—东盟可持续发展领导人联合声明。2013年，中国提出与东盟共同营造战略伙伴关系"钻石十年"的新构想，同时提出打造双方自贸区升级版等一系列新建议，其中包括"2+7合作框架"新主张，即在深化战略互信、聚集经济发展两大共识基础上，推进政治、经贸、互联互通、金融、海上、安全、人文七大领域合作。也就在这一年，习近平主席在雅加达发出了中国与东盟加强海上合作，共建"21世纪海上丝绸之路"的重大倡议，受到普遍欢迎和支持。中国与东盟各国的睦邻友好与务实合作，进入更加广阔的新境界。双方贸易总额，2018年已超过5878亿美元，双向投资存量15年间增长22倍。基础设施建设和园区项目建设取得许多新成果。

当然，从发展角度看，中国与南亚东南亚各国都不同程度地存在经济结构不完善、区域发展不平衡、社会保障不如意、科技文化落后于发达国家、扶贫解困任重而道远等问题。从安全角度看，我们都面临着传统安全与非传统安全相互交织造成的压力。历史遗留的领土主权纠纷在许多国家之间长期存在，内部矛盾长期积累与外部势力恣意插手引发的冲突此起彼伏。我们不仅背负强权政治和冷战思维的沉重包袱，同时也面临恐怖主义、分裂主义和极端主义的现实威胁。面对风云变幻的国际形势，共同开拓和平发展之路，共同谋划互利共赢之道，在同舟共济中走向命运与共的美好未来，这是中国人民和东南亚各国人民的根本诉求，也是我们的最大利益所在。

实践证明并将继续证明，中国与东南亚国家在"一带一路"框架下开展更高标准与更高质量、更大规模更大效益的务实合作，机遇无限，前程远大。无论未来还有多少风险和挑战，还会遭遇多少困难和挫折，我们都会加大投入,力排干扰,砥砺前行;都会在加强政策沟通、拓展设施联通、力保贸易畅通、推动资金融通、深化民心相通等方面取得更多突破;都会在发展思路、机制体制、政策法规相互对接方面,开辟出互学互鉴的新路径;都会创造出命运与共的地区合作新范式,为打造人类命运共同体提供更多的成果与经验。

第七篇
把握世界变革大势,紧跟时代前进步伐

联合抗"疫":从全球合作到携手共治

2020年的G20峰会,出人预料地于3月26日举行了一次特别会议,并且采取了前所未有的视频会议方式。据会议主席国沙特阿拉伯宣布,包括中国在内的相关各方同意召开此次峰会,目的在于推动全球协调应对新冠肺炎疫情及有效应对其对经济社会的影响。由于东道主和与会各方共同努力,峰会就疫情全球大流行以及国际社会联手抗疫达成重要共识,并且发表了联合声明。这不仅是当前国际关系剧烈变革、世界格局深度调整的标志性事件,从长远看,也是全球事务更趋复杂、人类文明曲折演化的一个重要里程碑。在这一背景下,如何认识人类社会的本质属性及其时代特点,如何参与这场史无前例的全球合作与应急联动,如何强化对外政策沟通与国家形象塑造,显然需要更加全面、更加深刻、更加理性的认识和思考,以采取更为坚实有力的措施和行动。

疫情肆虐全球彰显人类社会休戚相关、安危与共的本质属性和时代特征

人类社会从来就是一个充满矛盾和冲突的对立统一体。在薪火相传、繁衍生息、走向未来的漫长进程中,人类社会各个组成部分之间、人类社会与其生存环境之间,总要出现这样或那样的问题和困难,有时甚至面临无法预见和应对的深刻危机与重大挑战。

目前肆虐全球的新冠肺炎疫情,无疑是第一次世界大战结束以来流行范围最广、危害程度最大的全球性公共卫生事件,甚至可以说是人类社会进入现代发展阶段以来遇见的一场最大浩劫。诚然,百余年来,随着人类社会科技水平的不断提高,世界各国特别是发达国家,医疗保健能力和公

---

① 本文发表于《人民论坛》2020年10期。

共卫生质量早已今非昔比，控制大规模传染病的方法和手段越来越多样化现代化，但此次新冠肺炎病毒全球传播速度之快、感染面之大，远远超出了人们的预想，超出了国际社会的应对能力。

根据有关方面资料，至3月31日亦即G20特别峰会召开五天之后，新冠肺炎疫情已蔓延至全球200多个国家和地区。截至北京时间4月7日6时左右，全球新冠肺炎累计确诊病例超过134万例，累计死亡病例超过7万例。美国新冠肺炎累计确诊病例全球最多，超过36万例，单日新增确诊病例数再次突破两万例达到26 676例，累计死亡突破1万例。这说明，作为当今世界最大发达国家，医疗服务和公共卫生水平一向领先的美国，已成为名副其实的最大"疫情国"，而糟糕的是，其疫情还在持续恶化。欧盟成员国意大利、德国、法国、西班牙，以及刚刚退出欧盟的英国，东北亚地区经济科技均较发达的日本、韩国，伊斯兰世界的重要国家伊朗等，都成了灾难深重的"疫情大国"。意大利、西班牙等国的病死率竟然超过10%。

为了防止和阻断新冠肺炎疫情的蔓延，许多国家不得不相继采取对内断路封城、禁绝社交、停工歇业，对外关闭边界、中断人流、中止货运等极端措施。人类社会从没有像今天这样，为防控大规模传染病而陷入各自封闭、自我停摆的半瘫痪状态。由于病毒扩散极为迅猛，中国疫情爆发时采取的那些曾被视为极端行为并且遭到攻讦的超常规措施，后来陆续被许多国家借鉴和效法。同样，某些国家为应对中国疫情爆发而采取的封关断航、撤走侨民、叫停人员往来的极端措施，中方后来也非常理解，并且还采取了对应行动。

显然，各国政府所做的这一切，没有什么政治意图和意识形态因素，有的只是安全考量，目的都是断绝疫情的传染源，将可能发生的危害控制在最低限度。也正是由于各国纷纷采取别无选择的极端措施和手段，世界经济受到意想不到的重创。各国人流物流突然中断，服务业制造业大幅萎缩，继之而来的是全球产业链供应链大面积断裂，期货市场与股市大幅度震荡，本来就脆弱不堪的世界经贸秩序和国际金融格局进一步趋向崩塌。越来越多的专家预言，世界可能因此次疫情而遭遇比20世纪20年代末大萧条更为惨烈的经济危机。

中国共产党人和中华民族，对于人类社会安全与发展利益密切交织、前途与命运彼此相关的本质属性和时代特点，早就有了与时俱进的新认识和新思考。党的十八大以来，中国官方文件频繁出现"人类命运共同体"这样的新提法，用以强调中国发展利益、安全利益与世界各国发展利益、安全利益的关联性和一致性。

2013年3月，习近平主席出访俄罗斯时在莫斯科国际关系学院发表演说，更加明晰和透彻地阐述了他的新时代观和新世界观。他指出："我们所处的是一个风云变幻的时代，面对的是一个日新月异的世界"，在这个时代和世界，"各国相互联系、相互依存的程度空前加深，人类生活在同一个地球村里，生活在历史和现实交汇的同一个时空里，越来越成为你中有我、我中有你的命运共同体"。

习近平主席在许多场合一再呼吁和反复强调打造人类命运共同体的极端重要性和紧迫性。2017年1月，他在联合国日内瓦总部万国宫，专门以《共同构建人类命运共同体》为题发表演说。他指出，人类正处在大发展大变革大调整时期，各国相互联系、相互依存，全球命运与共、休戚相关；人类正处在挑战层出不穷、风险日益增多的时代，包括重大传染性疾病在内的安全威胁持续蔓延，中国的方案就是："构建人类命运共同体，实现共赢共享。"

新冠肺炎疫情此次全球大流行，以及全球抗疫局面逐渐生成，再一次彰显了人类社会安危相依、命运与共的根本属性，充分验证了习近平主席关于人类命运共同体理论构想、政策主张的真理性与适时性。他在本次G20特别峰会上做出的"重大传染性疾病是全人类的敌人"的科学判断，得到了国际社会的普遍认可和认同。这一论断对于我们和国际社会更深刻更全面地认识当前疫情，积极主动地参与全球抗疫行动，具有重要指导意义。

全球抗"疫"合作是战胜疫情的唯一途径

本次 G20 特别峰会,可以说是人类社会有史以来第一次真正携起手来,联合应对现实威胁、并肩对抗共同性挑战的动员大会、誓师大会。联合国、世界卫生组织等相关组织,以及西班牙、瑞士、新加坡等部分非 G20 成员领导人应邀参会,本身就体现了此次全球抗疫行动的广泛性与合作性。

此次 G20 特别峰会成功举办,标志着世界各国共同抗击新冠肺炎疫情的新局面开始形成。虽然个别国家和某些势力仍企图利用疫情蔓延制造冷战气氛,甚至企图将国际抗疫合作引向大国对立与冲突的歧途,但"大敌"当前,人类社会要求共克时艰、相互救助的健康意识和主流诉求,终究不可违逆。

沙特阿拉伯国王萨勒曼作为本次峰会主持人,一开始即呼吁世界各国特别是与会各方,对此次流行病做出有效与经过协调的回应,如为疫苗研发提供更多资金,尽快恢复正常货运与服务,协助发展中国家对抗疫情,等等。就此,峰会郑重承诺保护生命,采取一切必要的卫生措施抗击疫情,即时分享各种资讯以及共享研究所需要的资源,向全部有需要的国家提供帮助,协调公共卫生和财务措施。

中国对于联合国际社会应对共同性灾难和挑战,历来秉承坦诚开放、积极参与、合作共赢的建设性立场。新中国成立前后,中国东北华北地区突然发生大面积鼠疫,人民的生命安全和公共健康事业受到极大威胁。毛泽东即刻致信苏联领导人,要求苏方紧急提供药品疫苗等防控物资,同时提供医疗卫生专家指导。这一要求很快得到满足,疫情恶性传播的势头迅速得到遏制。

此后数十年来,除 20 世纪 60—70 年代期间外,中国每遇重大灾害事件,总是开诚布公地向国际社会陈明事发原委与相关损失,并在急需时适度接受外部援助和支持,同时与国际社会开展必要的科研合作,共享经验和成果。2003 年抗击非典疫情、2008 年汶川抗震救灾,中国与国际社会的合作都非常成功，许多案例堪称人类抗灾合作的典范。

同样，这期间无论世界上任何国家和地方遇到任何困难或灾情，中国都挺身而出、慷慨相助。众所周知，自20世纪60年代起，中国总共派出数万名医护人员前往非洲，帮助当地政府开展医疗卫生和大众保健工作，在世界上传为永久佳话。近年来，中国又与世卫组织积极合作，联手美国等卫生防疫较有经验的国家，共同抗击肆虐非洲的埃博拉病毒，谱写了国际抗疫合作的新篇章。凡此种种，有目共睹，不一而足。

此次新冠肺炎疫情突然在中国爆发，中国政府同样采取了与国际社会真诚合作的做法。中方无选择无差别地接受各国政府、国际组织、社会团体、民营企业、友好人士以各种方式表达的善意和援助，多次对此真诚感谢。此外，中国一开始即与世界卫生组织积极合作，及时通报疫情状况和中方采取的各种措施，同时接受世卫组织专家考察与指导。这种开放、透明、负责任的做法，得到了世卫组织高度认可和赞赏。中国还及时地向美国政府通报相关信息，与美方保持了适度的交流与合作。

特别需要指出的是，中国疫情防控形势刚刚趋稳，即开始对意大利、伊朗、韩国、日本、巴西等80多个国家提供多种形式的支持和援助，赢得世卫组织和国际社会的高度评价。G20特别峰会召开时，习近平主席针对全球疫情发展态势与合作抗疫实际需要，重申：中方秉持人类命运共同体理念，愿同有关国家共同分享防控有益做法，对所有国家开放中国新冠肺炎疫情防控网上知识中心。他提出，要打好新冠肺炎疫情防控全球阻击战，有效开展国际联防联控，积极支持国际组织发挥作用。

习近平主席提出的重要建议具有很强的操作性，如尽早召开G20卫生部长会议，开展药物疫苗研发与防控合作，携手拉起最严密的联防联控网络，探索建立区域公共卫生应急联合机制，适时举办全球公共卫生安全高级别会议等等。会议当天，习近平主席还以复信方式向世卫组织领导人表示：人类是一个休戚与共的命运共同体；国际社会应守望相助，同舟共济；我们愿同世界卫生组织及各国一道，为维护全球公共安全做出贡献。

中国政府一向言必信行必果。实际上早在3月中旬，在习近平主席与意大利、西班牙、塞尔维亚、巴基斯坦等国领导人通话前后，中方即已开始向这些新冠肺炎"重疫国"提供支持和援助，包括派遣医疗队到意大利、英国等国开展医疗救护活动、探寻卫生事业合作等。

特别峰会开过后，除中国外，美国和意大利、英国等欧洲国家，日本、澳大利亚、新西兰等亚太国家，以及伊朗等防控能力相形见绌的许多发展中国家，形势愈加严峻。在这种情况下，中国一方面不断加大物质技术和专业援助力度，另一方面开足马力，努力生产和供应全球抗疫急需的防护用品和相关器械。3月27日中美两国元首通话后，美方开始在中国大量采购防疫物资。华为公司等中国企业和社会组织对美捐赠趋于活跃。中美防疫合作出现新局面。

这里需要指出的是，当前全球抗疫合作的形式和内容是多种多样的。参与合作的相关各方往往要综合考虑许多因素，因国施策、酌情而动，既尽其所能，又得其所需。中国全力参与全球抗疫合作，自然也绝不是简单提供无偿援助一种形式，还包括信息交换、经验共享、药物研发、临床救护、公共卫生设施建设以及相互保护对方侨民安全等许多方面。

显而易见，无论形势多么复杂、任务多么艰巨，中国政府都将在全球抗疫合作中承担应有责任，履行相应使命。这一神圣意志和决心，不会有丝毫的犹疑和改变。世界各国，无论美国等发达国家还是伊朗这样的欠发达国家，都必须通过参与全球抗疫合作，借助人类社会的共同智慧和力量，才能最终摆脱新冠肺炎疫情的袭扰，取得这场带有世界大战性质的"历史大博战"的最后胜利。

在抗"疫"合作中推进经济合作，确保"一带一路"建设稳步推进

此次新冠肺炎疫情全球流行，对各国人民的健康生活与生命安全造成了现实危害，同时还可能对人类生存与繁衍能力构成重大影响，这是无可争议的。在对付这个"恶魔"的过程中，各国不得不采取的非常措施，严

重地干扰了社会的正常生活，打乱了经济的正常运转，世界经济关系、贸易秩序和人文交流，以及人类的科技进步、现代化发展进程、经济全球化格局重塑，都遭受了令人始料未及的巨大损害。

国际社会普遍意识到世界经济形势的严峻性和贸易前景的不确定性。悲观失望情绪随着疫情在全球扩散，美国股市一度连续五次熔断。有些粮食出口大国甚至做出了禁止粮食出口以备粮荒的决定。面对这种形势，国际社会在开展抗疫合作时，还必须尽最大可能继续经济合作，将共同应对新冠肺炎疫情与协调组织生产结合起来，使抗疫合作与经济合作统一推进。为此，G20特别峰会发出强烈信号，呼吁国际社会采取相应行动，尽快恢复商品和服务的正常流通，特别是重要医疗用品的流通，同时呼吁各国保护民众的工作与收入，保持金融稳定与恢复经济增长，最大限度地减少对贸易和全球供应链的干扰。会议承诺为全球经济注入至少5万亿美元，同时实行有针对性的财政政策、经济措施和担保计划，以抵销此次疫情带来的社会经济和财政影响。

就经济发展总体水平而言，中国目前仍是世界上最大的发展中国家。但因长期坚持对其他发展中国家提供政治支持和经济援助，中国在国际上早已享有"天然盟友"的良好声誉。1997年亚洲金融风暴来袭，2008年国际金融危机爆发，中国尽最大努力，为许多国家提供了必要的支持和援助。国际社会普遍认识到，现在的中国，不仅坚持继续帮扶广大发展中国家，同时也在为某些发达国家提供力所能及的支持和援助，实际上是在联手整个世界应对危机、共渡难关。近些年来，因积极而广泛地参与国际减贫活动，中国已成长为推动全球扶贫解困的中坚力量。中国的作用和贡献，可谓有口皆碑。

在此次G20峰会上，习近平主席建议国际社会加强宏观经济政策协调，共同维护全球金融市场和全球产业链供应链稳定。这些建议如果能够成为世界各国，特别是包括美国在内的发达国家的具体政策，并且能不折不扣地予以执行，那么，通过全球抗疫加强经济合作，重建国际经济秩序，重塑世界经贸格局，打造更高水平的全球产业链供应链，为完善全球经济治理提供新思路、积累新经验，并非没有可能。

2013年中国倡导和推动的"一带一路"建设，历经五年多时间，在许多国家、许多领域取得了普遍受益且举世公认的重要成果。实践已经证明并将继续证明，"一带一路"不但是推动融合发展、联动发展的"中国策"，同时也是合作共赢互利共赢的新范式。"一带一路"持续发展，带动世界各国摒弃社会制度差异，超越意识形态纷争，最大限度地实现发展理念对接、政策法规对接、体制机制对接，对于改善全球治理，应对共同挑战，实现普遍进步与安全，功莫大焉。

然而，新冠肺炎疫情全球大流行，形成势不可当之势，迫使各国政府，包括各种国际组织，不得不将行动重心转移到防控疫情上来，国际经济合作一段时间内不得不以合作抗疫为中心。"一带一路"建设受到了意想不到的冲击，而国内企业面临生产、流通、融资、用工、安全等方面困难和压力，走出去的能力和意愿相应下降，执行境外合同、履行责任和义务的能力也大打折扣。再加上许多国家已经无力继续推进大规模基础设施建设，"一带一路"新项目新工程此呼彼应的状况难以再现。在这种情况下，美国和西方某些势力借机唱衰"一带一路"前景，歪曲"一带一路"建设本意，抹黑中国企业形象，挑拨中国与合作伙伴的关系，"一带一路"合作中的不可测因素和风险有所增大。

对此，我们要有清楚的认识，有足够的准备，要在资源配置、着力方向和政策引导方面，做出新安排，确保"一带一路"建设平稳推进。

鉴于全球抗疫形势依然严峻、世界经济联系断裂加剧，我国经济完全恢复正常尚需时日，因此推进"一带一路"建设，既要一如既往，砥砺奋进，百折不回，又要审时度势，因地制宜，趋利避害。其中最重要最核心的指导思想，就是要以2019年召开的第二届"一带一路"国际合作峰会精神为指引，坚持稳中求进总方针，在调整行为方向、优化项目质量、提高合作水平、化解意外风险、加强民心相通、服务公共卫生事业、总结推广先进经验等方面花大气力、下大功夫、做大文章。

"一带一路"建设是我国坚持打开国门搞建设的政策体现,是中华民族坚持与世界同行、与世界同步的意愿,理应在全球抗疫合作,以及由此引发的经济合作进程中发挥独特作用、做出独特贡献。

2020年是中华民族决胜全面小康、实现伟大复兴目标的关键一年,也是国际社会开启新一轮经济全球化、推动全球治理朝着更加理性更加成熟的方向发展的重要一年。因此,新年伊始,习近平主席即在元旦贺词中庄严宣告:新的一年,"我们愿同世界各国人民携起手来,积极共建'一带一路',推动构建人类命运共同体,为创造人类美好未来而不懈努力"。

然而,不期而至的新冠肺炎疫情全球大流行,严重地扰乱了我们的总体部署和前进步伐,也打乱了人类社会的共同发展议程。联合国秘书长古特雷斯就此表示,新冠病毒是该组织成立以来国际社会面临的最大考验。这一人类危机需要全球主要经济体协调一致,采取果断包容创新的政策行动,以及对最脆弱人民和国家提供最大程度的支持。但目前人们看到的是,在全球防疫战如火如荼进行的同时,国家间的经济战和舆情战已经烽火遍燃。由此产生的以邻为壑、相互仇恨、彼此隔绝的"政治病毒",以及制造并散布阴谋论的"精神瘟疫"等负面影响,与日俱增。

面对如此复杂和尖锐的国际形势,以及危及整个人类前途命运的现实挑战,包括中国在内的世界各国,都必须在政策沟通、舆情引导、民意营造等方面相向而行、密切协同、彼此配合,形成无比强大的正能量。唯有如此,人类社会命运与共的理念才能真正深入人心,全球抗疫行动才能形成风雨同舟的良性互助,世界才不会分裂为各自为战、离群索居、封闭发展的一个个孤岛。

世界大变局与中国和平发展[①]

当今世界处于大变动大调整大转折时期。国际风云变幻莫测，世界经济阴晴不定，地缘政治冲突持续不已，全球性问题日益增多，中国周边环境也面临深刻变化。面对乱象纷呈的世界，中国在习近平外交思想指引下，不断谱写中国特色大国外交新篇章。

国际关系发生复杂而深刻的变化

当今世界乱象，始于20世纪80年代末的苏联解体和东欧剧变。在那场导致国际力量对比严重失衡的大变局中，苏联解体、华沙解散、经互会消亡。欧盟与北约双双东扩，欧洲地缘政治环境发生重大变化。近30年来，该地区的剧变尚未完全终结，中东地区的动乱又无限扩散，动荡不宁的世界变得更加混乱。

西方世界问题成堆。欧盟2008年爆发主权债务危机后，裂痕骤显。近年来，难民潮猛烈来袭，欧盟危机加重，英国宣布退欧。在此背景下，保守主义、民粹主义和种族主义沉渣泛起，欧盟内部反全球化运动逆势来袭。

美国两极分化不断加剧，许多城市爆发了名为"占领"的抗议运动。面对日渐深重的制度危机，民主、共和两党斗争不断，导致广大民众对传统政治十分失望。本已严重失序的世界，变得愈加混乱和茫然。

习近平外交思想为中国外交提供了强大思想引擎

"世界这么乱，我们怎么办？"面对这一世纪之问，中国交出了令人满

[①] 本文发表于《学习时报》2017年7月24日。

意的答卷。党的十八大以来中国高举和平、发展、合作、共赢的旗帜，提出了以打造人类命运共同体作为对外政策的新主张。从此，谋求合作共赢成为中国对外政策的又一核心任务；打造命运共同体，成为中国在国际事务中追求的崇高目标。

2013年3月，习近平出访俄罗斯，首次向世界阐明了他对当今世界的基本看法和政策主张。他指出，我们所处的世界，和平、发展、合作、共赢成为时代潮流。一大批新兴市场国家和发展中国家走上发展的快车道，国际力量对比继续朝着有利于世界和平与发展的方向发展。各国相互联系、相互依存的程度空前加深，越来越成为你中有我、我中有你的命运共同体。

基于上述判断，习近平强调，面对错综复杂的国际安全威胁，单打独斗不行，迷信武力更不行，合作安全、集体安全、共同安全才是解决问题的正确选择。合作共赢就是实现这一目标的现实途径。

2013年3月，习近平出席金砖国家领导人德班会晤，再次分析了世界形势和人类面临的共同性问题。他提议，不管国际风云如何变幻，我们都要始终坚持和平发展、合作共赢；不管国际格局如何变化，我们都要始终坚持平等民主、兼容并蓄，尊重各国自主选择社会制度和发展道路的权利，尊重文明多样性；不管全球治理体系如何变革，我们都要积极参与，发挥建设性作用，推动国际秩序朝着更加公正合理的方向发展，为世界和平稳定提供制度保障。他主张大力推动建设全球发展伙伴关系，促进各国共同繁荣；努力发展经济、改善民生，为世界经济多添一些增长点；推动各国加强宏观经济政策协调，改革国际货币金融体系，推动贸易和投资自由化便利化；共同参与国际发展议程的制定，充分利用人类积累的生产力和物质资源，完成联合国千年发展目标，缩小南北发展差距，促进全球发展更加平衡。

2014年11月，习近平主持召开中央外事工作会议，首次提出中国外交要有中国特色、中国气派和中国风格，对中国特色大国外交进行了全面部署。此后，习近平纵观国际形势变化，统揽中国外交全局，很快形成以合作共赢为基本理念、以打造人类命运共同体为价值追求，由新世界观、新文明观、新安全观、新发展观、新合作观、新责任观共同组成的国际关系理论体系。中国特色大国外交在习近平外交思想的指引下，不断取得新成果，不断积累新经验。

全力营造新型大国关系和睦邻友好的周边环境

大国关系是国际关系中的核心要素，是国际局势发展变化的风向标和引航器。

中美关系是当今世界大国关系的重中之重。习近平高度重视中美关系，就任国家主席不久，即将中美关系界定为不冲突不对抗、相互尊重、合作共赢的新型大国关系。而后又对中美关系提出四点建议：增进互信，把握方向；相互尊重，聚同化异；平等互利，深化合作；着眼民众，加深友谊。特朗普上台后，习近平采取建设性态度，加强与特朗普的沟通，引导两国关系回归合作竞争相辅相成的发展轨道，促使美国新一届政府接受中方提出的新型大国关系原则，恪守"一个中国"政策。面对中美关系新变数，中方以"斗而不破"为底线，牢牢把握了两国关系的主动权。

中俄关系在当今世界举足轻重。双方确认两国关系发展的中心任务是加大相互间的政治支持，全面扩大务实合作，加强在国际和地区事务中的协调与配合。2014年习近平专程赴俄参加冬奥会开幕式，2015年双方签署关于深化全面战略协作伙伴关系以及共同倡导合作共赢的联合声明，两国元首分别出席对方举办的反法西斯胜利大阅兵，彰显双方战略协作伙伴关系的成熟与稳定。近两年，中俄政治互信持续增强，务实合作全速推进。在地区和国际事务中，展示出广阔的合作前景。

中国与欧盟的关系也是当今世界最重要的双边关系之一。双方早已就中欧"两大力量、两大市场和两大文明"相互结合达成共识。2014年3月，习近平出访欧洲，中欧双方发表《关于深化互利共赢的中欧全面战略伙伴关系的联合声明》，共同确立了和平、增长、改革、文明"四大伙伴关系"

发展目标。尽管欧盟面临困境，中方仍将欧盟视为世界多极化的重要力量。习近平旗帜鲜明地表示中国坚定支持欧洲一体化建设。在中欧利益深度交融的情况下，中方将采取设立共同投资基金等措施，拓展双方在高新技术、基础设施、金融等诸多领域的合作。

中国高度重视大国关系，同样也高度重视周边关系。2013年10月，中央召开周边外事工作座谈会，进一步提升周边外交在中国特色大国外交总体布局中的地位。习近平多次访问周边国家，多次参与周边地区的多边会议，亲自就周边事务开展公共外交，大力推动建立各种形式的发展共同体、利益共同体、责任共同体和命运共同体。虽然目前中国周边存在一些问题，但形势可控可塑的特点没有改变。中国提出的与邻为善、以邻为伴、睦邻安邻富邻政策，尤其是习近平倡导的亲诚惠容理念，得到广泛认同。中国在亚太地区乃至世界上的独特作用，终将被周边国家所接受。

"一带一路"开辟和平发展合作共赢的新路径

2013年9至10月间，习近平出访中亚、东南亚时，发出了中国将与相关国家扩大合作，共同建设"丝绸之路经济带"和"21世纪海上丝绸之路"的倡议。"一带一路"倡议顺应世界多极化、经济全球化、文化多样化、社会信息化潮流，意在促进经济要素有序自由流动、资源高效配置和市场深度融合，推动沿线各国实现经济政策协调，打造开放包容均衡普惠的区域合作框架。其重点是政策沟通、设施联通、贸易畅通、资金融通和民心相通。

在中国的直接推动下，国际社会广泛支持并参与"一带一路"建设。中国发起成立的亚洲基础设施投资银行开局良好，中国出资成立的丝路基金运行顺利。中巴、中蒙俄、中国—中亚—西亚、中国—中南半岛、印中孟缅、新欧亚大陆桥"六大经济走廊"建设全面推进。联通中国与欧洲的"中欧班列"，正在被打造成为具有国际竞争力和良好商誉度的世界知名物流品牌。"一带一路"的早期收获和成果，远远大于预期。

  2017年5月，第一届"一带一路"国际合作高峰论坛在北京举行。习近平在讲话中阐明了中国倡导"一带一路"的崇高目标和弘扬丝路精神的时代意义。这就使国际社会更加清楚地认识到，"一带一路"本质上是中国引导周边各国互利合作，带动整个世界联动发展，共同开辟和平之路、繁荣之路、开放之路、创新之路和文明之路，共同构建人类命运共同体。

  如今，"一带一路"建设作为中国倡导和推动的事业，已成为世界各国，特别是广大发展中国家合作发展、包容发展、联动发展、共赢发展的共同行动。全面复兴的中华民族，正在为人类进步事业做出新贡献。

大国格局

中国将成百年变局中最大的良性变量

　　1917年俄国爆发十月社会主义革命，马克思主义政党领导的无产阶级政权宣告诞生。1918年第一次世界大战宣告结束，人类社会由近代发展阶段进入现代发展阶段。这百余年间，世界形势千变万化，国际关系风云莫测，说不完的社会动荡与战乱冲突，道不尽的世道变换与政权更迭，数不尽的经济成就与科技发明，人类社会经过一轮又一轮分化动荡与改组，步履蹒跚地走到今天。当前，我们已进入人类文明进程的新百年。同上个百年天翻地覆、沧海桑田的历史巨变相比，新百年的世界形势与国际关系无疑会有更多变数和更大变化。正因为如此，习近平总书记深刻指出，人类社会正面临百年未有之大变局。我理解，这个大变局将集中表现在如下六个方面。

　　第一，国际力量对比关系正在发生前所未有的深刻变化，世界经济格局东升西降的态势将会持续发展。

　　以美欧日为代表的发达经济体，或者说世界资本主义经济体系在全球经济中的比重明显下降。其中，美国经济在世界中的比重已经由过去的将近一半下降到2018年的不足1/4。广大发展中国家，特别是以中国为突出代表的新兴经济体，经济增长速度、科技创新能力和社会发展前景总体看好。作为世界最大发展中国家的中国，目前经济总量稳居世界第二，外汇储备和货物贸易稳居世界第二，对世界经济增长的拉动作用即贡献率已超过30%，远大于美欧日三大发达经济体的总和。中国和东南亚、南亚以及广大非洲地区，经济发展潜能将得到进一步释放。西方经济体因无法弥补资源匮乏、劳动力锐减、市场萎缩等短板，发展动能不足等问题愈加突出，无法根本摆脱无可奈何花落去的颓势。

　　第二，随着国际力量对比深刻改变，世界权力重心加速向东方转移已经成为不争的事实。

20世纪50年代开始的欧洲一体化，冷战结束后一度势如破竹，不可阻挡。但欲速则不达的历史铁律牢牢地制约着欧洲统一进程。随着近年来欧盟内外矛盾凸显，英国脱欧成为现实，"欧罗巴合众国"前景渺茫，以跨大西洋伙伴关系为依托的欧美同盟体系，因美欧矛盾与日俱增而摇摇欲坠。美欧联手操纵"二战"后形成的国际组织系统，利用西方主导下的世界政治经济秩序左右全球事务的时代将永不复返。许多客观而理性的西方政治家，已经承认并接受了"西方中心论""美欧主导论"不过是明日黄花这一基本事实。中国等新兴经济体在多边舞台的话语权不断提升，亚太国家主导的区域合作进程和相关机制持续发展，上海合作组织、"金砖五国"、中国与东盟（10+1）以及中国+中东欧（16+1）等区域性跨区域性合作机制与对话平台不断做大做强，也都充分说明了这一点。

第三，美国拼命维护霸权地位，全面破坏现存世界秩序和国际法体系，人类未来将因美国霸权扭曲发展而深受其害。

美国作为当今世界唯一的超级大国，仍具有其他国家无法匹敌的综合实力和影响力，但支配和处理全球事务的能力已今不如昔。美国在许多地区制造"颜色革命"，试图用美式价值观改造世界，往往适得其反。它所发动的反恐战争，大都宣告失败。其国际地位和作用相对衰落，已为大势所趋。2017年，特朗普高举"让美国重新伟大"的旗帜入主白宫，挑战整个国际社会和国际关系，甚至包括其传统盟国。与此同时，美国社会严重撕裂，政治极化有增无减，政府债务高达22万亿美元，国家违约风险越来越大。此种情况一旦发生，美国经济将遭受重创，世界经济将严重受损。美国与整个世界的关系将更加复杂，其道德形象与道义力量将成穷弩之末。由于其"世界领袖"地位日薄西山，困兽犹斗，无所不用其极，将成为美国对外战略的唯一选项，成为维护其霸权利益的最后手段。

第四，中美关系作为大国关系中的重头戏，对世界格局重组与国际秩序重塑影响巨大，双方激烈对峙可能使世界分立为两个平行体系或阵营。

美国为维护其地缘政治利益和世界霸主地位,将正在加速复兴并走向世界舞台中心的中国确定为主要战略对手,迫不急待地打响了不断升级的对华贸易战,并把贸易纠纷引向科技、人文等领域。在台湾、南海等事关中国核心利益的重大问题上,美国挑战中国底线,将愈益复杂的中美关系推向全面博弈状态。面对世界上两个最大经济体的全局性、战略性、历史性角逐,许多国家可能不得不选边站队。世界很可能由于中美两国在高科技和前沿科技领域激烈竞争、在地区安全问题上正面冲突而发生裂变。各国可能因技术上采用不同系统、安全上形成不同立场而分成两个相对隔离、彼此封闭的体系或营垒。此情此景,不仅使中美两国与外部世界的关系发生难以驾驭的重大变化,同时也会对大国关系总体稳定和多极化均衡发展进程,造成严重冲击,并对整个国际关系走势和全人类的前途命运,产生无法预见的重大影响。

第五,中国走向世界与世界走进中国的良性互动不断加强,中国深刻改变自己同时也深刻影响世界,中国在人类文明进程中的作用将显著增强。

中国通过深化改革并扩大开放,积极倡导和大力推动"一带一路"建设,持之以恒地为国际社会提供新发展观、新利益观、新安全观、新合作观、新秩序观、新责任观、新文明观等公共产品,不但引领周边地区和整个世界实现联动发展与共同进步,而且会显著提升人类文明互通互学互鉴的质量与水平。中国特色社会主义历史成就的示范效应,与中国特色大国外交的独特影响力效能叠加,将使打造人类命运共同体逐步成为国际社会的共识和世界各国的共同选择。与此同时,中国承担的国际责任和义务将有较大变化,围堵和遏制中国崛起的国际压力和外部挑战,也会进一步增加。

第六,传统安全与非传统安全问题密切交织,人类社会面临的共同性威胁和挑战日益增多,建立基于新规则的国际新秩序异常复杂和艰难。

当前人类社会面临的共同性问题超出想象。除贫富两极加速分化、大规模传染病蔓延流行、无法抗拒的自然灾害而外,网络攻击、核武器扩散、环境恶化以及无法控制的生殖技术革命，将对人类共同生存造成无法应对的现实威胁，世界上没有哪个国家能够独善其身或单独应对。国际社会必须对现有的国际关系准则、国际法体系、国际组织架构与多边合作机制进行适当的调整改革和修补完善。但由于各方利益与责任不尽相同，立场与主张相去甚远，围绕着建立基于新规则的国际新秩序问题，国际社会将陷入长期而尖锐、曲折而复杂的全面争斗状态，世界形势的不稳定、不确定和不可测性将更加突出。

总而言之，人类社会正处于冷战结束以来世界格局由两极转向多极的历史过渡期。这一历史过渡期，同冷战结束之初人们的各种预想和判断相比要漫长得多，复杂得多，也艰难得多。对此，我们不仅要在战略和策略方面，同时还要在物质和精神层面，做好充分准备。

崇高使命：既为民族谋复兴又为人类做贡献[①]

习近平总书记在党的十九大报告中指出："中国共产党是为中国人民谋幸福的政党，也是为人类进步事业而奋斗的政党。"这是关于中国共产党的立党宗旨、初心与使命的最富时代感、最具真理性的科学概括与表述。我们贯彻落实党的十九大精神和习近平新时代中国特色社会主义思想，必须认真学习领会这一科学判断，全面理解和把握这一重要论断所蕴含的丰富思想内涵。

中国共产党是马克思主义普遍真理与中国革命具体实践相结合的产物，是马克思主义中国化这一伟大历程的开拓者和推进者。正是在中国共产党的坚强领导下，中国各族人民完成了艰苦卓绝的新民主主义革命任务，实现了从消灭封建专制制度到建立人民民主政权；探索并建立了符合中国国情的社会主义基本制度，实现了从不断衰落到繁荣富强这两大历史性飞跃。也正是在中国共产党的坚强领导下，中国各族人民在苏东剧变后世界社会主义处于低潮的复杂形势下，创造出通过不断改革开放开辟中国特色社会主义新境界的人间奇迹，谱写出通过参与经济全球化走向推动建立人类命运共同体的恢宏篇章。在这个承前启后、继往开来、永无止境的历史征程中，马克思主义中国化产生了极其光辉的理论成果：毛泽东思想、邓小平理论、"三个代表"重要思想、科学发展观和习近平新时代中国特色社会主义思想。这是中华民族走向全面复兴过程中创造和积累的最为宝贵的精神财富，也是中国共产党为人类文明与进步做出的历史性贡献。

党的十八大以来，在以习近平同志为核心的党中央的正确领导下，全国各族人民面对世界经济复苏乏力，局部冲突和动荡频发，全球性问题加

[①] 本文发表于《吉林日报》2017年11月13日，原标题为《加速中华民族复兴进程 阔步走向世界舞台中心》。

剧的外部环境以及我国经济发展进入新常态等新情况，统筹推进"五位一体"总体布局，协调推进"四个全面"战略布局，在发展经济和现代化建设、全面深化改革、加强民主法治建设、思想文化建设、生态文明建设、拓展国家发展利益和安全利益等各个方面，都取得了举世瞩目的重大成就，人民群众的物质生活质量和精神文化水平大幅度提高。中国共产党作为当今世界最大的马克思主义政党，作为始终以全心全意为人民服务为宗旨的社会主义执政党，在从严治党治军、更新党和军队政治生活气象、打造党和国家新的政治生态方面，表现出巨大的政治勇气和强烈的责任担当，推动党的自身建设、国家政权建设发生一系列重大的历史性变革，引导中国特色社会主义事业取得一系列彪炳千秋的辉煌成就！中国的综合国力在世界上名列前茅，经济总量居世界第二，货物贸易总量和外汇储备居世界第一，对世界经济增长的贡献率大于30%，远远超过了美国和欧盟。中华民族前所未有地接近于全面复兴的伟大历史目标，已经是不争的事实。

中国共产党和中国各族人民在以习近平同志为核心的党中央的英明领导下，满怀豪情地进入伟大斗争、伟大工程、伟大事业、伟大梦想紧密联系，相互贯通，相互作用的历史新时代。习近平总书记在十九大报告中提出的"八个明确"和"十四个坚持"，指明了新时代中国特色社会主义的前进方向和基本方略。中国共产党和中国各族人民决胜全面建成小康社会，夺取新时代中国特色社会主义伟大胜利这一崇高理想和目标一定会实现，中华民族走向全面复兴的历史进程一定会进一步加快。

中华民族是国际大家庭的重要成员，中华文明是人类文明不可或缺的组成部分。中国共产党带领中国人民为中华民族全面复兴而奋斗的过程，本质上必然是中国不断扩大对外开放、不断走向世界、不断融入国际社会的过程，同时也是国际社会认识中国、了解中国、接纳中国的过程。"中国需要世界"和"世界需要中国"不仅是当代国际关系的主要特点，同时也是当前国际社会的普遍共识。

基于当前世界各国经济联系日益广泛，文化交融日益深入，安全关切彼此攸关的现实，特别是中国与外部世界相互关系的新特点新趋势，中国共产党对人类社会的本质属性，对人类文明的基本特征，有了新的认识和判断，提出了国与国的关系，是你中有我、我中有你的命运共同体，人类文明是平等的、多元的和互鉴的等一系列崭新的理念和构想，大力倡导人类命运共同体意识，推动和平发展合作共赢，成为新时代中国特色大国外交最重要的表现形式。

党的十八大以来，习近平在许多重大外交场合反复强调，各国人民生活在同一个地球村中，生活在历史与现实交汇的同一个时空中。面对人类社会面临的各种共同性问题，层出不穷的困难挑战，他指出，任何国家都不可能独善其身，都不能孤立世界之外独立发展。他主张亚太国家应"谋求共同发展，坚持开放发展，推动创新发展，倡导联动发展"，主张世界各国"努力塑造发展创新、增长联动、利益融合的世界经济，坚定维护和发展开放型世界经济，建立更加紧密的经济伙伴关系"。近年来，针对国际上保守主义滋生蔓延、反全球化浪潮逆势来袭的新情况，他主张坚持创新驱动，打造富有活力的增长模式；坚持协同联动，打造开放共赢的合作模式；坚持与时俱进，打造公正合理的治理模式；坚持公平包容，打造平衡普惠的发展模式。在安全问题上，他大力倡导并全力推动共同、综合、合作、可持续的新安全观，主张为世界的和平与稳定提供制度保障！

针对国际上特别是某些周边国家对中国发展道路和未来前景的误读、歪曲和恶意宣传，习近平就任国家主席后不久即明确宣布："中国将在力所能及范围内承担更多国际责任和义务，为人类和平发展作出更大贡献。我们将坚定不移走和平发展道路，我们也希望世界各国都走和平发展道路。"后来他又不止一次地表示，中国将坚持对外开放的基本国策，坚持互利共赢的开放战略，不断提高开放型经济水平。中国将坚持共同发展的理念，在平等互利的基础上，开展同世界各国的经济技术合作，通过合作促进自身发展和各国共同发展。

几年来，由于我们在对外关系领域矢志不渝，积极倡导和努力践行这些闪耀着马克思主义思想光辉的新理念、新政策、新主张,带有强烈时代色彩的中国特色外交高歌猛进,全方位、多层次、立体化的外交布局已经形成,新型大国关系建设不断迈进,睦邻友好的周边环境不断巩固,丰富多彩的全球伙伴关系网不断拓展,参与联合国事务并引导全球治理的力度持续增大,拓展国家发展利益、安全利益与维护地区和平稳定的手段更加多元,在地区和国际事务中的影响力、感召力、塑造力大幅度提升。中国作为一个发展中的社会主义大国,已经前所未有地接近于世界政治舞台的中心。

习近平总书记振聋发聩地向全世界庄严宣告:"中国共产党始终把为人类作出新的更大的贡献作为自己的使命。"他代表中国共产党向国际社会承诺,中国将继续高举和平发展合作共赢的旗帜,将恪守维护世界和平,促进共同发展的外交政策宗旨;将坚定奉行独立自主的和平外交政策,绝不会以牺牲别国利益为代价来发展自己;中国要在积极发展全球合作伙伴关系的同时,构建总体稳定均衡发展的大国关系框架,按照亲诚惠容理念和与邻为善、以邻为伴的周边外交方针,深化同周边国家的关系,秉持正确义利观和真实亲诚理念,加强同发展中国家的团结合作。

习近平呼吁世界各国人民同心协力,构建人类命运共同体,建设持久和平、普遍安全、共同繁荣、开放包容、清洁美丽的世界,为人类社会发展进步指明了广阔前景。他提出的尊重世界文明多样性的系列主张,诸如以文明交流超越文明隔离,以文明互鉴超越文明冲突,以文明共存超越文明优越,为国际社会最终摆脱国际关系中的不确定性、不可测性,指明了切实可行的光明路径。

中华民族实现伟大复兴与走向世界舞台中心,是相互交织和密不可分的。这是中国共产党人和中华民族为世界和平发展、为人类繁荣进步提供中国智慧和中国方案、展示中国发展经验和中国成功范例的过程,同时也是向国际社会展示马克思主义中国化理论成果和中国特色社会主义建设现实成就的过程,是通过推进"一带一路"建设,统筹开发国内外两种资源和两个市场,通过联动发展、包容发展实现互利发展、共赢发展的过程,更是我们敞开国门、海纳百川、兼容并蓄人类社会创造的一切物质和精神文化成果的过程。

这是一个机遇与挑战并存的过程,也是一个充满期望与艰辛的过程,中国共产党及其领导下的中国人民,必将一如既往,锐意进取,砥励前行。我们相信,随着中国走向世界与世界走向中国"两个走向"的良性互动不断加强,中国走向世界舞台中心的步伐会更加铿锵有力,中华民族在和平发展的道路上将会走得更稳更远更好!

十月革命丰碑永存　历史警示常忆常新[①]

20世纪以来的世界历史既千曲百折，又波澜壮阔。五光十色的社会主义思想与流派，广泛存在于人类社会不同群体之中；争取实现社会主义理想信念的社会运动风起云涌，几乎席卷全球每个角落；俄国十月革命后陆续诞生的社会主义国家，改造旧世界建设新生活的探索与努力不屈不挠。时值俄国十月革命百年，我们回眸这段历史进程的风风雨雨，思考先辈开拓进取的经验教训，意义不言自明。

一、俄国十月革命是科学社会主义理论的第一次伟大实践，也是人类社会走向光明与进步的必然选择

俄国的1917年十月社会主义革命，与第一次世界大战密切相关。这场战争不仅使帝国主义列强分裂为相互厮杀的两大营垒，也使沙皇俄国变成世界上各种矛盾的汇集点。二月革命后建立的资产阶级临时政府，无力解决国家分裂、社会贫困并渴望和平等重大问题，反而造成了统治阶级不能照旧统治下去的危机局势，使社会革命的条件在这个较为薄弱的帝国主义链条中提前成熟。以列宁为首的布尔什维克党依靠工人阶级，联合劳动农民，运用多种斗争手段，很快将要求和平的民主运动、争取土地的农民运动、谋求平等的民族运动和为社会主义而奋斗的无产阶级革命运动汇成强大洪流，开创了在资本主义生产关系并不发达的条件下夺取国家政权、建设新社会的成功范例。

十月革命胜利后，布尔什维克党领导建立的苏维埃政权遭到国内外敌对势力的联合反扑，一度危在旦夕。在这场进步与倒退、光明与黑暗的殊

[①] 本文发表于《时事报告》2017年第12期。

死搏斗中，列宁将革命的坚定性与策略的灵活性巧妙地结合起来，表现出高超的政治、军事和外交斗争技巧，不但战胜了腐朽与黑暗势力，消除了可怕的无政府状态，而且使苏维埃政权在原沙俄境内凯歌行进，显示出广阔发展前景。在这一过程中，苏维埃俄国形成布尔什维克党人单独执政的政治格局，原沙俄境内所有苏维埃政权1922年自愿结成苏维埃社会主义共和国联盟即苏联。虽然由于特定历史条件，联盟的成立文件存在隐患，埋下日后分裂解体的祸根，体制机制并不完善，但人类历史上一个崭新的国家联盟，在资本主义包围的孤岛中光荣诞生。

俄国十月革命在混乱无序又满目疮痍的旧世界开辟出充满希望的新天地，引发了欧美地区社会革命的新高潮，使殖民地半殖民地民族解放运动进入新阶段，人类社会进入向新质状态发展过渡的新纪元。没有俄国十月革命，就没有世界社会主义进程后来的蓬勃发展，也不会有20世纪以来全世界汹涌澎湃的社会进步运动。

二、列宁社会主义建设理论博大精深，尽管许多构想囿于历史条件未及实现，但不失为人类思想宝库的无价之宝

十月革命胜利之初，新政权在为生存而战的特殊情况下，更多地展示出"铁腕"一面并实施战时共产主义体制。几乎所有领导人都期望通过这种体制"直接过渡"到新社会。列宁纠正了"直接过渡"思想，主张通过国家资本主义逐步过渡到社会主义。他不但善于用正确的理论指导实践，更善于通过实践来检验和发展理论。虽然直接领导建设新生活只有短短几年，但他表示自己"对社会主义的看法完全改变了"。在巩固党和国家政权、开展经济文化建设、发展对外关系等各领域，他留下了极为宝贵的实践经验和思想遗产。

在党的建设方面，列宁领导布尔什维克党将党名由俄国社会民主工党（布）改为俄罗斯共产党（布），后来取缔党内派别，多次组织清党，以保证党的队伍纯洁统一。列宁同时又是党内民主楷模，党的重大问题，由政治局和中央委员会集体决策。他的领袖地位和权威，始终靠正确的思想路线和坚强的政治领导来维系。在经济建设方面，他领导新政权做出土地改革、银行国有化、建立工人监督制、成立最高国民经济委员会等重大决策，全面掌控国家经济命脉。但他同时又指出，革命党由夺取国家转为管理国家之后，必须把创造高于资本主义社会的社会经济制度的根本任务即提高劳动生产率提到首位，而管理国家的任务首先是纯粹经济的任务。内战结束后，他领导党顶住"左派共产主义者"的压力，制定和实施新经济政策，将国家全部工作转移到经济建设上来。他主张大力发展私营经济和国家资本主义，全面启动商品货币关系，利用租让项目方式同外国开展经济合作，要求以赎买方式利用旧社会留下的知识分子和专家，充分吸收人类文明创造的一切优秀成果。在对外关系方面，他主张不同社会制度国家和平共处，领导苏维埃政权努力打破西方封锁，使世界上第一个社会主义国家的外部环境逐步改善。

列宁晚年形成的有关国家政权和执政党建设的思想主张，诸如完善党内外监督机制，反对官僚主义和特权思想，精简国家机构，通过不断学习来提高管理水平，大量培养高素质管理人才，同党内三大敌人即狂妄自大、文盲现象和贪污受贿做斗争等，对于社会主义国家政权建设和执政党自身建设，至今仍具有巨大的指导作用。

三、苏联的社会主义事业曾经取得巨大成功，但因失误过多未能摆脱最终失败的厄运

1924年列宁逝世，斯大林作为党的总书记继承了列宁的事业。在他领导下，党改组为联共（布）后更加坚强有力，社会主义制度全面巩固和加强，显示出世界上其他任何政党和国家都无法比拟的动员能力和道义优势。党和国家提出了由农业国变为工业国的总路线，制定了实行农业集体化的新方针。斯大林所提出的"落后就要挨打""技术决定一切""干部决定一切"等口号，极大地调动了党和国家的创造潜能。当资本主义世界出现经济大萧条而深陷危机时，社会主义的苏联百业俱兴，蒸蒸日上，迅速成长为综合国力仅次于美国的世界强国。苏联同外部世界的关系，也得到进一步改善。第二次世界大战期间，苏联超越社会制度差异和意识形态分歧，与美英等国结成同盟，为战胜德意日法西斯、摧毁欧亚大陆两个战争策源地做出了重大牺牲。

十月革命开创的社会主义事业对苏联而言前无古人，苏联作为多民族国家如何发展也没有先例可循。围绕国家建设、社会管理、民族关系等重大问题，苏共党内思想路线之争与领导权之争复杂而激烈。斯大林全力维护党的团结和统一，但处理矛盾的方式过于简单和粗暴。对少数民族地区问题，他用人为划定行政边界的办法来维护民族关系稳定，用强迫某些少数民族集体迁移的方式维护国家安全利益，断言苏联在社会主义基础上建立多民族国家的实践已经完全成功。他还过早地宣布苏联已经建成社会主义，超越历史阶段提出向共产主义过渡，延误了许多经济社会问题的解决，社会主义民主和法治建设受到严重漠视。斯大林逝世后，苏联党和国家政策调整矫枉过正，经常走向另一极端。体制弊端和人为失误形成的负能量相互叠加，内部矛盾和问题积重难返。在对外关系领域，历史遗留的大国沙文主义传统和输出革命的扩张主义彼此助力，最终陷入了与美国争夺世界霸权的泥淖。

20世纪80年代中期上台的苏共领导人戈尔巴乔夫，以社会主义全面革新为口号，在政治上推行极端民主化和自由化，在思想文化战线大搞非意识形态化，在护法机关和武装力量中实行非党化和国家化，在民族关系领域听任和纵容主权化和邦联化，在对外关系领域则实行全面退却和妥协的所谓新思维。结果不到六年时间，苏联共产党全面溃散后被彻底取缔，苏联作为统一国家遭到瓦解，十月革命的历史选择被人为终结。

四、苏联解体后人类进步事业并未终止也不可能终止,世界社会主义进程依然薪火相传生机勃发

十月革命的胜利和列宁主义的形成,是马克思主义与俄国革命实践相结合的产物。作为世界上第一个社会主义国家,列宁领导的苏维埃俄国和后来斯大林领导的苏联,曾被世界上所有革命政党和进步力量视为红色圣地。1919年春列宁发起成立了共产国际,世界各地的共产主义政党和组织雨后春笋般发展起来。第二次世界大战结束后,欧亚地区出现一批以苏联为楷模的社会主义国家,世界上一度形成以苏联为首的社会主义阵营。但是,自20世纪40年代末期始,苏联内部体制缺陷和对外政策弊端逐渐显露,苏联社会主义的影响力开始下降。到50年代中后期,所谓的苏联模式受到多方质疑,中国与苏联分道扬镳。以苏联为首的社会主义阵营实际上已不复存在。

中国全面改革开放举起了中国特色社会主义的大旗。苏联和东欧地区社会主义各国也相继走上改革之路。不同的是,苏东各国共产党改革失败后全部放弃社会主义发展成果,退出历史舞台。中国共产党人坚持把马列主义作为指导思想的理论基础,坚持社会主义发展方向和共产党领导地位,坚持人民民主专政的政权体系,在中国特色社会主义道路上高歌猛进,越来越接近于世界舞台中心。

如今,苏联解体的深重影响仍未退去,国际共产主义运动仍处历史低潮。但世界社会主义进程并未终止,而是焕发出新的生机和活力。中国特色社会主义进入新时代,马克思主义中国化形成新的理论成果,这表明,马列主义依然是人类认识世界改造世界的强大思想武器,十月革命开启的历史新纪元仍将在曲折发展中走向光辉未来。

社会主义将在迂回曲折中走向新的发展阶段[①]

数百年前，当资本主义在西方国家尚处于萌芽状态时，某些欧洲思想家便发现了此种制度的问题和弊端，开始构想人类社会的美好未来。从此，五光十色的空想社会主义理论和流派，承前启后，不断发展，到19世纪中期达到高潮，开始对欧美国家的政治思潮和社会进程产生重要影响。1848年，马克思主义经典文献《共产党宣言》问世，社会主义由空想变为科学，由理论转向实践，变得波澜壮阔而又曲折万端。近年来，围绕着马克思诞辰200周年、《共产党宣言》发表170周年、俄国十月革命100周年、新中国成立70周年暨改革开放40周年、苏联解体30周年等重大事件，国内外有关社会主义问题的讨论异乎寻常。在这场涉及社会主义现状与前景、人类社会发展方向的理论争鸣与思想博弈中，人们的立场和视角相去甚远，看法和结论截然不同。但总体说来，社会主义必将在迂回曲折中开辟新的路径，在艰辛探索中走向美好前程，这是进步人类的基本判断和普遍认识，也是社会主义力量努力奋斗的共同方向和目标。

一、十月革命不仅使俄国的面貌焕然一新，同时也为人类进步发展提供了新的方向和选择

列宁领导俄国布尔什维克党取得十月革命胜利并建起工农民主专政的新政权，标志着科学社会主义由理论形态变为社会制度，由思想原则变为活生生的社会现实。这场革命是在二月俄国发生资产阶级民主革命后，临时政府继续参加帝国主义的世界大战，既没有解决国内迫在眉睫的土地和面包问题，也没有解决各族人民共同企盼的和平问题，反而造成统治阶级

[①] 本文发表于《理论前沿》2019年第9期。

不能照旧统治、被统治阶级不能照旧生存的危机形势下发生的。

以列宁为首的布尔什维克党人利用无产阶级革命条件在帝国主义薄弱链条中提前成熟的特殊机遇,将要求和平的一般民主运动、争取土地的农民运动、谋求平等的民族解放运动和为社会主义理想而奋斗的无产阶级革命运动统合起来,以武装夺政方式强行实现了政权更迭,创立了历史上未曾有过的苏维埃式的国家政权,打造出了完全不同于旧时代的新型生产关系、新型社会关系、新型民族关系和新的生活方式,并且还提出了以和平共处为核心内容的新型国际关系准则。

在为保卫十月革命成果和苏维埃政权、组织新生活和建设新社会而进行的艰苦卓绝的斗争中,布尔什维克党人将革命的坚定性与策略的灵活性有机地结合,在极端困难并且没有先例可循的情况下,努力调动和团结一切进步力量,战胜了外来军事干涉和国内黑暗势力,消除了社会的无政府状态,表现出了高超的政治、军事和外交斗争技巧,最终将支离破碎的俄国境内出现的各苏维埃共和国,联合为统一的苏维埃社会主义共和国联盟即苏联。满目疮痍的俄罗斯大地从此出现巨大生机,苦难深重的俄罗斯各族人民焕发出新的活力,这是历史事实。

俄国十月社会主义革命同时还将资本主义一统天下的旧世界打开了一个缺口。这场革命促进了西欧、北美无产阶级革命运动的新高涨,使殖民地半殖民地的民族解放运动进入新的发展阶段。标志着亚洲人民新觉醒的中国五四运动和朝鲜"三一运动",都是在俄国十月革命影响下发展起来的。中国共产党正是在那个时候,在俄共直接领导的共产国际帮助下建立起来的。所以,毛泽东说:"十月革命一声炮响,给中国送来了马克思列宁主义。"从更广义上说,十月革命一声炮响,也开辟了人类社会向新质状态发展过渡的新时代。国际社会认为,世界进入由近代过渡现代发展阶段,是以俄国十月革命和"一战"结束为标志的。这也充分说明,十月社会主义革命的历史意义和影响不容否定和低估。

二、列宁的社会主义建设理论博大精深，至今仍具有重大理论指导意义

1917年俄国十月革命发生之前，由于没有相应的社会实践做依据，人们对社会主义的认识和憧憬仍然相对简单。列宁在1903年撰写的《告贫苦农民书》中曾经这样说过："我们要争取新的、更好的社会制度：在这个新的、更好的社会里不应该有穷有富，大家都应该做工，共同的劳动成果不应该归一小撮富人享受，应该归全体劳动者享受。机器和其他技术改进应该用来减轻大家的劳动，不应该用来使少数人发财，让千百万人民受穷。这个新的、更好的社会就叫社会主义社会。关于这个社会的学说就叫社会主义。"[①]

俄国十月革命胜利后，形势的发展完全出乎想象。布尔什维克党为保卫苏维埃政权，曾被迫实施战时共产主义。当时几乎所有领导人都认为，可以通过这种体制"直接过渡"到社会主义。善于用正确理论指导实践，并且善于在实践中修正和发展理论的列宁，在保卫苏维埃政权的任务基本完成后，立即引导党及时终止了战时共产主义，把管理国家、提高劳动生产率提到了执政党工作的首位，强调党管理国家的任务首先是"纯粹经济的任务"。与此同时，列宁还系统地阐明了通过新经济政策、通过国家资本主义、通过大量使用旧社会遗留的专家和人才、利用人类文明创造的一切优秀成果来组织新生活、建设新社会的政策主张。

在执政党自身建设方面，列宁领导取缔了党内派别活动，大力加强党的团结和统一，并多次组织清党以保证党的质量。他在晚年所阐明的国家政权建设和执政党自身建设思想，诸如完善党内外监督机制，反对官僚主义和特权思想，精简国家机构，培养高素质管理人才，同党内"三大敌人"即狂妄自大、文盲现象和贪污受贿做斗争等，都是科学社会主义思想宝库中光辉永存的珍贵遗产。在对外关系方面，列宁提出了在异常复杂的国际斗争中要学会通融妥协、不同社会制度的国家要和平共处、无产阶级专政

---

① 《列宁专题文集·论社会主义》，人民出版社2009年版，第381页。

的形式和不同民族向社会主义过渡的方式将各有不同等一系列新思想,苏维埃俄国的国际环境因而得到逐步改善。

列宁非常重视思想理论创新。他根据不断发展和变化的实践,明确表示:"我们不得不承认我们对社会主义的整个看法根本改变了。"①这位世界社会主义领袖独一无二的政治胆识,他所阐述的对于社会主义的认识必须随着实践发展而改变的重要思想,对当今时代世界各国的社会主义事业仍然具有非常现实的指导意义。

三、苏联社会主义既有巨大成就也有许多失误,其正反两方面经验教训需要认真研究和评估

列宁逝世后,斯大林作为苏联党和国家最高领导人,领导苏联各族人民在巩固、发展社会主义制度的斗争中努力奋斗,以苦难行军的方式,取得了世界上任何国家在当时的历史条件下都无法取得的辉煌成就,彰显出社会主义制度无法比拟的巨大优越性。当西方各大国因经济大萧条而深陷危机时,苏联作为世界上第一个社会主义国家,已由落后的农业国成长为强大的工业国。到30年代末第二次世界大战爆发时,苏联经济总量已跃居世界第二位,仅次于美国。科技创新能力与日俱增,令世界刮目相看。西方国家对苏联的孤立和封锁宣告失败。

"二战"期间,苏联为国际反法西斯事业,为摧毁欧亚地区两大战争策源地,做出了重大贡献和牺牲,同时也为东欧国家摆脱法西斯奴役、实现民主改革和经济重建,提供了宝贵支持和援助。战后初年,苏联参与创建了以联合国为核心的新国际关系体系和新世界政治格局,在反对新的战争威胁、维护世界和平,支持被压迫民族反帝反殖的斗争方面发挥了积极作用,其国际地位急速上升。

但是,在处理党内矛盾和民族问题、应对经济和社会发展中的困难与

---

① 《列宁专题文集·论社会主义》,人民出版社2009年版,第354页。

挑战时，斯大林未能完整准确地继承列宁的社会主义思想。他的社会主义建设主张看似合理，执行中偏误甚多，政策理念与行为方式严重背离，结果不但铸成了行政命令式的经济体制和社会治理方式，同时还导致大量冤假错案，破坏了民主和法制，因而极大地损害了党同社会的关系、各民族之间的关系，以及地方政权与联盟中央的关系。对待其他国家的共产党和新建立的人民民主国家，则时常表现出"老子党"和"大国主义"作风，损害了第一个社会主义国家的道德形象，进而也损害了世界社会主义事业。

斯大林逝世后，几经重组的苏联领导层未能处理好社会主义发展进程中继承与创新的关系，未能根据内外形势发展变化有效调整原有的机制与体制。赫鲁晓夫执政期间，对内提出"全民国家""全民党"理论，对外倡导"没有军队没有武器没有战争"的"三无世界"，导致苏联内外政策全面混乱，与其他社会主义国家的关系也日趋复杂。

勃列日涅夫为政期间，将苏联发展阶段定位成"发达社会主义"，不思进取的"全面稳定"，最终堕变并异化为思想凝固和体制僵化。社会主义的苏联模式，变成了"老人治国""病夫治国"的代名词。在对外关系领域，苏联凭借不断膨胀的军事实力，一方面无情镇压东欧国家发生的改革运动，另一方面与美国展开全球争夺，公然走上霸权主义的扩张之路。

四、东欧国家以简单化的理想主义和庸俗化的极左思想替代科学社会主义，最终失败而教训惨痛

第二次世界大战结束后，东欧地区出现八个共产党工人党领导的社会主义政权，时称新民主国家或人民民主国家。东欧地区"社会主义化"，一度被视为苏联社会主义模式成功扩张的重要体现，同时也被视为社会主义制度凯歌行进的主要标志，以美国为首的西方世界因此曾十分恐慌。然而，东欧地区的社会主义政权，大多是在战争结束后苏联军事占领的背景下，直接借助苏联的力量确立和发展起来的，因此深受苏联影响。在建立本国的政权结构和管理体制、确定和实施内外政策时，这些国家大都照搬苏联经验，因而严重脱离本国国情。执政党的合法地位与执政能力，始终饱受诟病和怀疑。

在政治理论界充斥着苏式教条主义、形而上学和学阀作风的情况下，某些力量试图探索有别于苏联的本国道路，结果遭到苏联和本国亲苏派双重打压，均以失败告终。

苏联为控制东欧国家提出"有限主权论"和"国际专政论"，甚至动用原本用于反对帝国主义战争威胁的华约部队镇压东欧国家改革，不仅使其自身堕落为"社会帝国主义"，同时也从根本上窒息了东欧社会主义的生机与活力，使东欧国家发展水平与西欧国家越拉越大。

东欧地区也有国家试图摆脱苏联模式，坚持走独立自主的社会主义发展之路，这就是南斯拉夫和阿尔巴尼亚。后来的实践证明，两国的社会主义尽管各具特点，理论基础和指导思想与苏共截然有别，但也没有摆脱背离基本国情，超越发展阶段的流弊，一开始就蕴含尖锐矛盾，最终都陷入灭顶之灾。譬如，南斯拉夫实行"自治社会主义"。所谓自治，就是要用各种各样的社会组织逐步代替国家机构。与此相适应，南斯拉夫共产党被改组为共产主义者联盟，其结果使多民族国家陷入危机，最终导致国家解体并爆发残酷的民族战争。

阿尔巴尼亚打着反对"修正主义"的旗帜，把斯大林的理论和苏联的早期经验推向极端，最终形成了"唯我独社""唯我独革""唯我独左"的社会主义模式。这种模式对其本国经济社会发展造成的损失，对世界社会主义整体事业的危害，丝毫不亚于苏联模式。

五、中国特色社会主义为世界社会主义展示了新的发展前景，同时也为人类和平发展事业做出了重要贡献

中国共产党是在俄国十月革命影响下建立的马克思主义政党，是国际共产主义运动的重要生力军。这是因为："中国先进分子从马克思列宁主义的真理中看到了解决中国问题的出路。"①1949年新中国成立并与苏联结成友好同盟,标志着横跨欧亚大陆的世界社会主义体系正式形成。此时,欧亚地区"一大批社会主义国家诞生,特别是中华人民共和国成立,极大地壮大了世界社会主义力量"②。

新中国的社会主义建设事业,一开始就是世界社会主义进程的重要组成部分。历史之所以做出这样的选择,是因为中国共产党"深刻认识到,实现中华民族伟大复兴,必须建立符合我国实际的先进社会制度"。对于刚刚获得解放的中国人民来说,社会主义就是这样一种不可替代的先进制度。正是由于中国共产党团结带领人民完成社会主义革命,确立社会主义制度,推进社会主义建设,中华民族才完成了"有史以来最为广泛的社会变革""实现了中华民族由不断衰落到根本改变命运、持续走向繁荣富强的伟大飞跃"③。

新中国成立之初,中国在外交上实行向以苏联为首的社会主义阵营"一边倒"政策,在国内经济建设和社会管理等诸多方面,各行业各部门一度形成"以苏为师"的局面。所谓"以苏为师",实质是中国人想"建成像苏联一样强大的社会主义国家,过上像苏联人民一样富足的生活"④。当时,苏联基于其世界革命战略和地缘政治考虑,的确也为中国提供了多方面支持和援助。双方在地区和国际事务中协调配合,相互支持,共同支持世界和平民主运动和各国人民的反帝反殖斗争,推动国际格局呈现东风压倒西风的良性格局。无论斯大林本人还是后来的苏联领导人,抑或其他社

---

① 习近平:《决胜全面建设小康社会,夺取新时代特色社会主义伟大胜利》,《习近平关于"不忘初心 牢记使命"重要论述选编》,中央文献出版社、党建读物出版社2019年版,第10页。
② 习近平:《在马克思诞辰二百周年大会上的讲话》,《习近平关于"不忘初心 牢记使命"重要论述选编》,中央文献出版社、党建读物出版社2019年版,第341页。
③ 习近平:《决胜全面建设小康社会,夺取新时代特色社会主义伟大胜利》,《习近平关于"不忘初心 牢记使命"重要论述选编》,中央文献出版社、党建读物出版社2019年版,第11页。
④ 戴秉国:《战略对话——戴秉国回忆录》,人民出版社、世界知识出版社2016年版,第30页。

会主义国家领导人,都认为新中国在国际共产主义运动和世界社会主义进程中的作用是不可或缺的。

以毛泽东为代表的中国共产党一开始就注意到苏联经验及其内外政策的局限性,反复强调并告诫全党全国人民,绝不能照搬苏联经验和做法。1956年苏共二十大召开后,中苏两党意识形态分歧加剧,中方反对苏联"老子党"和"大国主义"的斗争不断向纵深发展,双方在国际舞台上也开始分道扬镳,中国共产党开始完全独立自主地建设符合本国国情的社会主义。

1978年年底,中国共产党"团结带领人民进行改革开放新的伟大革命,破除阻碍国家和民族发展的一切思想和体制障碍,开辟了中国特色社会主义道路,使中国大踏步赶上时代"[①]。当时,世界经济快速发展,科技进步日新月异。但是,包括中苏两国在内的社会主义各国内外关系,总体上都很复杂,集体落后于西方发达国家的迹象愈加明显。在中国内部,"由于'文化大革命'导致我国经济濒临崩溃的边缘,人民温饱都成问题,国家建设百业待兴"。以邓小平为代表的中国共产党人审时度势,做出改革开放的重大决策,顺应了"使党和国家从危难中重新奋起"的时代诉求。中国通过改革开放加速现代化建设步伐,同时也为陷入徘徊状态的世界社会主义进程指出了新的发展方向和路径。

六、苏联解体给世界社会主义事业造成重大损害,同时也改变了国际力量对比和世界战略格局

中国特色社会主义取得成功,特别是改革开放给中国带来的巨大变化,极大地影响了世界社会主义进程。中国改革开放不久,早就跃跃欲试的一些东欧国家,逐渐拉开了改革的序幕。1985年,苏联也开启了改革进程。

---

① 习近平:《决胜全面建设小康社会,夺取新时代特色社会主义伟大胜利》,《习近平关于"不忘初心 牢记使命"重要论述选编》,中央文献出版社、党建读物出版社2019年版,第12页。

但是，这些国家的改革从指导思想到实现路径一开始就存在严重问题，改革开启不久即迷失方向，陷入困境。经济困难、社会失和、政治危机接踵而至，深度交织。苏联还爆发了日甚一日的民族关系危机，各加盟共和国与联盟中央政权打起了主权争夺战。误入歧途的改革，将苏联推向了全面崩溃的边缘。

1989年夏季，匈牙利和波兰相继放弃社会主义制度，执政多年的共产党失去政权。早已深陷危机、涣散无力的苏联共产党，因为一场突如其来的事变而遭受致命一击。身为党的总书记的苏联总统，竟屈服于内外反共势力的压力，下令解散了苏共。世界上第一个社会主义国家的执政党，从此退出历史舞台。而后，苏东地区发生多米诺效应，所有的社会主义国家都放弃了社会主义选择。在这一过程中，有的国家出现内战，有的国家发生战争，民主德国被联邦德国血腥裂变中分离出六个主权国家。

1991年12月，苏联宣告解体。这个横跨欧亚大陆、拥有3亿多人口、历经近70年社会主义实践、综合实力与美国旗鼓相当的第二超级大国，就这样因改革失误而土崩瓦解了，苏联解体分裂成15个主权独立国家。列宁亲手开创的现实社会主义事业就这样被苏共领导人发动的"改革"葬送了。"覆巢之下无完卵"，苏联帮助建立并且长期依赖苏联支持的第二个社会主义国家蒙古，也在苏联解体的大潮中改弦易辙，实行政治多元化、经济私有化和意识形态多样化。长期执政的蒙古人民革命党，失去执政地位后几经改组，只能在西方式的议会民主体制中寻找生机和出路。

准确地说，苏联东欧改革失败并不是世界社会主义事业的失败，而是由生机勃勃变为死气沉沉、由锐意进取转为故步自封的苏联模式的失败，是盲目照搬归抄他国经验、严重脱离本国国情与时代潮流的东欧模式的失败。但是，所谓的苏东集团毕竟构成了统一的地缘政治板块，毕竟是世界社会主义进程的骨干力量。这些国家的执政党以如此可悲的方式迅速退出历史舞台，对世界社会主义的灾难性影响还是客观存在的，并且是相当深刻和久远的。

苏联解体和东欧剧变后,这一地区的共产党组织一时间所剩无几,某些依然坚持社会主义选择的政党和组织,实际取向的是与科学社会主义差异很大的社会民主主义,或者是民主社会主义。在俄罗斯联邦、乌克兰、摩尔多瓦、塔吉克斯坦等国,共产党人重新组织起来,但地位和作用与过去相比无法同日而语。受此影响,欧盟国家最有影响的一些共产党分化改组。意共宣布解散,法共严重萎缩,只有希共、葡共和西共在困境中坚持活动。在亚非拉地区,发展中国家以社会主义为取向一度成为时尚。苏联解体和东欧剧变后,政治风向急转直下,主张社会主义的政党和组织大都偃旗息鼓了。

在这种情势下,西方某些政治家以冷战赢家自居,迫不急待地启动了北约东扩、欧盟东扩的"双东扩"进程,中东欧地区绝大部分国家,包括苏联在波罗的海沿岸的三个共和国陆续加入了北约或欧盟。欧洲地缘政治格局发生了重大变化,整个世界也由于苏联解体和东欧剧变、华约解散、美苏争霸的两极格局宣告终结,呈现出美国"一超独大"的新格局。

七、世界社会主义将在艰难求索中大胆创新,在全面创新中锐意发展,在创新发展中迎接未来

苏联解体和东欧剧变对中国社会主义建设和改革开放事业造成了显而易见的负面影响。1989年春夏之交,以美国为首的西方国家乘苏东地区局势生变之机,对中国进行所谓制裁,将改革开放事业如日中天的中国,推向了"黑云压城城欲摧"的险恶处境之中。当时,"国际风云突变,西方各国政府纷纷宣布制裁中国,各种政治势力出于各种目的,也在世界上掀起了阵阵反华浪潮"[1]。

在改革开放总设计师邓小平直接领导下,中方为打破西方制裁开展了卓有成效的外交工作,很快打破了西方的种种制裁,遏制了国际反华浪潮,

---

[1] 钱其琛:《外交十记》,世界知识出版社2003年版,第165页。

美国也不得不考虑松动对华政策。但是，当布什总统发现东欧各国都已经"出事"之后，竟异想天开，企望东欧事态在中国重演。因此，"东欧一变，国际格局也随之而变，美国开始重新评估世界的整个形势，突然变得又不急于与中国改善关系了"①。美方不但放弃了与中方缓和关系的意愿，反而推动西方七国集团继续追加对华制裁措施。

然而，社会主义在迂回曲折中走向未来是不以人的意志为转移的客观规律。中国共产党坚持改革开放基本路线不动摇，领导全国人民继续推进社会主义现代化建设，不断开创政治安宁、经济发展、文化繁荣、科技进步、社会和睦、民族团结的新局面。中国特色社会主义取得了举世公认的巨大成就。正是在不断推进改革开放的过程中，中国共产党"明确提出了走自己的路、建设中国特色社会主义，科学回答了建设中国特色社会主义的一系列基本问题，制定了到21世纪中叶分三步走、实现社会主义现代化的发展战略，成功开创了中国特色社会主义"②。"历史证明，中国的长城，坚不可摧。"③

越南、朝鲜、老挝和古巴这几个国家受到的冲击和影响更为严重。但越南、朝鲜、老挝和古巴始终在坚持社会主义发展方向，坚守社会主义基本制度。越南、老挝高举革新开放的旗帜，在社会主义理论、实践和制度建设方面各有重要举措。如越南共产党，一方面公开宣布"决不会接受社会主义道路以外的任何道路"；另一方面明确将胡志明思想和马列主义共同列为党的指导思想，确认本国正处于向社会主义过渡的初级阶段，把"民富国强、社会公平、民主文明"作为立国目标，把建设"属于人民、来自人民、为了人民"的法治国家和"社会主义定向的市场经济"作为长期任务。老挝人民革命党1989年召开的四届八中全会，确立了"六个坚持"，即坚持党的领导、坚持社会主义方向、坚持马列主义、坚持人民民主专政、

---

① 钱其琛：《外交十记》，世界知识出版社2003年版，第185页。
② 习近平：《在庆祝改革开放四十周年大会上的讲话》，《习近平关于"不忘初心 牢记使命"重要论述选编》，中央文献出版社、党建读物出版社2019年版，第363页。
③ 钱其琛：《外交十记》，世界知识出版社2003年版，第165页。

坚持民主集中制、坚持爱国主义和国际主义相结合。1991年召开的党的五大，提出了"有原则的革新路线"，宣布实行对外开放。此后，该党一直将早期领导人凯山·丰威汉的思想与马列主义并列为自己的指导思想，确认老挝正处于为向社会主义过渡准备条件的阶段，将加速经济发展，解决人民温饱，尽快摆脱不发达状态作为党和国家的首要任务。

在建设符合本国国情的社会主义方面，朝鲜和古巴同样各有建树。朝鲜劳动党早在苏联解体之前，就已经将该党已故领导人金日成的"主体思想"，作为指导本国社会主义建设的基本理论。1993年12月召开的朝鲜劳动党六届二十一中全会，决定将1994—1996年确定为社会主义经济建设的缓冲期，缓冲期间推进"三个第一主义"的经济结构调整方针，即"农业第一主义、轻工业第一主义和贸易第一主义"。后来，朝鲜又根据地缘政治环境变化和自身安全需要，把"先军政治"作为治国兴国的最高理念。古巴共产党的理论基础既包括马列主义，也包括何塞·马蒂思想。苏联解体后，古巴面临的经济困难和外部压力进一步增大，以卡斯特罗为首的古共领导人认为，古巴已进入"和平发展的特殊阶段"，党的主要任务是同帝国主义进行"思想战"。2002年6月，古巴以全民公决方式修改宪法，确认古巴的社会主义制度不可更改。

八、21世纪呈现百年未有之变局，中国特色社会主义高水平发展成为最大的良性变量

21世纪以来，国际形势复杂多变的特点比历史上任何时候都更加突出。世界格局没有因为苏联解体、冷战结束变得更加稳定；安全形势没有真正呈现缓和代替紧张、对话代替对抗的良性状态；冷战思维和强权政治没有因为世界多极化而明显弱化；发展不平衡等问题也没有因为经济全球化持续发展而得到根本缓解。相反，世界新旧格局转换引发的冲突持续不已，力量对比失衡加剧了美国的霸权主义，人类面临的共同性问题激增，使已经提上国际社会日程的全球治理变得难上加难。迷茫中的国际社会，越来越聚集于中国共产党人，聚集于中华民族，聚集于在改革开放中取得巨大成功的中国特色社会主义。

面对百年未有之大变局，正在加速实现伟大民族复兴、加速走向世界舞台中心的中国，与国际社会的良性互动关系将不断巩固和加强。党的十八大以来，以习近平同志为核心的党中央全面审视国际国内形势，通过总结实践，展望未来，以新时代中国特色社会主义思想为指导，对党和国家各方面工作提出一系列新理念新思想新战略，使中国特色社会主义建设事业取得了新的历史性成就。

目前，中国的经济总量和货物贸易总量已连续多年位居世界第二位，外汇储备长期处于世界第一位。中国经济对世界经济增长的拉动作用，远远超出了美欧日所有发达经济体的总和。中国的国际影响力、凝聚力、协调力和组织动员力，参与地区和国际事务、参与全球治理的能力，都已今非昔比。国际上许多权威人士惊叹：中国在经济、科技乃至综合国力方面超越美国已经指日可待！

中国改革开放和社会主义现代化建设取得如此巨大的成就，对世界和平稳定做出越来越重要的独特贡献，远远超出了人们的想象。中国需要世界，世界需要中国，如今不仅是中华民族的基本共识，同时也是国际社会的普遍共识。中国走向世界，世界走进中国，已经成为密不可分的统一进程。

今后，中国仍将不断深化改革，持续扩大开放。中国将通过倡导和推动"一带一路"建设，持之以恒地为国际社会提供新发展观、新利益观、新安全观、新合作观、新秩序观、新责任观、新文明观等公共产品。中国不但引领周边地区和整个世界实现联动发展与共同进步，而且要与国际社会一道，共同提升人类文明互通互学互鉴的质量。中国特色社会主义历史成就的示范效应，与中国特色大国外交的独特影响力效能叠加，将使打造人类命运共同体逐步成为国际社会的共识，成为世界各国的共同选择。

中国在深刻地改变自己的同时，也将深刻地影响世界，这是人类文明未来发展进程中不可改变的历史大势。历史已经证明并将继续证明，中国的成功不仅是中华民族的成功，同时也是世界社会主义事业的成功，更是人类社会进步发展的共同事业的成功。

九、世界社会主义未来发展前景广阔，从形式到内容必将更加丰富多彩

遥想冷战结束之初，西方世界曾经一片欢腾。有人断言资本主义已经在两种社会制度的较量中"不战而胜"；有人认为社会主义已经遭到"大失败"；还有人声称人类"历史已经终结"为资本主义一统天下。现在看来，这些预言家真的是高兴得太早了。

如前所述，苏联东欧集团瓦解，只不过是教条主义的、严重僵化的苏联社会主义模式的破产，充其量是一种因长期脱离实际而落后于时代的社会主义实践的失败。冷战结束以来，世界社会主义进程并没有因为苏东剧变而停下前进的步伐。在中国特色社会主义取得显著成就的同时，越南、老挝、朝鲜、古巴的社会主义理论和实践，都有不同程度的新发展。如越南2011年召开的党的十一大，全面总结了过去25年的革新历程，确立了通过年均7%~7.5%的增长速度，到2020年建成工业化国家的愿景目标。老挝人民革命党2016年召开十大，一方面确认本国仍处于向社会主义过渡时期的初级阶段，另一方面明确发展思路，强调可持续发展，并把加强党的领导力、战斗力和先进性，建设政治上、思想上、组织上坚强的党，抵制"和平演变"和"自我演变"作为党在向社会主义过渡的初级阶段的重要任务。

由于内外环境不同，主客观因素有别，朝鲜和古巴的社会主义发展面临的困难和问题一度更多，但近年来也有很大起色。2011年古巴共产党通过了党和革命的经济和社会政策纲领，开始尝试对传统的社会主义模式进行"更新"。2016年召开的古共七大，就完善社会主义模式进行了理论探讨，同时也解决了党的最高领导层新老交替的问题。针对西方国家，特别是美国的幻想，2019年4月通过的古巴新宪法规定：古巴社会主义制度不可更改，古巴共产党是在古巴社会和国家的最高领导力量。朝鲜前些年由于实行先军政治，实行经济建设与发展核武同时并举的方针，国际处境极为困难，经济和社会发展受到严重制约。2018年年初，朝鲜主动调整政策，与韩国、美国以及整个国际社会的关系有了明显改善。2018年4月朝鲜劳动党召开的七届三中全会，宣布全面停核，集中力量发展经济的新方针。朝鲜的外部环境已经大大改善。

上述情况极为有力地说明，作为人类美好追求的社会主义理想，永远不会从人们的精神世界中消失；作为完整体系的科学社会主义理论，将在历史运行的漫漫长河中放射出永恒的思想光辉；科学社会主义理论指导下的社会实践，无论是改造旧世界旧制度旧观念的革命运动，还是构建新世界管理新国家组织新生活的建设事业，终将在人类文明生生不息的伟大过程中展示更大作为。

如今，世界正处于新旧格局转换的大发展大变革大调整的时期。世界多极化、经济全球化、文化多样化、社会信息化都在向纵深发展。国际社会开始重新评估社会主义理论与实践的历史价值和时代意义。科学社会主义理论奠基人马克思，不仅被西方社会敬誉为"千年伟人"，他所创立的理论学说，也得到重新认识和评估。发达国家和发展中国家现存的共产主义组织、各国共产党人与社会党人以及其他形式的各种力量，相互间的交流对话与协调合作也日趋活跃。这些说明，世界社会主义正在艰难求索中寻找未来，正在迂回曲折中走向未来。

纵观当今世界发展大势，可以说，世界社会主义的复兴与发展，既面临新的历史性机遇，同时也面临诸多困难和挑战。在国际力量对比依然很不平衡、社会主义与资本主义相比总体上还相对较弱的情况下，社会主义国家与资本主义国家长期共存、合作共处的局面也将成为历史必然。19世纪90年代初，作为科学共产主义理论奠基人之一的恩格斯明确地告诫过我们："所谓'社会主义社会'不是一种一成不变的东西，而应当和其他社会制度一样，把它看成是经常变化和改革的社会。"

世界社会主义的未来是光明的，但它的细枝末节只能由实践来描绘。

今天让我们困惑不清的那些重大理论问题，最终也只能由历史做出回答。我们所能想象到的无非是世界社会主义进程的形式和内容将更加丰富多彩，人们的社会主义观可能会有更大变化。

充分自信与高度自强是新时代中华民族的基本特征①

近几年来，在谈论世界形势和国际关系时，我们经常听到这样一种说法，即世界正处于百年未有之大变局。所谓"百年"，指的是哪"百年"？从何时算起？所谓"大变局"，又指的是什么？主要变化表现在哪里？对于这些问题，可谓仁者见仁，智者见智。

1917年，俄国发生"十月社会主义革命"，世界上诞生了完全不同于旧制度的新型政权。1918年，第一次世界大战宣告结束，以帝国主义列强瓜分势力范围为核心内容的世界旧秩序，走向终结。这是世界史上最具标志性的两大事件，是人类社会由近代史发展阶段转入现代史发展阶段的重要历史节点。此后一百年间，很多国家消亡了，又有很多国家诞生了，国际关系变幻莫测，世界版图反复改写。正所谓世界发展突飞猛进，人类社会变革天翻地覆；世界范围的科技革命突飞猛进，让人眼花缭乱；全球性经济与社会进步日新月异，令人目不暇接。在这一过程中，世界上也发生过无数次动乱和冲突，人类社会遭受的苦难和牺牲同样无以言表。特别是持续近6年的第二世界大战和长达40多年的冷战，对现代世界发展进程和国际秩序构建造成了巨大而深远的影响。

当然，人类也在这一百年中创造了数不清的科技成果和经济奇迹。因此，习近平主席援引英国著名作家狄更斯的话说："这是最好的世界，也是最坏的世界。"我们所生活的世界到底向何处去，人类社会的未来到底在何方，在很大程度上是难以预测的。国际社会因此充满了困惑和迷茫。如果说，过去的一百年是天翻地覆、沧海桑田的一百年。已经开始的新百年，未来的一百年，可能是变数更多、变化更大、更难预测和驾驭的一百年。

---

① 本文根据作者2019年9月在第二届西太湖论坛上的讲话整理而成。

第七篇
把握世界变革大势，紧跟时代前进步伐

2017年，唐纳德·特朗普入主美国白宫，极大地改变了美国自身，改变了美国同外部世界的关系，改变和冲击着整个国际关系体系和世界秩序。"特朗普现象"带来的这些变化和冲击，是任何人事先都没有想到的。他所带来的变化和冲击，是整个国际社会始料未及的，其作用和影响同样巨大而深远。

2017年，中国共产党召开了第十九次代表大会，正式宣布中国特色社会主义进入新时代。习近平新时代中国特色社会主义思想成为中国共产党人的理论基础和行动指南，成为中华民族价值观体系中的核心要素。十九大报告提出的不仅对中国自身，对整个世界都有重大影响的"四个自信"，即道路自信、理论自信、制度自信和文化自信，成为凝聚党心民心、坚定国家意志、体现民族尊严的完整而统一的信念体系。建设富强民主文明和谐美丽的社会主义现代化强国的奋斗目标，涵养了航天、科技、海洋、交通、网络、贸易、制造、质量、文化、教育、体育、人才十二个重点方向。中国领导人如此睿智，中华民族如此自信，中国前进目标如此明确，令全世界惊叹不已！

2017年，中国进一步扩大和深化"一带一路"国际合作，积极引领世界变革潮流，全面参与全球治理，推动构建人类命运共同体，继续大踏步走向世界舞台中心。中国所发生的巨大变化，深刻地改变着自己，同时也深刻地改变着世界。2018年，特朗普政府悍然对中国发起贸易战，肆无忌惮地将中美贸易摩擦引向科技、金融、人文、安全、地区事务和整个国际关系领域。世界经贸秩序和整个经济发展格局，国际政治秩序和国家间相互关系准则，均受到前所未有的冲击和挑战。可以说，2017—2018年是现代世界历史的又一个关键节点，是当代人类社会进入新的百年进程的重要当口。

目前，世界经济格局"东升西降"的态势依然相当强劲。以中国、印度为突出代表的新兴经济体，对世界经济的牵动作用越来越大。中国作为世界第二大经济体，对世界经济增长的贡献率已经超过美国、欧盟、日本

加起来的总和。作为世界第一货物贸易大国、第一制造业大国、第一外汇储备大国，虽然我们的综合国力与美国相比还有很大差距，经济发展的质量还有待提高和改进，但世界第三、第四经济大国与我们的距离也很大，并且在进一步拉大。我们的世界第二经济体地位不但非常稳固，而且还越来越接近于第一大经济体美国。国际舆论普遍认为，中国在经济总量方面赶上和超过美国的日子，已经为期不远。

就世界战略格局而言，中国在亚太地区和全球事务中的影响力越来越大。特别是近年来，新时代中俄全面战略协作伙伴关系不断巩固，中国与周边国家"与邻为善、以邻为伴"的睦邻友好合作关系不断提升，以"一带一路"国际合作为载体的全球伙伴关系网不断拓展，与东盟等区域共同体的合作不断加强，对联合国、上合组织、金砖合作等多边事务的支持和贡献与日俱增，中国的国际地位不断提高，国际形象不断改善，在地区及全球范围内的动员力、组织力、协调力和感召力不断增强。没有中国的参与，任何重大国际问题的解决都是不可思议的。中国需要世界，世界需要中国，不仅是中国与国际社会的基本共识，同时也是国际关系发展变化的重要引擎。

当然，世界上的事情是复杂多变的，是由多方面因素影响或制约的。目前，由于世界上唯一的超级大国美国发生了重大变化，我们也在全面深化改革和进一步扩大对外开放。中国与美国的关系，出现了两国建交以来未曾有过的严峻局面；中国与外部世界的利益关系和利害关系变得更加错综复杂。未来的中美关系向何处去，中国与外部世界的关系如何发展，考验着中华民族的智慧，考验着中国共产党人的能力。面对前所未有的机遇和挑战、任务和压力，习近平总书记在中央党校的一次讲话中举起了"斗争"的旗帜，要求全党全社会树立斗争意识，强化斗争观念，增强斗争本领。我们必须为迎接新时代具有新特点的伟大斗争，做好充分的思想准备、物质准备、战略准备和策略准备。

面对纷繁复杂的国际形势，面对经纬万端的中外关系，面对可以预见和无法预见的困难与挑战,中国人始终不乏自信。我们对自己的道路、理论、制度和文化,将始终充满信心。全民族、全社会、全党全军上下统一的高度自信,是我们党和我们国家最突出的政治品格。我们坚信,在以习近平同志为核心的党中央的坚强领导下,没有什么战胜不了的困难,没有什么越不过去的"坎"。

在保持高度自信的同时,我们也清醒地看到,营造睦邻友善的周边小环境与争取和平稳定的国际大环境,是个永无止境的漫长历史过程。建立基于新规则的国际新秩序,必须经历艰苦卓绝的伟大斗争。人类社会过去一百年间所形成的相互关系准则、政治经济秩序、组织体系和架构,受到了严重冲击,面临着被全面颠覆的危险。建立基于新规则的国际新秩序新体系,任务非常艰巨,道路非常漫长,甚至可能出现大的曲折和反复,包括中国在内的整个人类社会都可能付出新的代价。

正因为如此,我们在拥有高度自信的同时,还必须努力实现和保持高度自强,其中最重要的是经济自强、教育自强、科技自强、国防自强。在当前日趋激烈的综合国力竞争中,特别是中美抗衡这样的新型大国战略博弈中,仅仅做到和保持经济总量世界第二是远远不够的。具体点说,我们必须尽快改变教育、科技等领域相对落后于美国等发达国家的状态,必须尽快改变许多高技术产品依赖于美国的被动局面。

因此,高度自信和高度自强必须做到有机统一。换言之,我们必须在一个不太长的历史时期内,通过自己的努力,通过同外部世界合作,通过实施合作共赢的对外开放战略,强力推进高度自强民族振兴进程,在经济、教育、科技、国防等所有领域,实现前所未有的高度自强。充分自信,是我们打开国门搞建设、坚持与世界同行与时代同步的重要基础和前提。高度自强,是我们永远保持充分自信、实现全党全社会高度团结和统一的重要前提和保障。

充分自信与高度自强,二者是辩证统一,缺一不可的。充分自信与高度自强有机结合与完整统一,应当是也必须是新时代中华民族最基本的政治品格，是中华人民共和国、中国人民不同于其他任何国家、其他任何民族的突出特点和标志。没有二者的完美结合，中华民族实现历史性全面复兴、中国人民屹立在世界舞台中心的宏伟目标，就难以实现。

跋：中国成长为世界大国的历史路径与现实选择①

经过改革开放和社会主义现代化建设，如今的中国已经成长为世界第二大经济体，中国的综合国力以及中国在地区和国际事务中的影响力与日俱增。随着中华民族前所未有地接近全面复兴的伟大目标，中国作为独具特色的发展中的社会主义大国，同时也前所未有地接近世界舞台的中心。在中国与外部世界的关系已经发生并且仍在继续发生深刻变化的新形势下，中国坚持并实行什么样的对外战略，国际社会极为关注，中国人也在认真研究和思考。

（一）

1949年新中国成立时，以美国为首的西方国家基于意识形态因素和全球战略考虑，实行对华孤立和封锁政策。中国为了自身的生存与发展，实行向以苏联为首的社会主义阵营"一边倒"的外交战略。在这种情况下，除了苏联和东欧地区的社会主义国家、周边地区极少数国家和欧洲几个国家而外②，世界上承认新中国的国家只有二十几个。国际社会对新中国的认可度如此低，使我们这个当时拥有约5亿人口的国家很难在地区和国际事务中发挥应有的作用，严重制约着新中国的发展与壮大。

新中国实行向以苏联为首的社会主义阵营"一边倒"的外交战略，当时是必要的，也是非常有益的。在以苏联为首的社会主义各国的大力支持

---

① 本文发表于《公共外交》2017年第2期。
② 英国1950年即已承认了新中国，但两国最初建立的只是代办级的外交关系。荷兰与中国当时建立的也是代办级外交关系。

下，新中国作为主权独立国家，作为一个新国际法主体，稳稳地屹立在世界的东方，不仅打赢了美国强加于新中国头上的朝鲜战争，而且很快完成了恢复国民经济的艰巨任务，初步建立起门类齐全的国民经济体系。1954年中国出席日内瓦会议并推动会议取得部分成果，表明中国已开始以新兴大国的姿态参与国际事务。

实行向以苏联为首的社会主义阵营"一边倒"的外交战略，新中国获得了不可估量的战略"红利"，同时也感受到了来自苏联的"老子党"作风和大国主义的强大压力。1953年斯大林的逝世，使新中国获得了调整并最终放弃"一边倒"战略外交的历史机遇。为了打破西方世界对新中国的全面封锁，摆脱新中国在国际上常常孤立无援的窘境，真正实现毛泽东所说的"中国人民站立起来"，新中国在外交战略方面开始了新的探索和努力，其中一项突出成就，就是1954年与印度、缅甸两个重要邻国正式提出了和平共处五项原则。

实际上，和平共处五项原则的基本思想是中方1953年12月31日最先提出来的。当时印度政府代表团来华商讨中印两国在中国西藏地方的关系问题，周恩来总理在会见印度客人时说，新中国成立后确立了处理中印两国关系的原则，那就是互相尊重领土主权、互不侵犯、互不干涉内政、平等互惠和和平共处的原则。针对中印关系，周恩来表示："只要根据这些原则，任何业已成熟的悬而未决的问题都可以拿出来谈。"[①]1954年6月，周恩来利用日内瓦会议休会之机访问了印度。他在向印度人民发表的学说中表示："在和平共处五项原则的基础上，两国政府和人民在世界和平事业上的密切合作和经常接触，两国经济关系的发展和文化的交流，就能够使两国间获得不断加强的发展。"两国总理在会谈后发展的联合声明中不仅重申了和平共处五项原则，并且还进一步表示："在他们与亚洲以及世界其他国家的关系中也应该适用这些原则。"[②]

---

① 《中华人民共和国外交史》（第一卷），世界知识出版社1994年版，第99页。
② 《中华人民共和国外交史》（第一卷），世界知识出版社1994年版，第100页。

结束对印度的访问后,周恩来又访问了缅甸。针对缅方当时对中国的某些疑虑,周恩来建议双方建立互信,消除误会。他重申了中印两国总理在联合声明中倡导的和平共处五项原则,建议中缅两国也发表一个类似文件,得到缅方赞同。两国总理在联合声明中确认和平共处五项原则也应该是指导中国与缅甸之间关系的原则,同时表示,如果这些原则能为一切国家遵守,则社会制度不同的国家的和平共处就有了保障。当年11月缅甸总理访华,两国总理在会谈公报中重申和平共处五项原则是指导两国关系的坚定不移的方针,同时表示希望和平共处五项原则能够为亚洲和世界各国广泛采用。

为了文字表述得更加准确,和平共处五项原则后来修订为"互相尊重主权和领土完整、互不侵犯、互不干涉内政、平等互利、和平共处"。这五项原则是由中国领导人首先提出,并由中印缅三国共同倡导推向整个亚洲和全世界的。1955年,新中国克服重重阻力,成功地参加了亚非拉国家在印尼召开的万隆会议,推动会议取得成功并以和平共处五项原则为基础,形成了万隆会议十原则。在这次没有苏联人参加的会议上,周恩来与亚非地区许多国家领导人进行了广泛接触,其中包括一些与中国没有建交的国家的领导人。亚非国家对新中国有了新的认识和了解,不少刚刚独立的非洲国家与中国建立了外交关系。中国的国际处境开始明显改善。

此后,新中国外交战略转换进一步加速。1956年,周恩来访问了埃及和一批非洲国家,拉开了新中国与非洲国家建交和交往的序幕。同年10月,苏联与东欧国家的关系出现问题,中国明确建议苏联把和平共处五项原则作为指导和处理社会主义国家相互关系的基本准则。苏联当时接受了中方建议,发表政府声明做了相应表态。1960年,古巴革命成功,新中国与古巴建交,中国在遥远的拉丁美洲有了第一个邦交国。1964年,西方大国法国与新中国建交。这段时间,中国全力践行和平共处原则和万隆会议精神,在朝鲜战争后国际大环境依然十分复杂、中苏同盟名存实亡的情况下,积极营造睦邻友好的周边关系。一方面继续发展同朝鲜和越南的传统友谊,通过民间外交拉近与日本的距离,稳定东北亚和东南亚局势,另一方面以相互尊重、互谅互让为基础,同缅甸、巴基斯坦、阿富汗、尼泊尔、蒙古、朝鲜等国解决了边界问题。虽然出于多种考虑,中国1957年仍坚持社会主义阵营以苏联为首的旧提法,中印关系也因边界纠纷和其他因素而日趋紧张,后来导致边界战争,但新中国向苏联方面"一边倒"的外交战略,已为与所有国家和平共处的新战略所取代。新中国自立于世界民族之林的基础,也逐渐坚实起来。

(二)

20世纪60年代中后期,受国内逐渐形成的极左思潮影响,特别是在"文化大革命"初期支左反修、打倒帝修反、支援世界革命等激进思想的干扰下,新中国经过多方面努力而赢得的凯歌行进的外交势头,因和平共处战略被漠视和扭曲而受到严重破坏。中国在世界上的建交国屈指可数,周边地区许多邻国不愿与中国建交,原本与中国关系不错的国家也相继出现问题。拉丁美洲30多国家中的唯一建交国古巴,与中国的关系一度跌入冰点。在南太平洋地区,中国一个建交国都没有。

60年代末,毛泽东主席和周恩来总理敏锐地发现了中国外交出现的巨大偏差,采取果断措施遏制了极左势力的干扰破坏,严厉惩办了对新中国外交构成重大威胁的害群之马。周恩来总理还亲自出面处理火烧英国代办处等严重破坏中外关系的恶性事件,对严重受损的外国驻华外交机构做出修复和补偿。奉召回国参加"文化大革命"的驻外大使们,陆续返回自己在国外的工作岗位。中国外交工作重新回到和平共处的战略轨道,国家形象得到了明显改善。

进入70年代后,随着加拿大率先与中国建交,中国成功恢复在联合国的合法席位,中美两国开启对话与交往之门,西方世界出现了"雪崩式"的与中国建交的热潮。意大利、奥地利、比利时、希腊、联邦德国等相继与中国建交。英、荷两国与中国的外交关系升格为大使级。到1979年,与中国建交的西欧国家已有14个。澳大利亚和新西兰1972年即与中国建立了外交关系。

在周边地区和亚非拉其他地区，日本、马来西亚、菲律宾、泰国、孟加拉国、马尔代夫等邻国和近邻国家相继与中国建交。中国与朝鲜、缅甸等国一度失常的关系得到恢复和发展。中印之间1976年恢复互派大使，中国与印尼后来也恢复交往。南太平洋上的斐济、西萨摩亚、巴布亚新几内亚，陆续与中国建交。70年代，非洲国家与中国建交的多达25个。

独立自主的外交政策得到国际社会广泛认可并取得巨大成功，大大地坚定了中国政府实行和平共处外交战略的意愿和决心。1975年1月，周恩来总理在第四届全国人民代表大会上宣布："我们愿意在和平共处五项原则的基础上同一切国家建立和发展关系。"当时中苏关系较为紧张，中国强烈反对苏联的霸权主义，尽管如此，周恩来仍表示：中苏双方之间的争论不应妨碍两国的正常关系。实行和平共处的外交战略，不仅完全打破了西方对中国的外交孤立和封锁，同时也给中国带来实实在在的经济利益和发展机遇。譬如，新中国成立后长期以日本为最大贸易伙伴，但中日贸易额1969年时只有5.8亿美元。中日建交后，双方经贸关系迅猛发展，1979年达67亿美元。联邦德国是中国在欧洲的最大贸易伙伴，双方的贸易额1972年为2.72亿美元，1972年建交后，每年增长30%以上，到1979年达21.98亿美元。中国同西欧其他国家以及加拿大、澳大利亚、新西兰等发达国家的经贸关系和科技合作都有较大增长。

改革开放后，邓小平明确提出了争取良好的外部环境的新概念，领导中国外交进入开拓进取的历史新时期。此时，中国所处的亚太地区仍是国际关系中热点难点比较集中的地区，同时也是大国利益因相互交织而激烈碰撞的地区，中国常常陷入风口浪尖之中。面对这些实际情况，邓小平做出了和平与发展是时代主题的新判断，引导中国大踏步地走向外部世界，建设性地参与地区和国际事务，同世界各国开展广泛的交流与合作。中国改革开放和社会主义现代化建设的外部环境，得到了极大的改善。中国实行和平共处的外交战略更加自觉、主动、积极和全面。摒弃意识形态因素干扰，超越社会制度差异，一切以国家安全利益和发展需要为出发点，逐渐成为中国外交的主旋律和主基调。

20世纪80年代末90年代初，东欧剧变，苏联解体，东西方冷战宣告结束，中国实行和平共处的外交战略既面临新的历史机遇，同时也面临一些新的问题和挑战。一方面，剧变后的苏联和东欧地区一时出现反共狂潮，对华不友好的势力在一些国家兴风作浪；另一方面，西方某些势力认为资本主义已不战而胜，世界将统一于资本主义，对中国进行分化西化与和平演变的压力骤然增大。

邓小平审时度势，提出韬光养晦、有所作为的外交思想，主张坚持奉行独立自主的和平外交方针，不扛旗、不当头、不结盟、不干涉原苏联和东欧各国的内部事务，在和平共处五项原则基础上，继续同一切国家发展友好合作关系。在他的正确指导下，中国仍一如既往，继续高举和平、发展与合作的旗帜，尽最大努力争取并维护有利于改革开放和现代化建设的外部环境。结果，中国不但与剧变后的苏联和东欧各国普遍建立起正常的国家关系，而且与许多国家开始了较高水平的务实合作，与俄罗斯建立了战略协作伙伴关系。中国与西方国家的关系，其中包括与美国的关系，尽管不无波折和危机，但总体上保持着持续向前的发展态势。

（三）

进入21世纪以来，国际力量以东升西降为主要标志，发生重大变化。世界权力重心向亚太地区转移呈不可阻遏之势，地区和国际形势复杂多变的特点更加突出。在此情况下，中国政府坚持韬光养晦、积极有所作为，实行独立自主的外交方针不动摇。和平共处的外交战略依然是中国外交的主旋律。中共十八大明确宣布，中国在国际事务中要继续高举和平、发展、合作、共赢的旗帜。为实现中国民族全面复兴的历史任务和和平崛起的伟大目标，近十多年来，中国在外交领域主要采取了以下重大举措。

第一，尽最大努力继续解决与邻国的领土纠纷，进一步营造长期稳定、睦邻友好的周边环境。中国本着相互尊重和互谅互让的原则，在既考虑历史因素又照顾现实状况的基础上，解决了与俄罗斯和中亚国家的边界问题，使这一长达7000多公里的共同边界从此成为和平与合作的边界。中国同时还解决了与老挝的边界问题，解决了与越南的陆上边界和北部湾划界问题。中印之间12万平方公里的领土争端以及中国与不丹的领土争议虽然还没有解决，但边境局势基本可控。双方通过谈判解决问题的意愿进一步增强。

第二，利用一切机会和可能，在全球范围内建立涵盖所有建交国的伙伴关系网，推进各领域的互利合作。譬如，中俄两国1994年建立面向21世纪的建设性伙伴关系，而后又提升为战略协作伙伴关系和全面战略协作伙伴关系。中美两国1997年、2006年、2011年先后宣布共建面向21世纪的建设性战略伙伴关系、建设性合作关系和相互尊重、互利共赢的合作伙伴关系，2013年双方又共同确认建立不冲突不对抗、相互尊重、互利共赢的新型大国关系。中国同欧盟2011年建立战略伙伴关系，2013年升格为全面战略伙伴关系。

第三，积极参与联合国事务和多边外交，与联合国及所属机构开展全面合作，在APEC、G20、世界核峰会、欧亚首脑会议、金砖国家元首会晤等全球性和地区性多边机制中发挥建设性作用，在推动建立公正合理的国际政治经济新秩序、应对气候变化、解决全球性问题、克服国际金融危机、加强全球治理、打击国际恐怖主义、执行联合国维和任务、帮助冲突地区实现战后重建等方面，发出中国声音，提出中国方案，贡献中国力量。

第四，主动营造周边环境，精心打造双边多边相结合的周边外交新平台。20世纪90年代中期，中国与俄罗斯、哈萨克斯坦、吉尔吉斯斯坦、塔吉克斯坦为缓和边界地区局势而形成的五国元首会晤机制，后来吸收乌兹别克斯坦参加，转变为中国发起、总部设在中国、中国发挥主导作用的上海合作组织。由于中国大力推动，上合组织目前已成长为内部机制健全、由 6 个成员国、2 个候补成员国、一批观察员和对话伙伴国共同组成的地区合作平台。此外，中国大大加强了与东盟的合作，通过东盟 10+1、东盟 10+3、东亚峰会以及中日韩三方合作、大湄公河次区域合作等机制，积极参与和推动其他各种框架、各种形式下的多边经济合作。

第五，提出"一带一路"倡议，动员和推动亚欧大陆数十个国家参与建设"丝绸之路经济带"和"21 世纪海上丝绸之路"。为实现这一伟大合作构想，中国建立了丝绸之路基金，发起成立了亚洲基础设施投资银行，其目的是要通过中国与相关国家共建基础设施，实现互联互通，带动地区和世界的经济与社会发展，实现人类社会的共同进步与繁荣，最终形成区域性的乃至更大范围的利益共同体、命运共同体和责任共同体。在进一步密切中国与外部世界的广泛联系的同时，持续提升中国对外开放的能力和现代化建设的水平。

第六，全面推进公共外交，不断强化对外传播，广泛宣传中国党和政府追求的和平和谐和睦的内外政策，全力打造中国共产党、中国政府和中华民族开明开放、包容合作的良好形象，通过扩大人文交往、请进来走出去，举办或承办丰富多彩的文化艺术活动、学术科研活动、商贸洽谈活动、文博体育活动等，增进中国人民对外部世界的了解，同时也增进外部世界对中国社会的认知，最终促进民心相通，并以民心相通促进国家间的政策沟通，进而实现各国间的设施联通、贸易畅通、货币流通或资金融通，在更高水平和更大范围内实现我国与相关国家、中华民族与整个人类社会的合作共赢。

从 50 年代倡导和平共处，到如今倡导合作共赢，中国外交战略从理论到实践始终与时俱进，始终追随世界潮流并紧扣时代脉搏。无论是 2013 年召开的周边外交工作座谈会，还是 2014 年召开的全国外事工作会议，中国政府向全世界传递的核心信息就是，不管国际风云如何变幻，中国将始终不渝地坚持和平发展与和平崛起。与和平发展、和平崛起密不可分的，就是和平共处与合作共赢。这是中国共产党人的坚定信念，也是中华民族的共同意愿，更是历史和时代赋予中国人民的唯一选择。如同和平共处适用于所有国家一样，合作共赢适用于一切领域，而不单单是指经贸关系。

习近平总书记是和平共处、合作共赢外交战略的倡导者和实践者。2013年以来他出访各国发表的有关国际关系和中国对外政策的演说和文章，全面阐述了中华民族在全面复兴的伟大进程中坚持实行和平共处、合作共赢战略的重要性和必然性。2014年他在纪念和平共处五项原则提出60周年大会上发表讲话，2015年赴印尼出席万隆会议60周年纪念活动，以及他在中国人民纪念抗日战争胜利暨世界反法西斯战争胜利70周年大会上的讲话，出席联合国成立70周年系列活动等，都使全世界对中国的未来充满了信心与期待。

中国成长为世界一流大国的道路可能坎坷不平，但坚守和平共处、合作共赢的外交战略将始终不变。换言之，唯有和平共处与合作共赢，才是中国特色的社会主义大国走向未来的必由之路。无论与美国共建新型大国关系，还是同俄罗斯深化战略协作伙伴关系，或是同欧盟、东盟和其他各国开展务实合作，中国都将始终高举和平、发展、合作、共赢的旗帜。即使在涉及自身核心利益的重大问题上，中国也会把维护自身安全、实现自身利益同维护地区稳定、争取共同利益有机地统一起来。和平、发展、合作与共赢，符合世界潮流和时代诉求，也适合中国的战略需要和长远利益。